| 台湾研究系列 |

京台义务教育阶段美育课程体系构建的理论与实践

汪艳丽　主编

九 州 出 版 社　全国百佳图书出版单位
JIUZHOUPRESS

图书在版编目（CIP）数据

京台义务教育阶段美育课程体系构建的理论与实践 /
汪艳丽主编. —— 北京 ：九州出版社，2019.12
ISBN 978-7-5108-8537-2

Ⅰ．①京… Ⅱ．①汪… Ⅲ．①中小学－美育－课程体
系－对比研究－北京、台湾 Ⅳ．①G40-014

中国版本图书馆CIP数据核字（2019）第269890号

京台义务教育阶段美育课程体系构建的理论与实践

作　　者	汪艳丽　主编
出版发行	九州出版社
地　　址	北京市西城区阜外大街甲 35 号（100037）
发行电话	(010)68992190/3/5/6
网　　址	www.jiuzhoupress.com
电子信箱	jiuzhou@jiuzhoupress.com
印　　刷	北京九州迅驰传媒文化有限公司
开　　本	720 毫米 ×1020 毫米　16 开
印　　张	16.75
字　　数	270 千字
版　　次	2019 年 12 月第 1 版
印　　次	2019 年 12 月第 1 次印刷
书　　号	ISBN 978-7-5108-8537-2
定　　价	42.00 元

前　言

　　2015 年 9 月 28 日，国务院办公厅印发《关于全面加强和改进学校美育工作的意见》（以下简称《意见》）。《意见》指出，美育仍然是整个教育事业中的薄弱环节，针对存在的突出问题，第一个举措就是构建科学的美育课程体系：科学定位美育课程目标，开设丰富优质的美育课程；义务教育阶段要在音乐、美术的基础上，增加舞蹈、戏剧、戏曲等，逐步开齐开足美育课程；实施美育活动的课程化管理等。《意见》之所以强调开齐开足美育课程是因为不同的美育课程所具有的功能是不同的。国务院办公厅《意见》标志着从国家层面开始重视美育在基础教育中的重要地位，摒弃了对美育狭隘偏颇的功利性理解，认识到美育是提升国民综合素质的重要途径，是传承中华优秀传统文化的重要形式。

　　北京市中小学主要开设音乐和美术课程，缺乏表演艺术课程（舞蹈、戏剧、戏曲）以及视觉艺术中的影视、雕塑、建筑艺术、实用艺术和工艺品等，而缺乏上述课程，特别是表演艺术课程，对培养儿童团队合作精神极为不利。学界也认为，目前基础教育中的美育工作发展存在以下问题：一是从政策层面来看，法规不配套政策不明确。我国至今没有一部专门的美育规程对其工作提出规定。二是从社会层面看，美育普及工作不够深入，功利性严重。三是从管理层面看，美育仍然是教育事业中的薄弱环节。基础教育中评定优秀学生的标准依然是三好学生，而没有将美育纳入其中。四是从教育体系的层面看，美育体系很不完善，缺少统一规范的课程标准、目标、课程模式和评价体系等。五是从教学实际的层面看，美育条件仍然有待改善，仅靠教育系统还不够，需要全社会的关心支持（叶小刚，丁旭东，2015）。

　　反观台湾，1978 年将美育纳入教育宗旨，"德、智、体、群、美"五育之

词始确立 (李琪明等 ,2007)。1998 年 9 月，台湾公布了"国民教育阶段九年一贯课程总纲纲要"，将"艺术与人文"与"语文、数学、健康与体育、社会、自然与生活科技、综合活动"并列为七大学习领域科目，其中，"艺术与人文"占总学时的 10%—15%，包含"视觉艺术、音乐、表演艺术等方面课程，以培养学生艺术知能，鼓励其积极参加艺术活动，提升艺术鉴赏能力，陶冶生活情趣，并启发艺术潜能与人格健全发展为目的"。

以文献综述为据，比较大陆与台湾艺术课程体系可见：相同点在于从以往"科目中心""教师中心"转变为"学生中心""学生生活经验"为主轴的课程设计；不同点在于大陆的学习方式是"感知与体验、创造与表现、反思与评价"，台湾的学习方式是"探索与表现、审美与理解、实践与应用"。课程设计上，台湾侧重校本课程的研发与设计，大陆侧重国家课程的研发与设计；教材选编上，大陆教材侧重多学科之间的联系与综合，台湾教材则没有特意突出其综合性，反而强调地方特色和学生个性；教材选用上，大陆一般以国家审定的教材为主，台湾在教材的编写或选用上则相对灵活，给予学校和教师更多自主权；教学设计上，大陆侧重教学设计的逻辑性和层次性，对教学内容与形式等都提供了具体的指导和参考方案，台湾则没有具体的指导或参考方案，看重教学设计的灵活性和弹性；教学评价上，教学评价的方法基本一致，不同的是大陆强调定性评价，如观察法、师生对话法、问卷调查法、档案袋评价法、成果展示法、评价报告单、艺术综合活动测评法等，而台湾是将学生的各种艺术学习活动加以记录，并运用一定的量化资料，协助学生完成艺术学习并达成艺术素养的基本能力。

综上所述，大陆与台湾的两个艺术课程标准均关注艺术课程的综合性与统整性、艺术与生活的联结，倡导艺术和人文素质的培养等，目的旨在培养具有本地文化认同观、多元国际文化视野的新时代民众。然而，大陆的艺术课程标准由于文化、教育政策的统一性，所以设计更加注重民族教育的整体性与时代性、课程的综合性与层次性等；而台湾则由于其特殊的历史与地域性，加之文化的多元化，所以设计侧重文化融合、文化教育的多样化与地方特色。

课题组从以下五个方面展开了研究：一是京台美育目标比较研究。美育目标是美育课程体系建设、课程评价体系确立、师资设置的长期纲领性指导，包括北京和台湾美育的长远目标和即时目标比较。二是京台美育课程体系构建比较研究。目前，北京很多小学美育课程地位边缘化，课程功能功利化现象严重，台湾在相关方面如何规避困境、处理美育课程与核心课程的关系、设置美育课程的比重、落实美育课程的地位等，将是本项目调查的重要内容。三是京台美育课外活动的课程化管理比较研究。目前，北京的多数学校未将舞蹈、戏剧、戏曲、影视等纳入学校课程化管理，多数学生为了升学加分在校外学习一技之长，比较台湾对上述课程纳入课程化管理的方法、途径等，探索将"高参小"牵手七所小学开设戏剧、民族舞蹈、影视等课程纳入课程化管理，有利于北京义务教育阶段课程管理改革。四是京台美育课程评价体系比较研究。通过问卷法、访谈法以及专家评定，确定北京和台湾美育课程的一级、二级、三级评价指标，比较两地美育课程评价指标之异同。五是京台美育课程功能比较研究。美育课程对于中小学生的身体成长和心理发展既有直接功能，也有间接作用。本书通过问卷法和访谈法，结合对经典案例的分析比较结果初步回答了这一问题。

本书的研究路径是在大量调研京台美育课程相关文献基础上，确定研究核心问题。以核心问题为基本逻辑思路，对美育课程目标、课程体系、课程管理、评价指标以及功能展开研究，选取北京和台湾代表性中小学，通过访谈和问卷了解美育课程的现状和问题，比较异同。最后，在对京台教育部门领导、教师、中小学生及家长进行结构化访谈和半结构化访谈的基础上，确定美育课程对中小学生身心发展功能和作用的具体指标，并由专家评定形成问卷，用于比较研究。

本书汇集成果如下：

美育研究综述：包括"美育"溯源，主要依循时间线性线索展开，旨在深沉厚重的历史积淀中凝练代表性时段的"美育"观点，在文章整理文献中集学理论辩、政策解读、综合评述于一体，希冀全方位呈现我国不同时代的"美育"版图；义务教育与美育合流，梳理了自20世纪中期以来，国家政策文件、北京市义务教育美育资料、台湾义务教育美育资料、美育专著、美育论文等，充分说明"大美育"逐渐成为一种主导的理念；两岸美育课程体系个案的分析等。

美育课程目标比较研究：针对美育课程目标的对比性研究，说明两岸教育体制的不同，京台两地美育课程目标各有优长，但对美育的追求是一样的。

美育课程模式比较研究：本章通过课程理念、课程目标、课程设计、教材编选、教学评价、教师教育、实践推进、协同育人等八个方面，对两地的美育课程设计及实施进行了系统深入地比较研究。目的旨在能探索建立具有北京地区特色的美育教育模式。

美育课程实施比较研究：针对美育课程实施现状的对比性研究，说明两岸教育体制的不同，京台两地美育课程实施情况各有优长，但对美育的追求是一样的。

美育课程评价方案比较研究：本章通过对京台美育课程评价方案的类型及特点的比较研究，目的旨在能探索建立具有北京地区特色的美育课程评价方案。

上述五章构成了本书的理论基础，在其指导下拓展了一系列美育课程实践性研究报告，具体如下：

戏剧类课程的实证性研究报告：通过测查小学阶段儿童的社会观点采择能力和合作行为的发展现状、趋势及二者间的关系，设计具有针对性的教育戏剧干预课程；通过干预课程的实施及效果检验，探讨教育戏剧课程对于儿童社会观点采择能力和合作行为的培养作用。

美术类课程的实证性研究报告：借助于课题单位承接的"高参小"项目，探究美术类课程对于小学生创意自我交通感和创造性倾向的影响，验证美育在促进个体审美能力发展的同时，也在促进着个体创造力的发展，而且这种发展会有助于精神创造力的成长。

诵读类课程的实证性研究报告：借助于课题单位承接的"高参小"项目，探究诵读类课程对于小学生表达能力提升的影响。

在课题研究过程中，课程组成员还提供了深入北京市和台湾所做的调查问卷及访谈报告《艺术表演系及儿童与家庭服务系课程的观摩感》以及《台湾美育现状》等作为本书的附件。

本书的成果聚焦了国家大力发展美育教育的热点问题，具体价值在于：（1）可借鉴。北京与台湾美育课程方面的比较并未形成系统研究，本课题的研究对建构具有民族文化风格的美育课程与中国特色的教学理论无疑具有相互借鉴价值。目前大陆美育课程改革正处于探索阶段，台湾地区也正在进行着九年一贯新课程的实施，美育课程改革也是走的一条综合化的道路。通过京台美育课程体系的比较研究，可以对北京美育课程体系的科学构建进行一些冷静的思考和反思。（2）可扩展。开齐开足美育课程是提升人民素质的重要途径，美育是审美教育，也是情操教育和心灵教育，不仅能提升人的美的素养，而且直接影响到青少年心理的成长和群体意识的形成。本课题从京台两地美育课程目标、课程体系、课程地位，评价指标，课程功能五个维度进行系统深入地比较研究，其目的在于构建具有中国传统文化基础上的，具有中国特色的新型美育体系。（3）可操作。国务院《意见》标志着对美育的重视已经从教育系统内部上升到国家层面的高度重视；课题组所在的单位 2014 年起承担了北京市首批高校参与小学体育美育特色发展工作（简称"高参小"项目），在北京市四个区的七所小学实施美育课程改革，通过比较京台两地美育课程的开设情况，台湾美育课程体系构建可为我们构建北京市小学科学的美育课程体系及课程化管理方案提供可借鉴的经验，为北京市政府和教育主管部门全面落实国务院《意见》提出政策性建议。

创新点在于：（1）研究视角的创新。从心理学研究视角和实验心理学研究方法对学生美育课程开设的科学性和功能性进行研究，从现有文献中未见有此类系统性研究。（2）实践研究的创新。高等学校与社会力量参与小学美育课程全面开设并落实课程管理在北京市乃至全国美育课程改革中具有一定的创新价值和示范意义。

参与本书编写的人员有：汪艳丽（前言、第三章、第六章、附件 1），董琦琦（第一章），李淑琼（第二章），李爱国（第三章），马涛（第四章），李娟华、张德兰（第五章），耿燚（第六章），王启忱（第七章），耿胜男（第八章），肖阿河（第九章），黄淑梅（附件 2），周小琴（附件 3），邸睿芳、王朝（附件 4）。汪艳丽、董琦琦、马涛等对书稿进行了初审，最后由汪艳丽统纂定稿。

在此，谨对北京市哲学社会科学规划办公室、北京联合大学台湾研究院给予项目立项的支持表示衷心感谢！

目 录

理论篇

第一章　京台美育研究综述

1902 年，王国维翻译日本牧濑五一郎的《教育学》，首次将"美育"一词引入中国，由此开启了我国"美育学"的探讨和研究之路。迄今为止，"美育学"在我国的传播与接受已历时一百多年，与之相关的学理类著述、政策性文件可以说是相当繁多，也颇为驳杂。近现代以来，我国历史风云变幻，教育发展与特定阶段的国情局势、政治环境紧密关联，由此决定了作为分支的"美育"也呈现出阶段性的衍化轨迹和特征。因此，本章之于"美育"文献的梳理，主要以时间线性线索为基准，就不同阶段的美育资料及其观点加以概括总结，与此同时，以横向反思为辅助，针对历史上同一阶段京台两地的美育资料及其观点进行比照。这里必须强调指出的是，近代至 20 世纪 80 年代初，大陆与台湾的关系十分复杂，大陆学界有关台湾教育的研究凤毛麟角，以大陆学界研究实况为基础，本章能够查证的文献资料实属有限，因此本章针对台湾"美育"研究的梳理主要集中在 1949 年以后。其中又以 20 世纪 80 年代为分界线，1949年至 20 世纪 80 年代初，大陆学界关于台湾"美育"的引介评述不多，故选择略论；20 世纪 80 年代中期至今，随着大陆学界对台湾"美育"研究的丰富、拓展与深化，本章设专论进行呈现，特别就同一时期北京和台湾的"美育"研究单列数据，管窥其研究趋势。如果说本章的学理研究综述旨在历史沿革脉络探查的话，那么后续章节则是立足于一线调研，侧重比较了当代京台两地"美育"的实践操作情况。

一、清末到 20 世纪 20 年代

从清末到五四运动前后，西方列强入侵我国，中华民族从最初被迫敞开门户接受西方文化的影响，到有意为之自觉研究西方理论观点，我国美育思想的萌芽大抵从这一时期开始。此时，王国维、梁启超、蔡元培等有识之士，或翻译文献，或著作文章，零星涉及了美育思想。

在我国美育发展史上，王国维无疑是首开其先的代表人物，其美育观点见之于《孔子之美育主义》《论教育之宗旨》《去毒篇》等文章中。1902年，王国维翻译日本牧濑五一郎的《教育学》，首次将"美育"一词引入我国，同年，桑木严翼在《哲学概论》一书也使用了"美育"一词，次年，王国维发表文章《孔子之美育主义》。1906年，王国维发表《论教育之宗旨》，其中有文载曰"真者知力之理想，美者感情之理想，善者意志之理想也。完全之人物，不可不备真善美三德"，倡导以审美拯救人性。同年，王国维还发表文章《去毒篇》，指出"美术者，上流社会之宗教也"，首次提出"以美术代宗教"的观点。

梁启超的美育观点散见于《饮冰室合集》内。1922年8月13日，梁启超在上海美术专门学校发表演说，讲稿《美术与生活》针对"美育"有过较为深刻的阐释，"我确信美是人类生活一要素——或者还是各种要素之最要者。倘若在生活全内容中把'美'的成分抽出，恐怕要活得不自在，甚至活不成……"，"美"作为人类生活第一要素的地位得以确立。另外，他认为"情感教育最大的礼器，就是艺术"，呼吁大众做审美之人，领悟生活之趣，从而促使整个民族成为不麻木的民族。（《论教育当定宗旨》）

较之于王国维、梁启超而言，蔡元培涉及"美育"的文章更多，传递的美育思想也更为系统。蔡元培曾任临时国民政府教育总长一职，在任期间将自己的美育观点和教育活动紧密结合，有效实现了理论和实践的互动和交流。蔡元培于1912年发表《对于教育方针之意见》，其中提出"五育"观点，即"军国民教育""实利主义教育""公民道德教育""美感教育""世界观教育"，"注重道德教育，以实利教育，军国民教育辅之，更以美感教育完成其道德"，这里如果道德教育是中心的话，实利教育、军国民教育、美感教育是道德教育得以完成的重要媒介和工具。1917年，蔡元培在《美育代宗教说》中发展了王国维"以美术代宗教"的观点，提出"以美育代宗教"的论断。1919年，蔡元培又在《在天津车站的谈话》《文化运动不要忘了美育》等文章中针对美育的实践问题作出一定说明。《美育》（1930年）、《二十五年来中国之美育》（1931年）、《美育与人生》（1931年前后）等无一例外均是蔡元培深入探讨美育与现实社会的文章。1925年，蔡元培创作完成了《美育实施的方法》一书，兼顾理论和方法。另外，在《出版国立艺术大学之提案》《国立北京美术学校开学式演说词》《美学讲稿》《美学的进化》等文章中，蔡元培还讨论了美术与美学的问题，收录于《蔡元培全集》内。

李石岑于 1925 年出版了《美育之原理》，该书理论性较强，涉及美育之原理、艺术与美育的关系、艺术教育概论、嘉木氏之美育论、艺术教育等诸多问题。

太玄、余尚同也于 1925 年出版《教育之美学的基础》，主要讲述了教育之美学的基础和艺术教育的原理。前者介绍了西方美育的观点和方法，后者侧重从哲学、艺术学、心理学不同角度理解艺术教育的作用。

这一时期，受出版制度、印刷技术、学术思潮等各种因素影响，学术团体和学术刊物纷纷创建起来，其中以美育为创刊宗旨的也不乏其例，如《曙光》《美育》《教育杂志》《美育杂志》等。

1919 年，由北京中国大学、法文专修馆、俄文专修馆等高校学生于北京成立了曙光杂志社，以《曙光》杂志为阵地开展主要活动。这个杂志提倡科学救国和教育救国的同时，强调"美育"是改造社会的利器。1919 年冬，由吴梦非、丰子恺、刘海粟等人发起，在上海成立了中国第一个美育学术团体"中华美育会"，成员主要是各地的中小音乐、美术教师。1920 年 4 月 24 日，该协会创刊出版了中国第一本美育学术刊物《美育》杂志（月刊），主要发表提倡美育和研究艺术教育各学科的论文，并报道中华美育会的活动情况。《美育》第一期刊登了吴梦非《美育是什么？》，他认为美的种类很多，同教育关联最大的是壮美、优美、悲剧美。1922 年，李石岑主编的《教育杂志》在上海商务印书馆创刊。该刊以提倡"美育"为己任，是全国教育界历史最长、销路最大的教育类杂志。《教育杂志》刊登了李石岑的《美育之原理》、吕澂《中学校的美育实施》等关于"美育"的重要理论文章。1928 年 8 月，李金发创办了《美育杂志》，为不定期期刊，先后于 1927 年 1 月、1927 年 12 月、1928 年 10 月以及 1936 年 1 月出版了 4 期，前后历时近十年，侧重从艺术欣赏的角度，介绍欧美的绘画、雕刻、建筑、音乐、舞蹈艺术等。

除以上刊物外，这一时期还涌现出来许多著名报刊如《新青年》《新潮》《少年中国》《晨报副刊》等，也大量刊载探讨美育理论的文章。

从清末到 20 世纪 20 年代，中国的政治格局多变，各种政治力量角逐，导致其在国家政策层面之于"美育"的规定也是大相径庭。

1912 年，南京临时政府教育部颁布了《教育宗旨令》，根据这一"教育宗旨"，师范学校所秉承的《教养学生之要旨》有规程为："陶冶情性，锻炼意志，为充任教员者之要务，故宜使学生富于美感、勇于德行。"1915年，袁世凯复辟，制定《教育纲要》，他以美育不切实用为由，把美育从教育方针中删去，申明教育宗旨要"注重道德、实利、尚武，且运之以实用"。1917年，民国政府又恢复了德智体美全面发展的教育目标。1919年4月，由范源濂、蔡元培、陈宝泉等19人组成的教育调查会，通过了沈恩孚、蒋梦麟两人的提案，决议中华民国的教育宗旨为"养成健全人格，发展共和精神"，并说明健全人格的四个条件之一就是养成优美和乐之精神。

1922年11月1日，北洋政府教育部公布了新学制《学校系统改革案》，即"壬戌学制"。新学制虽然没有明确的教育宗旨，但却提出七项标准，即适应社会进化之需要、发挥平民教育精神、谋个性之发展、注意国民经济力、注意生活教育、使教育易于普及、多留各地方伸缩余地，为"美育"发展提供了方向和保证。1923年全国教育联合会公布了《中小学课程纲要》，将园艺、工用艺术、形象艺术、音乐、体育等科目规定为小学校课程，又把艺术科、体育科等科目规定为初级中学课程。1926年，教育部公布国民学校校令施行细则指出"体育、智育、情育、志育均宜并重，以锻炼儿童之能力"，这里的"情育"即为"美育"。

二、20世纪三四十年代

20世纪三四十年代，我国先后经历了抗日战争和国内战争，国内文艺界将注意力主要集中在政治宣传上，因此，与上一阶段的"美育"发展相比较，此时的"美育"发展略显单薄，无论就理论而言，还是对承载的物质形式而论。尽管如此，这一阶段仍不乏陶行知、丰子恺、朱光潜等学者著书立说阐释自己的教育观、美学观，"美育"作为组成部分在其中可见一斑。

1943年4月，陶行知于《育才学校教育纲要草案》中提出"育才学校办的是知情意合的教育"。在如何实施美育问题上，陶行知认为开展艺术科、诗教、艺术活动、环境美育是学校的主要途径。

丰子恺的代表作《缘缘堂随笔》（1931年出版）透露着"绝缘"的审美思想，即要对事物进行纯粹的审美关照；另外，在其漫画和关涉儿童的散文中，如《忆儿时》《梦痕》《给我的孩子们》《谈自己的画》《儿童画》等，可见其"童心"思想。

20世纪30年代，朱光潜在《文艺心理学》中从心理学角度提出"嗜美是一种精神上的饥渴，它和口腹的饥渴至少有同样的要求满足权"的观点。《谈修养》一书中提出"尊崇理性和意志，却也不菲薄情感和想象"，"美育"是艺术和人生中的中介，审美教育的意义在于使人生艺术化。《谈修养》中还精辟论述："从历史看，一个民族在兴旺的时候，艺术成就必伟大，美育必伟大，美育必发达"，"美育"发展与民族命运被紧密关联在一起。

此时，共产党、国民党各自统摄自己的政治区域，因此这一阶段关于"美育"的政策明显呈现出区域性，同时也更具现实性和斗争性。

1927—1949 年，在国统区，南京国民政府制定的教育方针是"中华民国之教育，根据三民主义，以充实生活，扶植社会生存，发展国民生计，延续民族生命为目的，务期民族独立，民权普遍，民生发展，促进世界大同"，该方针有着浓厚的"党化教育"意味，"美育"并不在教育目标之内。不过国民政府在制定具体的教育规定中，依然强调了"美育"的地位和作用，如 1931 年 9 月 3 日第三届中央执行委员会通过的《三民主义教育实施原则》，提出"以三民主义为中心，养成德、智、体、群美兼备之人格"。1932 年，国民政府教育部颁布的《幼稚园课程标准》将学前儿童美术教育作为工作内容加以制定。

在共产党领导的苏区、抗日根据地、解放区，"美育"虽然未列入教育方针内，但在具体的教育活动中，"美育"仍旧占据一席之地，侧重承担政治教育功能。1934 年 1 月，中华苏维埃共和国中央执行委员会主席毛泽东提出苏维埃文化教育的总方针"在于以共产主义精神来教育广大的劳苦民众，在于使文化教育为革命战争与阶级斗争服务，在于使教育与劳动联系起来，在于使广大中国民众都成为享受文明幸福的人。"1934 年 2 月，中华苏维埃共和国颁布了《小学教育制度暂行条例》，苏区列宁小学教育目的是"要训练参加苏维埃革命斗争的新后代，并在苏维埃革命斗争中训练将来共产主义的建设者。"列宁小学的教育方法是"要把小学教育与政治斗争相联系，把教育与生产劳动相联系，要发展儿童的创造性。"1937 年 8 月，毛泽东在洛川会议上提出要改革教育的旧制度、旧课程，实行以抗日救国为目标的新制度、新课程。1940 年，毛泽东在《新民主主义论》中提出要建设"民族的、科学的、大众的文化"，即新民主主义的文化教育方针。1942 年，毛泽东《在延安文艺座谈会上的讲话》确立了文学艺术和"美育"要配合当时的政治斗争和革命实践，明确了"美育"的政治服务功能。1946 年，为支持解放战争，解放区规定了课程分配的比例。苏皖边区的中学课程，规定了政治课占 37%，文化课占 47%，文娱课占 16%；晋冀鲁豫边区太行行署还规定中学政治课占 8%，文化课占 92%，音乐、体育、美术在课外活动中进行。

三、20 世纪 50 年代至 70 年代中期

自新中国成立至 20 世纪 60 年代，特别是 1957 年以来，全国开始了为期 6 年之久的美学大讨论。

尽管国内学界之于美学的讨论如火如荼，然其涉及美育观点的却较少，仅有温肇桐、朱光潜、蔡仪、李泽厚有相关论著可查。至于"文革十年"是禁语的时代，整个国家的教育体系陷入瘫痪，"美育"无从谈起。

温肇桐是中国美术教育家、中国绘画史论家，他于 1951 年出版发表了论文集《新美术与新美育》。这是一本与美术、"美育"相关的论文集，其中一些文章带有比较浓重的时代特色，如《论美术上民族形式的建立问题》《批评文人画》《美术归于人民》《人民中国·人民美术》《人民美术的伟大胜利》。另外，其中还收录了一些有关儿童以及中小学生的美术教育文章，如《略论儿童美术教育的任务》《对于〈小学美术课程暂行标准初稿〉的商榷》《目前中小学的美术教育问题》《儿童绘画问题》《从儿童画展谈起》等。这本书里的一些观点现在看来可能已经落伍了，但是之于探查并理解当时的时代观点还是大有裨益的。

朱光潜于新中国成立后把研究方向转到了马克思主义美学上。美学大讨论发表的文章辑成 6 册《美学问题讨论集》，朱光潜发表的论争文章另辑成《美学批判论文集》，由作家出版社出版。1963 年，朱光潜的《西方美学史》公开见世，全面系统地阐述了西方美学思想。这一时期，他认为"美"是主观意识形态同客观物质对象的统一，反复强调要注意审美和艺术创造中主观和客观的复杂关系，反对简单化地了解"美"的客观性。

在 20 世纪 50 年代至 60 年代的美学大讨论中，蔡仪反复申述"美"不在于物，不在于心，"美"是典型，即在个别对象上显现的种类一般性。因此，美的规律就是"非常突出、生动、鲜明的形象充分而有力地表现着事物的本质或普遍性，这实际上指的就是典型的规律。"他认为美育内容应该有自然美、艺术美、社会美的东西，并认为自然美是"取之不尽，用之不竭"的，"是人的精神生活的丰富财产，美感享受的不尽源泉"。蔡仪非常重视艺术美育，他认为艺术不仅使人理解社会，而且还富有教育意义，使人获得精神满足，以至于改造现实或促进社会生活圆满。

在美学大讨论中，李泽厚主张"美"是客观性与社会性的统一，他一方面认为美是客观的，另一方面又认为美离不开人类社会，"就内容言，美是现实以自由形式对实践的肯定；就形式而言，美是现实肯定实践的自由形式。"他在《美学三议题》一文中进一步指出，"美"是自由的形式，即合规律性与和合目的性，真与善的，并提出历史积淀的观念。

毛泽东的"美育"观见之于《毛泽东选集》和他的一些诗词之中。作为一位马克思主义者，毛泽东十分重视艺术的美育功能，尤其是文学艺术的美育功能。他提出文艺应为广大人民群众服务，为工农兵服务的方向，提出了"百花齐放，百家争鸣""古为今用，洋为中用""推陈出新"的文艺方针，为无产阶级文艺和美育的新发展指明了方向和道路。

另外，1961 出版的舒新城的《中国近代教育史资料》之于研究中国近代美育的发展具有重要的资料参考价值，其中所选资料上起 1840 年鸦片战争，下迄 1919 年五四运动前后，按重要事件分章，每章再按事件内容分节，把相关资料按年代先后进行排列，这样凸显事件演变的线索一目了然。

从新中国成立初期到 20 世纪 50 年代中期，国家从政策层面对于"美育"的关注力越来越大。可惜从 1957 年到 1976 年，整个国家的重心转向"政治斗争"，教育发展成为薄弱环节，在政策规定上没有具体的美育内容有据可循。

1949 年 9 月，中国人民政治协商会议通过了《共同纲领》，规定"中华人民共和国的文化教育为新民主主义的，即民族的、科学的、大众的文化教育"。1951 年 3 月，教育部根据《共同纲领》制定条文"关于加强中等教育"，召开了全国第一次中等教育会议，马叙伦在开幕词中首次公开提出"使受教育者在智育、德育、体育、美育等方面获得全面发展"的教育方针。1952 年 3 月 18日，教育部门颁布《小学暂行规程（草案）》《中学暂行规程（草案）》，推动对学生实施智育、德育、体育、美育全面发展的教育理念。同日颁布《幼儿园暂行规程（草案）》。1955 年 5 月 19 日，国务院召开全国文化教育工作会议指出，"提高中小学教育的质量必须贯彻全面发展的方针，注重学生的智育、德育、体育、美育。"1956 年 4 月教育部在《关于指导小学阅读少年儿童读物的指导》中指出要"组织学生在课外进行活动，如诗歌朗诵、戏剧表演、讲演会等"。1956 年，教育部颁发《小学图画教学大纲（草案）》指出，"图画是小学进行美育并培养全面发展的学科之一。"同年还颁布了《初级中学图画教学大纲（草案）》。

1957年"反右斗争"被严重扩大化，在对待知识分子、教育科学文化问题上发生了左倾偏差，艺术和审美等成为小资产阶级的标签，是"毒草"，得"除去"。1957年，毛泽东在《关于正确处理人民内部矛盾的问题》中指出，"我们的教育方针，应该使受教育者在德育、智育、体育几方面都得到发展，成为有社会主义觉悟有文化的劳动者。"这个报告并未涉及"美育"，"美育"不是国家政府关注的重点。在此后长达20年的时间里，凡是党和政府颁布的教育政策、教材、讲义也都把"美育"从教育学的理论体系中去掉。1961年1月，中共中央召开了八届九中全会，纠正了1958年以来的左倾错误，制定了"调整、巩固、充实、提高"的国民经济方针。在这个背景下，1961年《文汇报》邀请上海市教育界人士展开了"美育大讨论"，与会人员一致认为"美育"是社会主义教育不可忽视的部分，呼吁给予"美育"以应有的位置，但是在具体实践层面"美育"并没有真正开展起来。1966年"文革"运动开始，十年间，"美育"建设停滞不前。

四、20世纪70年代末至80年代初

1976年"文革"结束，我国文艺界立刻回应，然而之于"美育"的具体落实则是稍微滞后了一些。1979年5月10日，教育部副部长张承先在回答《人民音乐》记者提问时指出，"音乐，还有美术，是进行美育的重要手段。美育是培养学生德、智、体全面发展的重要组成部分……"1979年，在全国第四次文代会上，周扬指出"在社会主义制度下，美育是培养共产主义道德情操的有力手段……对于改造我们民族的精神面貌，提高全民族的科学文化水平和艺术修养都有极为深远的意义。"

这一时期，政治氛围宽松，文艺发展随之活跃起来。在"美育"方面，既有美育组织的陆续成立，也有相关杂志的发行，同时还有美育文章的见世。至于政策层面，20世纪80年代初期，"美育"并未被提及。

1980年6月，全国第一次美学会议在昆明召开，会上就"美""美育"的基本问题展开讨论，建议把"美育"写入国家教育方针内。在此次会议上成立了中华全国美学学会，宗旨是组织美学方面的理论和实际工作者，开展美学研究和教育，同时成立了全国高等学校美学分会。此后，安徽、河北、天津、四川等地陆续成立了学会分会或分会筹备处。

1981年，湖南人民出版社创办了新中国成立后的第一本美育专业杂志《美

育》，朱光潜、王朝闻、蔡仪、李泽厚、蒋孔阳、洪毅然等担任顾问。创刊之初，以季刊形式发行，一年后改为双月刊，至 1988 年终刊时共出版 46 期。该杂志以发展"美育"为宗旨，以各界青年、中小学教师和大中学生、文艺和美学工作者及爱好者为主要对象，主要栏目包括"美学原理""美育理论和基础讲座""美学心理学研究""美学著述钩沉"等。

这一阶段，讨论美学的专著开始出现，据数据统计有 28 本，这些书中虽然涉及美育问题，但并没有一本美育专著出版发行，相反，散见别处的美育类文章颇多，达 147 篇。1979 年，苏灵扬在《人民教育》上发表《不要低估美育的重要性——从全国少年儿童音乐表演会谈起》，姚思源在《人民音乐》上发表《对中小学音乐教育的几点意见》，游颖在《人民音乐》上发表《美育是不可缺少的》，从而开启了我国"美育"研究的新时代。

此时，学界针对"美育"的研究呈现多元化格局，有只谈美育理论的文章，如翁春涛《反映论与美育》、曾繁仁《试论美育的地位与作用》、邹进《审美教育的作用》、戴承良《青少年美育刍议》等；有专门研究蔡元培、梁启超、王国维、丰子恺等学者美育思想的文章，如高奇《蔡元培的教育观》、林培玲《蔡元培的进步教育思想管见》、潘懋元《蔡元培教育思想》、佛雏《评王国维的美育说》、姚全兴《美育先驱——略谈丰子恺的艺术论著》等；有讨论学校教育与美育关系的文章，如陈宪平《体育教学应结合美育》，邓光华《音乐教学是培养学生美育的一种总要手段》，宗华敬、崔熙芳、许琐堂《美育与提高教学质量》，斯霞《小学要重视美育》，洪黛英《体育与美育》等；有引介外国美育理论和实践的文章，如葛采《马卡连柯的美育思想和实践》、杜殿坤《瓦·阿·苏霍姆林斯基的美育理论和实践》、邓鲁萍《苏联学前教育研究进展》、袁锐锷《苏霍姆林斯基的教育思想》等；还有从社会实践角度言说美育的文章，如张黎明《谈护士执业教育中的美育问题》、李德文《广播电视是儿童美育的重要阵地》、陈毓中《关于新闻摄影的审美教育功能——兼谈我国社会主义新闻摄影的特征》、尤·恩·乌索夫、李定仁《电影与学生的美育》等。

另外，这一阶段也有一些教育资料汇编和学术著作可供参考，资料汇编类的如 1981 年陈元晖、璩鑫圭、邹光威主编的《老解放区教育资料》，1984 年由中国教育年鉴编委会编辑的《中国教育年鉴：1949—1981》；学术著作如 1981 年顾树森著《中国历代教育制度》；学术论文，如 1982 年王铁著《中国教育方针的研究：新民主主义教育方针的理论与宣传》等。

在政策方面，1982 年 5 月 28 日，中共中央发布《深入持久地开展"五讲四美"活动争取社会主义精神文明建设的新胜利的通知》指出，"建设一个现代化而且要有高度文明的社会主义强国，不但要有高度的物质文敏，而且要有高度的社会主义精神文明"，国家政策侧重宏观导向，尚未细化到"美育"方面。

五、20 世纪 80 年代中期至 90 年代末

20 世纪 80 年代中期，我国文艺界掀起了一股讨论西方理论的热潮，文化全面复兴。20 世纪 90 年代，市场经济实施运行，素质教育提上议事日程。这一时期，经济发展、文化活跃，为美育研究提供了重要前提条件。美育研究在这一阶段获得了极大进步，无论在数量上，还是在研究水平上，均不乏可观成果纷纷见出。《1990—2010 年中国美育研究脉络》一文针对 1990—2010 往来年间的美育研究成果进行了分类统计。第一个阶段（1990—2000）与第二个阶段（2000—2010）的数据比照如下（"1"前为第一阶段，后为第二阶段数据）：

表 1-1　1990—2010 年间美育研究成果分类统计表

	美育思想	美育原理研究	美育实施研究	美育和其他教育研究	各部门和学科美育研究	美育心理学研究	美育其他问题研究
论文	94/411	93/272	111/290	230/606	183/592	31/45	23/142
著作	9/25	59/51	14/36	11/20	13/45	3/3	9/24

如表所示，1990—2010 年间先后涌现出来的著作多达 322 部，论文 3126 篇。仅在第一阶段里，关于美育的著作就有 118 本，论文 765 篇。与以往历史阶段相比较，此时的研究态势无疑是朝气蓬勃的。

20 世纪 80 年代中期至 90 年代末，我国学者从不同学科视野介入，对"美育"理论加以丰富、拓展、深化。有学者从心理学角度倡导"美育心理"，如刘兆吉；有学者认为应当依凭审美和艺术进行学科教育，如滕守尧、李范等；有学者着眼于学科交互渗透的背景趋势提出"大美育"概念，如滕纯、白天佑、赵伶俐、檀传宝。20 世纪 90 年代以来，"大美育"作为一种理念逐渐风行，相当大一部分文章和著作虽然没有直接提及该术语，但其立场态度与"大美育"不谋而合。目前大陆可考的、这一阶段直接提及"大美育"概念的是《以"大美育观"填补美育意识的空白》一文。以重要文献资料出版发表为线索，笔者在呈现此时"美育"整体概貌的基础上，择其精要进行举例。

（一）美育专著

这一阶段，大陆有关"美育"的书籍大幅增加，它们主要作为师范院校本科、专科的"美育"课程教材加以使用，因此编写内容综合性质明显，关乎"美育"的方方面面都有所涉及，概括总结居多，详细分析有限。在"美育"范畴方面，这一阶段较之于上一时期有了明显变化，"美育"范畴从语文、音乐、美术学科拓展至历史、地理、劳动、课外活动等，是"美育"认知的巨大进步。与此同时，大陆学界开始出现之于"美育"历史梳理的内容，不仅包括中国美育史，还介绍了西方美育史，同时涉及马克思主义美育观。

1986 年，湖南文艺出版社出版了孟湘砥主编的《美育教程》。该书讨论了"美育"的目的、任务，"美育"与德育、智育、体育、劳动教育的关系，"美育"的途径和方法等。

1987 年，安徽师范大学美学研究室编著的《审美教育》，曹利华所著《美育》，杨恩寰主编的《审美教育学》出版；1988 年，仇春霖主编的《美育原理》，李文庠主编的《简明美育教程》见世；1990 年，赵向阳所著《审美教育》，余虹、罗金远主编的《美育概论》，蒋冰海所著《美育学导论》出版。《美育学导论》讲述了"美育"的对象、性质、任务、特点，"美育"在中西方的发展历史，突破在于涉及马克思主义美育思想，"美育"与德育、智育、体育、劳育、性育的关系，及不同维度的"美育"——家庭美育、学校美育、社会美育艺术美育、自然美育等。

1991 年，苑淑娅、马长生主编的《美育教程》见世；1992 年，王秀芳等编著的《美育学教程》，杜卫所著《现代美育学导论》出版。《现代美育学导论》主要介绍了"美育"的性质、地位与特征，"美育"的功能、形态，"美育"与德育、智育、体育的关系，审美能力及其培养，审美意识及其培养，"美育"方法论等。

1993 年，王善忠的专著《美感教育研究》出版；1995 年，蔡德予主编的《美学与美育教程》见世；1997 年，曹廷华、许自强主编的《美学与美育》，龙泽弘、陆承柏主编的《美育教程》出版。《美学与美育》共 8 章，探究了美学构成与"美育"构成、美的本质与"美育"、美的形态与"美育"、美的范畴与"美育"、形式美与形式"美育"、审美心理与心理"美育"、门类艺术的美育与"美育"、教学活动的美与"美育"等内容。

另外，姚全兴在 1989 年出版的《中国现代美育思想评述》与以上书籍不同，带着个性化的学术色彩，偏重于分析和评论。

（二）美育论文

这一阶段的"美育"论文在延续过往传统的基础上，增添了与时代文化、政治背景紧密关联的元素。针对"美育"的本体论研究历来不可或缺，此时这方面的代表论文有姚晓南《论现代美育的本质特征》、李莉《试论美育的本质及特征》、李田《再论美育的本质》、金雅《略论美育的本质和美育的建设》等；关于"美育"观念的提出，如董洪哲《以"大美育观"填补美育意识的空白》、金大陆《"普遍""超越"的美育观》、李戎《论美育的涵义》、李满《美育涵义新探》、江宁《论美育观念的变革》等；另有文阐释"美育"功能及其与"美"的关系，如黄海澄《论美和美育》、陆广智《论美育》、刘云翔《试论美育的独特功能》、马国雄《审美价值观念与美育》等。

对学人"美育"思想的考察一直是相关研究重点之一，这一时期也不例外，除延续对蔡元培、王国维等"美育"观的剖析外，还增加了对陶行知、闻一多、徐特立、李大钊等的评述。针对蔡元培的研究有，刘小锋《试析蔡元培先生的美育观》、丁锦宏《蔡元培美育观述评》、禹雄华《对蔡元培"以美育代宗教"说的新思考》、古建军《蔡元培美育思想与新时期文化建设》；关于闻一多的研究有，孙敦恒《闻一多早期的美育观及其实践》等；针对徐特立的研究有李榷《徐特立的美育思想》等；关于李大钊的研究有李耀建《李大钊与蔡元培美育思想之比较》等。

此时总结回顾"美育"史的论文也不少，有聂振斌《中国美育思想探源》、李祥林《中国近代史话》、张焕庭《"五四"以来美育思想与实践发展的历史回顾》、彭华生《美育的由来与发展》、罗国萍《中国近代美育的发展》、姚晓南《论美育的当代发展》、滕纯《建国以来美育情况回顾》、周冠生《美育的今天、明天与昨天》等。

1986 年 4 月 12 日，中华人民共和国第六届全国人民代表大会通过《中华人民共和国义务教育法》，自 1986 年 7 月 1 日起施行，这是我国第一次以法律的形式将义务教育固定下来的重要举措。鉴于国家对义务教育的重视，这一阶段有关中小学教育与"美育"关系阐发的论文数量极大增长。

自"美育"概念提出以来，之于儿童、青少年实行"美育"教育便成为历史关注点之一。20 世纪 70 年代前，针对儿童、青少年的"美育"教育主要停留在美术、音乐两个艺术方面；20 世纪 70 年代末到 80 年代初，涉及领域逐渐拓展至体育、数学，别的领域则鲜有提及；20 世纪 80 年代中晚期到 90 年代末期，与儿童、青少年有关的"美育"范围相当宽阔，不仅包括前述音乐、美术、体育、数学学科，而且还包括英语、物理、化学、历史、政治等学科，简言之，即中小学生所有课程都可能、也可以实行"美育"。如关于数学，有朱学志、魏树人、朱荣科《数学教育的美育价值》，蔡金法《数学教育中的美育》、周鸿生《浅谈中学数学教学中的美育》等；关于语文，有宋培效《谈中学语文教学中的美育教育》、杜晓俐《小学语文教学中的美育问题》、赵恒武《发挥语文教学的功能》、何宇平《语文教学美育序列初识》等；关于体育，有张友龙《浅论体育中的美育》、王维勤《谈体育与美育的关系》、马少山《谈谈体育教学中的美育》、黄宝仪《美育教育在健美操教学中的应用研究》等；关于历史，有闵宜《历史教学中的美育渗透》、屈振华《从历史教学角度谈美育》、马平《历史教学中实施美育的基本途径》、严林祥《浅论历史教学中的美育功能》，赵新亮、陈国明《浅谈小学历史教学中的美育渗透》等；关于地理，有陈国因《地理课中的美育》《地理教学中美育的内容》；关于政治，有沈智斌《中学政治课教学与美育》，李丽兰《小学思想品德课中的美育》等；关于生物，有兰艳花、杨曼丽《高中生物遗传学知识教学中美育的渗透分析》、邱冈《浅谈生物学教学中的美育》、周美珍《试论生物学教学中的美育》等；关于物理，有韩良恺《物理教学中的美育作用》、涂礼节《物理教育中的美育问题讨论》、项红专《试论物理教学中的美育》、康继荣《物理课中的美育》等；有关化学的，有丰世雄《化学教学中美育问题浅谈》、孙志宽《化学教学中的美育初探》、王景明《化学实验教学中的美育》，王道林、孙秋林、郭秀兰《化学教学与美育熏陶》等。

除谈论中小学学科和"美育"关系外，有些文章亦评述了中小学管理、教育与"美育"的关系，如沈配功《试论中小学美育及其管理》、钟扬《论美学知识在学校美育中的渗透作用》、谭明煜《谈谈小学的审美教育》、周敏生《走出困惑——对中小学校美育现状的思考》、左民敬《略谈中小学的美育工作》、王炳新《农村中小学美育情况的初步调查》，胡元培、王才敏、周介恬《小学美育对学生素质发展影响的实验初探》；还有一些文章涉及中小学教材与美育的关系，如肖业炎《中小学文科教材的美育成分》、王燕玲《从舞蹈教材在小学体育教学中的意义谈起》、敬谱《关于新编小学音乐教材的几点说明和建议》、程洪《论中学世界历史课本内在的美育途径》、杜方智《中学语文教材中美育教育的内容》等。这些与中小学教育有关的"美育"文章大量出现，表明这一阶段义务教育备受重视，对青少年"美育"的强调更可以说是我国教育发展的巨大进步。

另有文涉及"美育"与国家政策、政治生活的关系，如沙英《谈精神文明与美育》、朱慧珍《美育与精神文明建设》、赵祖达《美育与思想工作的效果》、王世德《谈谈党校教育与美育》、杨宣宁《美育与培养"四有新人"》、安桂环、黎延年《美育与社会主义精神文明建设》、陈崖斌《试论美育与社会主义精神文明建设的关系》等。

此时介绍外国"美育"知识和思想的文章数量也开始增加，研究范围广阔，如蔡正非《美育心理发展史山的二杰 论席勒、赫尔巴特的美育心理思想》，A·布罗夫、刘伦振《苏联现阶段的美育理论问题》姜丕之《黑格尔论美与美育》、陈建翔《席勒美育思想与当代教育美学》、史可扬《〈手稿〉和〈美育书简〉——马克思对席勒美学思想的批判继承》、杜卫《马克思主义关于人的全面发展学说与美育问题》、陈先齐《苏霍姆林斯基美育思想初探》等。

这一阶段还出现了新的"美育"研究领域，即中国古代"美育"研究，学者将"美育"概念扩大，并试图梳理中国古代的"美育"理念和观点，如陈元晖《孔子的美育研究》、刘兆吉《先秦"乐教的"美育心理学思想研究》、何绵山《试论夏商周至魏晋南北朝的审美教育》、苏志宏《〈乐记〉美育思想刍议》、何齐宗《略论中国古代美育思想的几个问题》《孔子美育思想探讨》、丁钢《儒与道：两种美育理论的评判》、潘立勇《朱熹美育思想初探》、聂振斌《古代美育思想传统的反省》、朱军利《试论汉代"礼乐教化"美育思想的四个基本问题》，蔡正非《从〈吕氏春秋〉看先秦美育心理思想的发展》、王善忠《中国古代美育思想鸟瞰》等。

"美育"观念被拓展的同时，"美育"理论也被应用于一些实用活动中，如在机构建设上，有邱景华《学校图书馆美育谈》、于文杰《试论企业美育建设》、陶济、朱伟《现代工业设计的美育效应》、金石欣《技术美学与企业美育环境》、许宗元《旅游美育导论》、姚君喜《论现代商业美育体系的构建》、常存文《影视艺术与中学生之美育》等。

实时调查报告性质的论文也有一些，此类论文的原始资料具有重要参考价值，如王炳新《农村中小学美育情况的初步调查》、李平《中小学音乐教师心理调查分析》、揭晓兮《开设独立型美育课实验的研究报告》、陆筱峰《农村初中音乐、美术教学状况的调查与分析》、中华民族传统美德教育实验研究本溪市明山区课题组《明山区小学开展中华民族传统美德教育的实验报告》等。

通过对这一时期"美育"论文的梳理，我们发现"美育"在教育教学中实施应用的文章占据相当大的比例，甚至远远超过了"美育"理论类文章，"美育"的实用功能被突出，这种绝对优势说明"美育"研究由以往的"重理论，轻实践"逐渐转向理论与实践的结合。

（三）教育资料

自近现代教育实施以来，除却特殊历史时期，"美育"总是作为教育的组成部分而存在，因此与"美育"休戚相关的教育文献资料也值得被关注。20 世纪80 年代中后期至 90 年代末期，大规模整理中国教育资料的意识觉醒，1985—1989 年山东出版社出版的 6 卷本《中国教育通史》，1997 年出版的由章咸、张援编的《中国近现代艺术教育法规汇编》，1998 年出版的《中华人民共和国重要教育文献（1945—1975）》和《中华人民共和国重要教育文献（1976—1990）》，1999 年出版的由姚思源主编《中国当代学校音乐教育文献 1949—1995》等，对于这一阶段"美育"背景的了解大有裨益。

（四）国家政策文件

1986 年 3 月，全国人民代表大会六届四次会议通过了《关于第七个五年计划的发展报告》，报告指出各级各类学校都要认真贯彻执行德育、智育、体育、美育全面发展的方针，要根据各自的特点加强劳动教育。1986 年公布的《中华人民共和国义务教育法》是中华人民共和国制定的第一个教育法，其中指出"在中小学中，应当贯彻德智体美全面发展的方针，适当进行劳动教育"。

1987 年，北京市教育局编写了《北京市中小学美育纲要》。1988 年，《九年义务教育全日制初级中学音乐教学大纲（初审稿）》中写道，"音乐教育是实施美育的重要手段之一""音乐教育培养学生的审美能力"。

1989 年，国家教委艺术教育委员会指导制定了《1989—2000 年全国学校艺术教育总体规划》，规划指出"我国学校教育的根本任务是坚持为社会主义建设服务的方向，培养德、智、体、美、劳各育全面发展，有道德、有文化、有纪律的一代新人，提高全民族的素质。艺术教育是学校实施美育的主要内容和途径，也是加强社会主义精神文明建设、潜移默化地提高学生道德水准、陶冶高尚的情操、促进智力和身心健康发展的有力手段"。

1992 年 3 月 14 日，教育部发布《中华人民共和国义务教育法实施细则》，其中第四章第 19 条规定，"实施义务教育必须贯彻国家的教育方针，坚持社会主义方向，实行教育与生产劳动相结合，对学生进行德育、智育、体育、美育和劳动教育”。

1993 年 2 月，《中国教育改革和发展纲要》第 35 条指出“美育对于培养学生健康的审美观念和审美能力，陶冶高尚的道德情操，培养全面发展的人才，具有重要的作用”。

1994 年 6 月，中共中央、国务院在北京召开第二次全国教育工作会议。这次会议的主题是进一步动员全党、全社会认真实施中共中央、国务院发布的《中国教育改革和发展纲要》，确立教育优先发展的地位。在这次全国教育工作会议上，“美育”被列入会议议题。

1997 年，国务院副总理李岚清在《中国教育报》上发表《加强美育工作，提高学生素质》一文，对美育的功能给予了高度评价，即“美育有着独特的功能和作用，这是其他教育无法替代的。……美育的最终意义，就在于使人的情感得到陶冶，思想得到净化，品格得到完善，从而使身心得到和谐发展，精神境界达到升华，自身得到美化”。

1998 年，教育部颁布了《面向 21 世纪教育振兴行动计划》，把“美育”与创新教育结合起来，阐释了“美育不仅能培养学生有高尚情操，还能激发学生学习活力，促进智力的开发，培养学生创新能力”。

1999 年 2 月，教育部召集在京的艺术界、美学界、教育界美育专家二十余人，召开了“美育”研讨座谈会，专门探究了“美育”的内涵及其表述问题。会后形成了关于“美育”性质、功能、实施等问题的文字材料供中央有关部门作决策参考。1999 年 3 月，国务院总理朱镕基在九届全国人大二次会议上作《政府工作报告》时指出，“大力推进素质教育，注重创新精神和实践能力的培养，使学生在德、智、体、美等方面全面发展”。1999 年 6 月，《中共中央、国务院关于深化教育改革全面推进素质教育的决定》再次将“美育”作为全面实施素质教育的一个重要组成部分明确列入教育方针，并贯穿学校教育全过程。

通过以上文献资料的梳理，我们发现“美育”在此时获得了极大发展和有效实践，这一点在中小学尤具代表性，包括北京、上海、山东在内的各个省份和直辖市的中小学均不同程度地倡导“美育”教学。

下面，我们专门针对北京市和台湾的美育资料进行了梳理，在比照中可见两个区域这一时期美育发展之异同。

（五）北京市义务教育阶段美育资料

20世纪80年代中期至90年代末，大陆学界少有论文或著作专门研究北京市中小学美育状况，因此可考的相关文献资料实属单薄。

为了发展中小学美育，北京市政府和北京市教委不仅召开了专门性的"美育"会议，而且成立了相关行政部门，下达文件政策制定相关规章制度，积极倡导美育发展。

1987年3月，北京市召开了第一届中小学美育工作会议；1990年2月，召开了第二届中小学美育工作会议；1992年4月，北京市召开第三届中小学美育工作研讨会，交流各区县美育工作情况，学习外省市艺术教育先进经验等。1990年10月，北京教育局成立了艺术教育委员会。

1989年，国家教委颁发了《全国学校艺术教育总体规划》；1990年，北京市制定了《北京市关于〈学校艺术教育总体规划〉的实施颁发》。尔后，北京市又先后制定了《北京市中小学办法条件标准》《北京市加强和改进中小学学科教学意见》《北京市中小学学科教学评价方案》《北京市中小学教育质量综合评价试行意见》等规章制度。1997年，北京市人民政府办公厅转发了北京市教委《关于进一步推进中小学素质教育的实施意见》，其中明确提出"改革课程设置，加强教材建设""切实搞好课堂教学"。

这一时期，北京市个别行政区划还发行了具体实施方案。如1991年，《海淀区音乐教育实验区实验计划（草案）》出台，制定了"八五"期间海淀区音乐教育总目标，即努力提高中小学干部、教师及所有教育工作者对音乐教育在整个教育工作中的重要地位和作用的认识；采取有效措施培养在校学生人人会唱歌，人人学会一种乐器，并培养出一批音乐爱好者；有计划地建成一批有良好作风和较高水平的音乐社团等。

另外，当时一些报纸、杂志专门刊载消息针对北京市美育情况进行跟踪报道。如1987年3月29日，《光明日报》发表一则名为《北京市拨款推动中小学美育的开展》的新闻，内容如下：北京市拨出一百万元专款，鼓励和推动中小学美育的开展，同时在北京教育学院教研部成立艺术教育研究室，负责领导音乐、美术课的教研工作，编辑出版初中学生文库，给中学每个班级配备一套，以促进课外阅读活动；每年除继续举办红五月歌咏比赛外，还要进行全市中小学文艺汇演及美术作品展示，市教育局将授予中小学最高荣誉——金帆奖或银帆奖；每年年底举行全市教职工文艺汇演，以提高教职工的艺术修养。

1987 年 12 月 27 日,《人民教育》刊登文章《北京市少年儿童艺术团汇报音乐会剪影》:今年初,北京市教育局召开了中小学美育工作会议,提高对美育的认识,并采取切实措施加强美育。国庆前夕,国家教委艺术教育委员会、中国音协音乐教育委员会、中国市少年宫调演了北京市少年儿童部分优秀节目,从一个侧面展现了北京市中小学生开展校外教育活动取得的可喜成果。

1989 年 5 月 1 日,《人民音乐》刊登了新闻《北京市交响乐团基金会成立》:"北京市交响乐基金会"于 1989 年 3 月 11 日宣布成立,该基金会旨在建设和发展北京市交响乐事业,通过交响乐普及工作,对青少年进行美育教育,提高首都人民音乐文化素养,为首都精神文明建设做出贡献。

1996 年 10 月 06 日,《北京教育》上刊登了《北京市进一步加强与改进中学美术学科教学的意见》。1997 年,北京教育科学研究院基教所在《教育科学研究》上刊登了《北京市中小学教师、家长教育观念调查》,对北京市中小学教师、家长关于基础教育教育观、基础教育学生观、基础教育评价观、基础教育人才观、基础教育教学观,及中小学生在校现状进行了一次实时调查。这份调查报告虽未直接涉及美育内容,但调查结果之于北京市美育研究是具有启发意义的。

另外,1990 年,北京市委领导出版《中小学音乐欣赏有声教材》,附 24 盘录音带,从小学一年级到高中三年级,每位学生每个学期一盘,协助其学习欣赏高雅音乐;同时成立"北京市中学生金帆艺术团""北京市银帆艺术团",金帆艺术团是以小学生和初中低年级学生为主体的、以各区县少年宫为建制的业余艺术团体。

(六)台湾义务教育阶段美育资料

台湾义务教育制度确定于 1945 年抗日战争胜利后,台湾回归祖国。根据当时国民政府教育部制订的《国民教育实施纲领》规定,台湾正式实施六年制义务教育。1967 年 8 月,台湾正式颁布"九年国民教育实施纲要",决定把教育年限从六年义务教育延长至九年义务教育,九年义务教育开始实施年限为 1968 年 9 月,台湾于是成为继日本之后,在亚洲最早推行九年义务教育的地区之一。台湾的普通教育学制为"六·三·三"制。台湾在小学和初中实行九年义务教育,实行义务教育的小学称为"国民"小学,实行义务教育的初中称为"国民"中学。按照台湾"国民教育法"规定,"凡 6 岁至 15 岁之国民,应受国民教育"。1968 年,台湾地区教育行政部门拟订出第一套"国民小学暂行课程标准""国民中学暂行课程标准"。1985 年，台湾颁布"国民中学课程标准"。

　　针对高中课程标准，台湾当局先后于 1952 年、1955 年、1962 年、1971 年、1983 年、1994 年、1996 年和 2001 年多次进行修订，其中在 1955 年和 1962 年的课程修订中将军训列入其中；1962 年将高中课程分为甲、乙两表，甲表以自然学科为主，乙表以社会学科为主，同时增加了职业科目的选修范围。在 1971 年的高中课程修订中，甲表上增加了"地球科学"，乙表上增加了"西洋文化史"。1983 年，台湾地区教育主管部门颁布"高级中学课程标准"，高中课程包括语文、社会、数学、自然、体育、军训、艺能、选修、班会、团体活动。1994 年和 1996 年的课程修订仅在 1983 年的基础上进行了局部调整。与同时期大陆中小学、高中教育相比较，台湾教育中专设军训课程，此种设置和台湾的军事化考虑有关。

　　从 20 世纪 80 年代中后期到 90 年代末期，大陆学界针对台湾教育的研究格局发生变化，开始出现较多的研究台湾教育的学术论文，但专门研究台湾美育的论文少见，关于台湾美育的专著则未见。这一时期针对台湾教育的介绍主要集中在台湾中小学以及高中教育课程设置和教学大纲方面，侧重表面资料的梳理，缺乏之于其背后内蕴的社会文化思想的探究。尽管一些论文非专门评述台湾美育问题，但其中或多或少涉及了美育内容，因此作为参考资料仍是有裨益的。

　　1987 年元月号，《台湾教育》发表了一篇题名为《台湾中小学的实验教育》的文章，对"国语推行委员会"设立"国语"实验小学践行"国语教材法"作介绍；关于中学阶段，就 1951 年后中学四年制、四二制、社会中心教育与生活中心教育实验进行了解说。1988 年，姜玲芝发表文章《台湾的中小学教育》，论述台湾中小学教育发展的四个时期，之于了解台湾美育发展的大的教育背景是有帮助的。

　　1990 年，梁永丰连续撰写四篇文章《台湾普通高中教育的嬗变及其审视》《台湾普通高中规模之变化——台湾普通高中教育发展述评之一》《台湾普通高中任务与培养目标之改进——台湾普通高中教育发展述评之二》《台湾普通高中课程设置之演变——台湾普通高中教育发展述评之三》，这些文章对认知台湾普通高中教育情况具有重要意义。最后一篇文章主要回顾了 1950 年至 1990 年间，台湾普通高中的课程设置调整，对于比较研究北京与台湾义务教育阶段的美育课程设置提供了数据来源。同年，谢利民发表文章《我国台湾省中学选修课程的发展及特点》指出，"台湾的初中教育，是以培养德、智、体、群、美五育均衡发展的健全国民为目的"，另文章还论述了台湾初中、高中选修课程的设置及特点。这里需要注意的是，大陆针对学生培养提出的是"德""智""体""美"四个方面全面发展，而台湾则涉及五个方面，增加了"群"，注重集体意识的萌生。

1991年，吴仁华在《试论台湾普通高级中学的办学特点》一文中总结了1968年台湾实施九年义务教育以来的普通高中的办学特点，其中包括教材的编审和课程的设置等内容。

1992年，学界出现了5篇关于大陆（内地）义务教育小学、初中的课程大纲与香港、台湾地区的教学大纲比较的文章，它们分别是《九年义务教育全日制初级中学地理大纲与香港、台湾初中地理教学大纲的比较与分析》（何化万），《九年义务教育全日制小学数学教学大纲（初审稿）同我国现行大纲、台湾课程标准、日本国学习指导要领的比较》（曹侠、李润泉），《九年义务教育全日制初级中学物理教学大纲（初审稿）与台湾"国民中学自然科学（物理部分）课程标准"的比较》《九年义务教育全日制初级中学美术大纲（初审稿）与香港美术纲要、台湾美术课程标准比较》（义务教育教学大纲评价物理科课题组），《九年义务教育全日制初级中学化学教学大纲（初审稿）与台湾"国民中学理化课程标准"（化学部分）的比较》（义务教育教学大纲（初审稿）评价化学科课题组）。这5篇文章以解读教育大纲为视角点，分析了政策纲领层面上大陆（内地）与香港、台湾地区之不同，对同领域相关研究具有重要参考价值。

1992年，蔡祯雄《台湾近代学校体育制度成立的历史考源——学校教育制度的成立与学校体育的开始》一文较为详细地梳理了近代以来台湾地区体育课程建立的历史脉络。同年，《学科教育》刊登文章《九年制义务教育全日制初级中学美术大纲（初审稿）与香港美术纲要、台湾美术课程标准比较》，同以上5篇文章性质类似，该文亦是从纲领层面分析研究对象。"美术"一直是"美育"的重要组成部分和实施路径，《九年制义务教育全日制初级中学美术大纲（初审稿）与香港美术纲要、台湾美术课程标准比较》从"美术"介入增进了之于台湾"美育"的了解。

1996年，侯令发表《台湾近年的美术教育研究》，对台湾小学的美术教学情况作出一定概括，并详细介绍了乡土艺术与美术教育的结合方法。

1997年，周美珍在《台湾小学户外环境教育活动四则》一文中指出台湾小学重视对小学生进行户外教育，并主要提及了四则活动，即介绍树木、替领养的树木写日记、替树木量身高、宣传植物可以防止土壤流失。

1998 年，朱桦发表《台湾地区中小学的音乐教育》详细引述了 1981 年以来大成初中音乐教育班的音乐教育情况，包括教育方针、行政组织、学生甄选、师资概况、音乐班设备、课程、一般教学措施、辅助教学活动等。

另外，1993 年，台湾首先开办了美容美发班、电脑实务班、作物栽培班、食品餐饮班等，这种自办式技艺教育班属于台湾九年义务教育的一部分，既具有职业认知的导向功能，又附带实践性质的美育作用。关于此类技艺教育班介绍的文章可参见毕晓根《台湾初中试办技艺教育班获肯定成果》（1996 年），庆龙《台湾初中试办技艺教育班》（1997 年）。

这一阶段，针对台湾教育的著作较少，其中涉及"美育"内容的则更少，可供参考的有王宗烘、余松锵于 1992 年编著的《台湾科技教育与经济发展》，其中有一章题名为"台湾中小学教育的发展概况"，之于台湾义务教育阶段"美育"背景的呈现具有重要文献价值。

六、21 世纪至现在

此时"美育"获得全面重视，在不同学科领域被提及和强调，从而产生了大批关于"美育"的研究性著作、论文和资料汇编。同时，随着大陆和台湾地区交流的增多，学界开始出现大陆和台湾两地比较性的"美育"著作和论文。在国家导向层面，出台政策越发具体化。

（一）国家政策文件

2000 年 12 月，教育部在青岛召开"全国学校艺术教育工作经验交流会"，会议全面总结了《全国学校艺术教育总体规划（1989—2000）》，并对《全国学校艺术教育发展规划（2001—2010）》（征求意见稿）《学校艺术教育工作规程》（征求意见稿）展开讨论。

2002 年 5 月，《全国学校艺术教育发展规划（2001—2010）》完稿并正式颁布实施，确立了一个时期内学校艺术教育的指导思想、发展目标和主要任务。2002 年 7 月，教育部长陈至立颁布第 13 号令，宣布从当年 9 月 1 日起执行《学校艺术教育工作规程》，该《工作规程》认为"艺术教育是学校实施美育的重要途径和内容，是素质教育的有机组成部分。学校移速教育工作包括：艺术类课程教学，课外、校外艺术教育活动，校园文化艺术环境建设。"2002 年 11 月，中共十六大召开，江泽民作了题名为《全面建设小康社会 开创中国特色社会主义事业新局面》的报告，报告要求"全面贯彻党的教育方针，坚持教育为社会主义现代化建设服务，为人民服务，与生产劳动和社会实践相结合，培养德智体美全面发展的社会主义建设者和接班人"。这是"德智体美全面发展"首次在党的重要报告中完整被提出，明确了"美育"在国家教育领域大政方针中的地位和作用。

2005 年 1 月，教育部发布了《普通中小学校和中等职业学校贯彻〈学校艺术教育工作规程〉评估方案（试行）》。2007 年 5 月，教育部发布了《关于加强和改进中小学艺术教育活动的意见》。2008 年 9 月，教育部发布了《关于进一步加强中小学艺术教育的意见》。2010 年 5 月 5 日，国务院总理温家宝主持召开国务院常务会议，审议并通过了早在 2008 年 8 月便开始研制的《国家中长期教育改革和发展规划纲要（2010—2020）》。2010 年 6 月 21 日，中共中央政治局召开会议，胡锦涛主持会议并审议通过了《国家中长期教育改革和发展规划纲要（2010—2020）》（下文简称《教育规划纲要》。）2010 年 7 月 29 日，《教育规划纲要》正式发布，这是我国进入 21 世纪以来的第一个教育规划。《教育规划纲要》在有关教育战略主题的表述中指出，"坚持全面发展。全面加强和改进德育、智育、体育、美育。坚持文化知识学习与思想品德修养的统一、理论学习与社会实践的统一、全面发展与个性发展的统一。加强体育，牢固树立健康第一的思想，确保学生体育课程和课余活动时间，提高体育教学质量，加强心理健康教育，促进学生身心健康、体魄强健、意志坚强；加强美育，培养学生良好的审美情趣和人文素养。加强劳动教育，培养学生热爱劳动、热爱劳动人民的情感。重视安全教育、生命教育、国防教育、可持续发展教育。促进德育、智育、体育、美育有机融合，提高学生综合素质，使学生成为德智体美全面发展的社会主义建设者和接班人"。

2011 年"两会"期间，全国政协委员、中国国家画院艺委副主任、中国美协理事李延声在为《美育兴国——为"十二五"规划建言》中明确提出"'美育'兴国"，并就此进行了较为详细的论述。2012 年 11 月，中共十八大召开，胡锦涛在会上作了题名为《坚定不移沿着中国特色社会主义道路前进 为全面建成小康社会而奋斗》的报告，报告要求"把立德树人作为教育的根本任务，培养德智体美全面发展的社会主义建设者和接班人"，将"美育"提升至完成"立德树人"根本任务的高度，之于当前中国"美育"事业发展具有重要指导作用。

报告中，胡锦涛特别沿用了中国十七届六中全会通过的《中共中央关于深化文化体制改革、推动社会主义文化大发展大繁荣若干重大问题的决定》所谓"文化是民族的血脉，是人民的精神家园"的论断。

2013 年，中共第十八届中央委员会第三次全体会议通过了《中共中央关于全面深化改革若干重大问题的决定》。在深化教育领域综合改革方面，《决定》要求"全面贯彻党的教育方针，坚持立德树人，加强社会主义核心价值体系教育，完善中华优秀传统文化教育，形成爱学习、爱劳动、爱祖国活动的有效形式和长效机制，增强学生社会责任感、创新精神、实践能力强化体育课和课外锻炼，促进青少年身心健康、体魄强健，改进美育教学，提高学生审美和人文素养"。

2014 年 1 月 10 日，教育部印发了《教育部关于推进学校艺术教育发展的若干意见》。该《意见》对学校教育中的艺术教育与"美育"教育之间的关系进一步明确指出，"艺术教育对于立德树人具有独特而重要的作用。学校艺术教育是实施美育的最主要的途径和内容。艺术教育能够培养学生感受美、表现美、鉴赏美、创造美的能力，引领学生树立正确的审美观念，陶冶高尚的道德情操，培养深厚的民族情感，激发想象力和创新意识，促进学生的全面发展和健康成长。落实立德树人的根本任务，实现改进美育教学，提高学生审美和人文素养的目标，学校艺术教育承担着重要的使命和责任，必须充分发挥自身应有的作用和功能。"《意见》还对美育实施的课程和形式作了说明，如"严格执行课程计划，开齐开足艺术课程""创新活动内容与形式，确保每个学生都能参与艺术活动""加强区域内艺术教育统筹力度，多渠道解决艺术师资短缺问题""整合各类教育教学资源，形成推进学校艺术教育发展的合力"等。

2015 年 9 月 15 日，国务院办公厅颁布《关于全面加强和改进学校美育工作的意见》。该《意见》明确了当前和今后一个时期加强和改进学校"美育"工作的指导思想、基本原则、总体目标和政策措施，宣称至 2020 年，要初步形成大中小幼"美育"相互衔接、课堂教学和课外活动相互结合、普及教育与专业教育相互促进、学校美育和社会家族美育相互联系的具有中国特色的现代化"美育"体系。《意见》认为"美育是审美教育，也是情操教育和心灵教育，不仅能提升人的审美素养，还能潜移默化地影响人的情感、趣味、气质、胸襟，激励人的精神，温润人的心灵。美育与德育、智育、体育相辅相成、相互促进。"针对学校"美育"改革发展中存在的突出问题，《意见》提出了四个方面的应对性举措，即一是构建科学的美育课程体系；二是大力改进美育教育教学；三是统筹整合学校与社会美育资源；四是保障学校美育健康发展。对于学校"美育"的具体实施途径，《意见》认为"学校美育课程建设要以艺术课程为主体，各学科相互渗透融合，重视美育基础知识学习，增强课程综合性，加强实践活动环节。要以审美和人文素养培养为核心，以创新能力培育为重点，科学定位各级各类学校美育课程目标"，同时规定"学校美育课程主要包括音乐、美术、舞蹈、戏剧、戏曲、影视等"。

从以上政策可知，国家对"美育"的重视程度逐渐加大，并在政策上积极给予支持和调整，所颁布的也从以往的纲领性文件，逐渐衍化成为更加具体、详细的措施。

（二）美育文献资料

据王晓旭、孙文娟、郭春宁在《1990—2010 年中国美育研究脉络》一文中的数据统计来看，仅 2000 年至 2010 年间，就论文而言，美育思想史研究 411 篇，美育原理研究 272 篇，美育实施研究 290 篇，美育和其他教育研究 606 篇，各部门和学科美育研究 592 篇，美育心理学研究 45 篇，美育其他问题研究 142 篇；以专著而论，美育思想史研究 25 部，美育原理研究 51 部，美育实施研究 36 部，美育和其他教育研究 20 部，各部门和学科美育研究 45 部，美育心理学研究 3 部，美育其他问题研究 24 部。

2011 年至 2017 年，"美育"研究同样欣欣向荣，下面笔者在着重说明关键文献资料的基础上，集中梳理比照了北京和台湾的美育情况。

"美育"期刊在 20 世纪初获得了一定的发展，然而在 20 世纪 40 年代至 90 年代期间几乎没有出现过专门的美育期刊。2010 年 6 月，《美育学刊》获批创刊，由杭州师范大学编辑出版，为双月刊，主要栏目包括美育研究、艺术教育研究、文艺理论研究、艺术研究、审美文化研究等，从一定程度上讲，该杂志重新接续了 20 世纪初的传统。

上一阶段，学界已经涌现出来大量教育类资料汇编，这一时期资料汇编性质的文献蓬勃仍旧不可阻挡，且朝着更加具体细致的方面前进，"美育"文献整理硕果累累，如 2000 年姚思源主编《中国当代学校音乐教育文选 1949—1995》，2011 年愈玉姿、张援编《中国近现代美育论文选 1840—1949》，2013 年教育部高等学校社会科学发展研究中心与吉林大学联合组编《中国美育年鉴》，2014 年教育部中小学美育教学水平与学生艺术素质评价专题调研组编《全国中小学美育教学水平与学生艺术素质评价专题调研报告》。另《中国美育发展报告2011—2015》由美育学刊杂志社、美育与文化传播协同创新中心编撰而成，该报告整体框架分为政策篇、实践篇和理论篇，收录的资料既包括研究性质的论文，又包括原始资料，其中以原始资料提要汇总为主。报告侧重采纳了 2011 年至 2015 年间，我国关于"美育"政策、相关文件、"美育"实践、全国中小学美育教学水平与学生艺术素质评价专题调研与评估分析、中国美育课程实施标准、美育理论观点等资料，同时对前一百年中国美育政策和实践作了简明扼要的概括与总结。由于其中原始性资料丰富，故参考意义较大。

这一时期延续和发展了上一阶段的"美育"话题和"大美育"观，"美育"论文涉及方面广泛。其中尤以探讨"美育"与教育、教学关系的论文最多，如舞蹈、体育、数学、生物、物理等学科门类与"美育"的关系，高等教育与"美育"的关系等。另有文总结回顾了中国"美育"历史、西方"美育"历史；有文以具体学人，如王国维、蔡元培、泰戈尔等的美育思想为对象展开研究；也有文阐释"美育"之本体问题。除上以外，此时还存在一类综述性质的论文值得被关注，如《1990—2010 年中国美育研究脉络》《2011—2012 年中国美育研究述评》《2013 年中国美育研究述评》《2014 年中国美育研究述评》《2015 年中国美育研究述评》5 篇，它们搜集了各时间段的所有"美育"资料，既包括报纸论文、期刊论文，又包括学术著作、硕博士学术论文，还包括科研立项，资料搜集较为完整，对"美育"问题加以归纳之余，就各时间段"美育"研究的不足和缺失进行了评述。

在"美育"专著方面，这一阶段推进明显，以往只在论文中出现的话题于此时逐渐介入专著。首先，一部分专著主要作为高校教材被采纳，如曹廷华主编的《美学与美育》、吴俊著《美学理论与美学实践》。其次，一部分属于"美育"史研究性质的书籍出版发表，如赵伶俐、汪宏等著《百年中国美育》，钟仕伦、李天道编《中国美育思想简史》。《百年中国美育》系统勾勒了 20 世纪初以来"美育"在中国的历史发展脉络，作者从政策层面、理论层面、实践层面等不同维度对各个时期的"美育"情况加以总结；该书亦对 20 世纪我国"美育"课程的演进路径进行探讨，论析 20 世纪美育流派、美育课程对其他课程的影响；并结合区域差异因素对 20 世纪 80 年代后"美育"在我国的发展进行分类研究，此种研究模式具有一定的新颖性。《中国美育思想简史》独具匠心之处在于将"美育"概念推及至古代，探讨了上起春秋战国"诸子百家"下至明清时期重大思想家、批评家的"美育"观点。再次，一部分专著以具体学人的美育思想或者某个学科的美育问题为对象展开研究，如郭勇著的《蔡元培美育思想研究》、胡小明的《体育美学》、翟林著的《体育美育探微 体育美的理解与追求》、许晓根著《数学美育教育与数学发现》等。最后，一部分专著以研究当代"美育"现象及问题为着眼点，如杜卫著《当代中国美育问题》、冉祥华著《美育的当代发展》、曹坤著《中国电视艺术美育功能研究》等。

（三）北京美育资料

这一时期，虽然与"美育"有关的研究性论文和专著大量涌现，但其内容普遍性强、理论性重，很少关注具体的区域"美育"；且数据追踪报道的对象以高校学生为主，针对义务教育阶段（中小学、高中）的美育研究有限。直至2014年，上述格局获得了改善和校正。

2011年6月29日至30日，"京浙沪中学生美育研讨会"在杭州举行。本次研讨会由北京大学美学与美育研究中心、杭州师范大学艺术教育研究院《美育学刊》杂志社共同主办。叶郎发表题名为《引领全社会重视艺术教育》的演讲，提及当代大学生和中学生中患有心理障碍疾病的人数增多，对此除加强德育、体育教育外，还应该加强"美育"和艺术教育。会议期间还讨论了中学生"美育"的新形势、新问题，中学生"美育"的实践与创新，及编辑《中学生美学读本》的思考。

2011年，郭越怡撰写硕士论文《小学课外音乐社团活动的调查研究——以北京地区为例》，主要通过调查的方式来了解北京市小学课外音乐社团的实施概况和开展现状。

2014年，北京市教委推出"高参小"项目，呼吁北京市高校、社会力量参与小学体育美育发展，大学和小学联合，重新设计小学课程、组织社团活动等，与此同时发布《关于高等学校 社会力量支持中小学体育美育特色发展工作的通知》，尔后出现了一批以"高参小"项目为研究对象的学术论文。

《北京舞蹈学院参与十三所小学美育工作构想》一文写道，2014年5月6日北京舞蹈学院与十三所小学签署合作协议，同年8月北京舞蹈学院参与十三所小学美育发展工作教师培训。作为培训美育方案的前言，该文从国家教育发展布局，学院美育工作原则，具体方案设计，教师观念等角度阐述了北京舞蹈学院参与十三所小学美育工作的构想。

据新华网消息报道，至2015年3月，已有140所北京小学与高校、艺术院团和艺术机构、体育俱乐部等结成"对子",在融合教学、课外活动、互动教研等方面取得了初步成效。

2016年,4篇以"高参小"项目为关键词、北京市小学体育为研究对象的硕士论文相继出现。首先,《北京体育大学参与小学体育发展工作阶段性评析——以东北旺中心小学为例》主要以东北旺中心小学为案例,从体育教学、课外活动与体育社团、师资培训三个方面,对北京体育大学参与小学体育发展工作进行评析,总结成绩的同时,提出面临困难。该文之于研究北京市体育状况具有一定的资料借鉴作用。其次,唐小梅硕士论文《"高参小"项目对于小学足球活动的影响研究——以与首都体育学院合作的三所学校为例》主要以北京市中古友谊小学、安外三条小学和海淀民族小学为研究对象,分析了首都体育大学"高参小"项目、"高参小"项目对小学足球活动的影响、"高参小"项目对足球教师资源的影响以及"高参小"项目相关人员对小学足球课程影响的评价。第三,北京体育大学硕士论文《北京市"高参小"体操教学实施状况及推广条件的分析》对北京市小学体操教学作出一定程度的文献和数据整理,分析了北京市小学体操教学的实施状况和推广条件。第四,北京体育大学硕士论文《北京体育大学参与"高参小"项目体育校本课程实施情况的研究》主要研究了北京体育大学参与小学体育校本课程建设的实施方案,体育校本课程实施情况的调查与分析,北京体育大学在"高参小"体育校本课程中存在的问题。

《运动》2016年4期发文《首都体育学院"参与小学体育发展"工作实践研究——以北京市体育馆路小学为例》,主要总结了首都体育学院参与北京市体育馆路小学体育发展工作经验,涉及北京市体育馆路小学体育课外活动、小学运动训练、体育科研介绍。

《青少年体育》2017年6期刊登《北京市"高参小"项目少儿田径课程教学器材的改进措施》一文,文章写道自"高参小"项目实践两年半以来,北京市有5家小学推广了少儿田径课,它们分别是中国农业大学附属小学、北京农学院附属小学、霍营中心小学、东北旺中心小学、回龙观中心小学,这几所小学在田径教学中使用器材存在一定问题,文章对此予以说明并提出相应改进措施。《青少年体育》2017年2期发文《北京市"高参小"项目推广的SWOT分析》,针对近几年来北京市小学美育和体育课程状况进行了简要分析。

北京体育大学2017年硕士论文《北京市体育特色小学体操课程实施效果影响因素及对策的研究》包含如下几部分内容,北京市体育特色小学一年级体操课程实施效果情况分析、北京市体育特色小学体操课程实施效果影响因素、北京市体育特色小学体操课程实施对策。

《北京教育年鉴》由北京市教育委员会编,1997年在《北京市普通教育年鉴》和《北京市高等教育年鉴》及《北京成人教育大事典》的基础上合并编辑出版,每年出版一卷,内设法规、特载、调研与报告、专文、北京教育总述、各级各类教育、校园生活、统计表等栏目,这套书对于了解北京义务教育阶段的"美育"情况具有重要文献意义。

（四）台湾美育资料

这一时期,大陆与台湾交往虽然增多,关于台湾教育的文章和专著随之上升,但是涉及台湾"美育"的论文和专著则少见,下面只能将零碎材料梳理一下。

在政策方面,2001年,台湾正式推出"国民"教育阶段"国民中小学九年一贯课程暂行纲要",2004年9月全面实施,2008年对总纲作调整,取消了"暂行"二字,"九年一贯课程暂行纲要"对中小学生的教材选编、教学原则等均有相关规定。台湾地区教育主管部门于2013年8月函颁"教育部美育中长程计划——第一期五年计划（2014至2018年)",强调"美育"不是单纯强调专业艺术素养的培育,而是强调个人对生活、对社区、对家乡的内在情感;在教育主体上把"美育"渗透为每位老师的责任;在学习主体上把"美育"普及至每位学生的培养;在教学内容上突出在地文化,完成教育"本土化"的要求。2014年11月28日,台湾教育行政机构发布"十二年国民基本教育课程纲要总纲"。

台湾《美育》杂志1989年创刊,1991年9月至1999年8月间曾改版为月刊,1999年9月又改回双月刊。该期刊创刊初期扮演着"美育"启蒙角色,时代变迁,期刊内容随之调整,从中国艺术美学转移为台湾地域艺术思想,从传统书画转移为当今多元的媒材诠释。1989年8月号刊载过"修订美劳课程刍议",可惜此杂志没有在大陆发行过。

另外,有一些台湾课程教学论文,虽然不是直接论述"美育",但若按照大陆"大美育"观衡量,也可以视为"美育"教学的组成部分。上述论文中,有相当一部分属于比较研究,观照大陆课程和相应台湾课程之异同,如《中国大陆与台湾地区初中物理教学内容的比较研究》《中国大陆小学"品德"教学大纲的社会学研究——兼与台湾小学"道德"课程标准相比较》《小学"社会课"教学大纲（课程标准）中的"社会构架"——中国大陆与台湾小学"社会课"教学大纲（课程标准）的比较分析》《祖国大陆与台湾地区九年义务教育艺术课程改革的比较研究》《大陆地区与台湾地区小学英语教学改革比较》。

而其他的一些艺术课程、语文课程一直都是美育的研究范围，如《台湾地区中小学教育中的民族民间舞蹈传承路径研究》通过对台湾地区中小学民间舞蹈教育的构成、课程设置、教学内容、教育方法、师资结构、教学独享等方面的调研与分析，解读台湾地区中小学舞蹈教育中民间舞蹈的传承路径，诊断其发展瓶颈和潜在文化优势，探究民族民间舞蹈教育在两岸教学的可行性。《台湾中小学表演艺术戏剧教学的解析》《美术欣赏教学探析——以台湾新竹教育大学附属小学教学为例》两篇论文则着眼于戏剧、美术方面对台湾地区中小学课堂教学展开讨论。文章《多元智能理论在台湾中小学之实验》主要介绍了台湾地区中小学"多元智能"实验，并对实验的过程及其效果评价予以说明，所谓"多元智能"包括语言智能、数理逻辑智能、空间智能、音乐智能、人际智能、内省智能、肢体智能、观察者智能、存在智能等。还有文章专论台湾地区的语文教学及教材，可见大陆与台湾之异同，如《从明道中学看台湾语文教学》《台湾小学语文特点例谈》《大陆和台湾小学语文教学参考书比较研究》。2017年贾海云发文《中国台湾地区美育的启示》，直接关涉"美育"，文章力求展现中国台湾地区美感教育的现状，反思中国大陆地区美感教育改进提升的空间。

综上所述，我们发现近代以来大陆"美育"一直时断时续地前行发展，20世纪80年代后，"美育"论文和专著开始大量涌现，且以"美育"为对象的研究在不断细化，与此同时，大陆可见的关于台湾地区"美育"的资料在这一阶段也较之于以往而言有所增加，但整体来说还是相当有限。本章以可考文献为基础，针对义务教育阶段北京和台湾"美育"情况进行了对照性梳理，旨在为后续章节义务教育阶段"美育"在北京和台湾具体维度的参考性实践探查提供历史背景和言说语境。

第二章 京台义务教育阶段美育课程目标比较研究

对京台义务教育阶段美育课程目标进行比较分析，是倡导美育理想的典型表现，是支持美育建设的具体措施。

一、北京和台湾义务教育阶段美育课程目标分析

（一）台湾美育教育的宗旨出自教育之父蔡元培"以美感教育完成其道德"

台湾教育制度的理念，长期以来以训练德、智、体或德、智、体、群、美并进的社会成员为理想，希望能够调教出具有高超人格、具备优良知识和技能，有强健体魄、合群而又具有审美观和艺术修养的下一代。

台湾美育主要起源于蔡元培先生的思想体系，1912年蔡元培在教育宗旨中明确指出："美是教育的本质""注重道德教育、以实利教育、军国民教育辅之，更以美感教育完成其道德"。认为教育应包括"军国民主义"教育、实利主义教育、"公民"道德教育、世界观教育及美感教育五个方面，即五育并举方针。具有美感世界观的人应该是教育的目标。美感教育通过摒弃直观之美，免于目迷五色的炫惑，通过透过理性沉思，追寻精神向往之真善美，彰显灵魂动力，提升人类社会，达到社会净化的终极目标。

台湾中小学美育赋予更重要的文化内涵和任务，着眼于提高民众的人文素养。台湾地区的"九年一贯课程纲要"明确了艺术与人文的课程目标：探索与表现、审美与理解、实践与应用。台湾的九年制义务教育中，音乐不仅在义务阶段的教育中占到了足够的份额，而且改变以往单独设科的传统，与视觉艺术和表演艺术等一起被共同统整为艺术与人文学习领域，强化了以能力指标的方式叙写各阶段应达成艺术能力培养的目标。

（二）北京基础教育义务教育阶段的美育课程目标是贯彻执行国家基础教育义务教育阶段的美育课程目标

近几年，大陆在美育理论研究方面纯粹的思辨性的理论探讨明显减少，更加关注当下、关注现实，其中关于美育与人生之关系的叙说成了其中的一大亮点。如著名美学家叶朗强调"让美育光芒照亮学生的人生"；顾春芳认为"美育的关键是要将美感的教育落实到家庭教育、学校教育和社会教育的三个主要教育的领域中去"；胡彦、郭勇在考察蔡元培、梁启超的美育与艺术教育思想时认为"美育、艺术教育的根基在人生"；马建辉对美育与人生的关系作了相当系统的论说，还为"人生美育"提出了"三立"观念：主导人生的立心观念、节制人生的立德观念、创造人生的立行观念。在我国目前的基础教育体系中，美育的学科依托仍然是以艺术教育为主，因此关于美育与艺术之间的关系探讨，也是一个重要的话题。周星认为"美育是一种特殊的人本精神教育，即通过催发人的本质情感而实现自发追求美善的目的，因此，审美教育是依赖熏染、沉浸和身心感悟引发对于美的向往感受"；陈池瑜则从蔡元培、鲁迅等近现代美育先驱的理论视点出发，强调"美术馆、美术展览会、博物馆、剧场、电影院、音乐厅、建筑、碑碣、壁画、造像（雕塑）、园林风景等公共文化艺术场所的美育价值"；檀传宝认为美学是未来的教育学，"美育与全部教育的审美化实质上是一体两面的关系，美育事业是全部教育的使命"。

2015 年 9 月 28 日，国务院办公厅发布了《关于全面加强和改进学校美育工作的意见》，意见要求科学定位美育课程目标。学校美育课程建设要以艺术课程为主体，各学科相互渗透融合，重视美育基础知识学习，增强课程综合性，加强实践活动环节。要以审美和人文素养培养为核心，以创新能力培育为重点，科学定位各级各类学校美育课程目标。义务教育阶段学校美育课程要注重激发学生艺术兴趣，传授必备的基础知识与技能，发展艺术想象力和创新意识，帮助学生形成一两项艺术特长和爱好，培养学生健康向上的审美趣味、审美格调、审美理想。

《国家教育事业发展"十三五"规划》指出，坚持以美育人、以文化人。以提高学生艺术素养、陶冶高尚情操、培育深厚民族情感、激发创新意识为导向，构建科学的美育课程体系，改进学校美育教学，鼓励特色发展，统筹整合学校与社会美育资源，健全美育评价机制，推动开齐开足艺术课程，开展艺术类第二课堂教育活动，将艺术实践活动纳入课程管理，促进每个学生形成一两项艺术特长和爱好。

我国基础教育义务教育阶段的美育课程目标是为建设社会主义精神文明和培养学生心灵美、行为美核心素养，提高学生思想，丰富学生知识，发展学生智力，发展学生道德情操，增进学生身心健康，促进学生的德、智、体的发展。

国家中小学艺术课程标准总目标是通过各学段的学习，不断获得基本的艺术知识技能以及艺术的感知与欣赏、表现与创造、反思与评价、交流与合作等方面的艺术能力，提高生活情趣，形成尊重、关怀、友善、分享等品质，塑造健全人格，使艺术能力和人文素养得到整合发展。

全日制义务教育美术课程总目标按"知识与技能""方法与过程""情感、态度和价值观"三个维度进行设定。学生以个人或集体合作的方式参与美术活动，了解美术语言及其表达方式和方法；运用各种工具、媒材进行创作，表达情感与思想，美化环境与生活；学习美术欣赏和评述的方法，提高审美能力。在美术学习过程中，激发创意，丰富视觉、触觉和审美经验，获得对美术学习的持久兴趣，形成基本的美术素养。

针对国务院下发的《加强学校美育的意见》，北京市美育的发展目标首先是促进均衡，第二是提升质量。北京中小学校将美育渗透在各项活动中，通过各种艺术节和音乐、合唱、舞蹈、美术、书法等社团活动构建美育活动课程。美育工作渗透在学校工作的方方面面，构建了以终身教育为内涵的学校美育体系，确保了美育工作的全面渗透。

二、北京和台湾义务教育阶段美育目标的实施

（一）台湾美育目标的实施

台湾学校的美育、艺术教育是通过艺术与人文、自然、科技、乡土、民俗文化、地域文化统整课程加以实施，展现了台湾本地独特的美学观。其最主要的形式就是利用优秀的艺术作品和音乐、绘画、文学等艺术形式对孩子进行美感教育。

台湾艺术教育在 2000 年课程改革后开始了"课程统整"，音乐、美术、表演艺术课程统称为"艺术与人文"课程。台湾艺术教育基础课程"艺术与人文"课程的发展受到了统整课程理论的影响。通过学科统整的形式，陶冶学生艺术文化修养，提升学生感知美、欣赏美、创造美等艺术能力和人文素养。

台湾在 1997 年公布、2000 年修订公布的"艺术教育法"第一章第二条中，

明列艺术教育包括了表演艺术、视觉艺术、音像艺术、艺术行政以及其他有关于艺术教育，同时在第四条中亦阐明艺术教育的实施，分为学校专业艺术教育、学校一般艺术教育和社会艺术教育等三类。同年"教育部"进行新的课程改革，经过六年三个阶段的研订和审议，于2003年1月15日公布实施"国民中小学九年一贯课程纲要"，其中，首度将"表演艺术"视为正式的教学科目，与视觉艺术和音乐统合纳入"艺术与人文"学习领域之中，而成为"国民"义务教育的一环。

台湾崇尚"生活美学"，艺术点缀大众生活。进行"台湾生活工艺运动"，是台湾重新塑造新零售业的根本动机。在大陆进入万众创新的时代，台湾文创产业如火如荼。亲力亲为、全心投入，追求尽善尽美，孕育着创客美学的摇篮。

2002年，台湾行政部门发布"挑战2008——国家发展重点计划"将文化创意产业纳入整体经济发展计划，其核心就是对民众进行美学启蒙与教育，在整个社会孕育对文化美学消费的审美土壤，台湾的文化创意产业进入快速增长阶段。2009台湾当局又提出"创意台湾——文化创意产业发展方案"，执行时间为2009—2013年，主要目标是以台湾为基地，拓展华文市场，进军"国际"，将台湾打造成为亚太文化创意产业汇流中心。台湾文创产业最富特色组成部分是动漫艺术，台湾各个商业角落里和校园里无处不有的动漫作品流淌着鼓舞人心、感悟人生、豪情满怀的源于生活、高于生活的动漫艺术基因。台湾的校园里和课堂上，文化创意园和文化创意培育基地美育充满生机，遍地开花。

文化的最高形式是艺术。台湾的艺术类文创将传统人文艺术融入现代时尚。"中学为体，西学为用"，以西方现代艺术、美术为基础，融合中国文化传统精髓，融合台湾本地人文、自然、科技、乡土、民俗文化和地域文化，开创台湾新美学，展现独特台湾地域美学观。

台湾是我国美丽的宝岛，美育资源非常丰富。由于长期以来台湾与大陆政治制度和教育体制不同，美育方面的地域特色非常浓厚。台湾中小学美育环境地方特色浓郁。就民宿而言，垦丁的南洋异国休闲风，花东的少数民族文化奔放与山海相遇的激情，苗栗县南庄乡的浓郁的客家风情，宜兰的田园乡村，台北九份的矿山小镇的怀旧主题，澎湖以离岛度假、水上娱乐而突显。人文艺术、客家文化、田园乡村、异国风情、家庭温馨、怀旧复古、少数民族风情这些美学主题，折射出台湾民宿主人"品味生活家"和"小而美"的生活美学旨趣，为台湾中小学生提供了地域化、乡土化、民俗化和生活化独特美育资源。

台湾期待少年儿童造型的创作和审美经验与生活结合，使美术教育和孩子的衣食住行紧密相连。鼓励孩子们在自由的生活学习情境中动手画画、玩泥巴、堆积木、剪贴编制造型、雕塑，带领孩子们走向户外体验大自然的阳光、四季改变的树木花草，体验生长环境中山川河流大自然环境的美，走进美术馆、博物馆欣赏古今中外的艺术作品美，让孩子们在有更充足的机会对生活环境中美好的事物进行审美的体验。生活中处处表现出来的人性美、人情美、人格美，就像春雨"随风潜入夜，润物细无声"，不知不觉渗入孩子心灵深处。

（二）北京美育目标的实施

北京学校的美育、艺术教育是通过全方位、立体化、行政化和社会化统整课程加以实施。北京市实践了家庭、社会和学校三位一体全方位、立体化美育联动模式。家长亲自参与学生的观演、观看和美育实践。北京是中国的文化中心，美育资源非常丰富，这也是学校美育开展良好生态的有利的条件。北京市大力推进学校美育的普及、均衡、优质发展，提出北京标准，发挥北京底蕴，创新北京理念，体现北京特色，形成北京模式，凝练北京经验。丰富美育课程教育资源，创造条件开设舞蹈、戏剧、戏曲课程。

北京以新的资源观和人才观实施美育改革，积极探索组建美育教学联盟，开展高雅艺术进校园活动，整合各方美育资源充实美育教学力量。北京实施了支持基础教育美育发展的"高参小"项目。"高参小"项目由政府出面统筹，利用行政手段发挥北京得天独厚的美育社会资源优势，填补中小学美育短板的发展，与社会美育资源实现优势互补，构建了北京中小学美育改革的新格局，多角度盘活了首都美育教育公平、优质、均衡这盘大棋。高等学校、社会艺术院团、社会文化机构等社会力量参与小学的美育体育发展，高校艺术专业教师、艺术院团专家和社会艺术教育专业人士到中小学校担任兼职美育教师，帮助中小学开展美育工作，使学校美育的讲台更大，舞台更高。北京市教委遴选了中国戏曲学院、中央美术学院、北京联合大学等32所高校及社会团体，与东城、西城、朝阳等多个区教委签署合作协议，结对支持160多所小学美育发展。"高参小"项目是高等教育、社会力量和基础教育美育实施的创新合作。"高参小"的目标是以面向全体学生的普惠机制为基础，让专业的力量走进小学的课堂，提升艺术课和美术课的品质，以美育特色为抓手，以学生兴趣爱好为出发点，建立和发展各种兴趣社团，让全体学生接受高水平的艺术常识教育，面向全体学生开展普及性艺术教育和体育。北京提出了讲台、舞台和平台的美育三台联动，讲台传授美育知识，舞台创新美育实践，平台搭建美育发展。

北京市充分利用信息化手段，充分调动社会各方面积极性，大力开发与课程教材配套的中小学校美育课程优质数字教育资源，鼓励各级各类学校和社会团体结合"互联网＋"发展新形势，利用互联网、大数据、人工智能和虚拟现实技术搭建美育网络化的教学互动平台，加强基于移动互联网的美育平台建设，联合建立美育网络资源共享平台，创新学校美育教育教学新模式，拓展美育渠道和途径，扩大优质美育教育资源覆盖面。

（三）北京与台湾美育课程目标异同比较

首先是表述上的不同。对美育课程，北京直接表述为"美育课程"，台湾则表述为"美育与人文学习领域"，这也是台湾新课改七大学习领域中唯一直接与人文挂钩的课程。从根本上说，美育教育是以人为中心的教育，教育的目的在于培养人和提高人的素质，是一种人文精神教育，它所要解决的根本问题是人的成长和发展，它所关注的焦点是人的教化和修养，也就是说，人文性已经成为这一学科不可动摇的坚实基础和刚性骨架，也就是说，人文性理应成为美育教育的一种基本精神原则，它不仅要体现在技法，技能的训练中，而且还应渗透于美育教育的全部课程中，不仅美育教育的课程性质要归结于人文性，而且在培养目标、课程设置、和传授方式方法方面都要体现出至为鲜明的人文性。北京的美育课程虽然没有直接表述为人文课程，但其理念的内核仍然是强调美育课程是围绕人文主题的美育与体育的学习。

在课程涵盖的内容方面也存在着一些差异。北京的美育课程明确提出了美育课程和体育课程主张开展具有游戏倾向的美育活动，使学生能把美育教育活动作为一件轻松、快乐、自由的事来进行，进而使人性的本能得到真正的释放。台湾的课程理念中没有这样的观点。但实际上把这一条写进美育课程的基本理念是值得商榷的。在游戏和玩耍中学习也只适合于小学低年级的教学，这种提法也反映出一种错误的倾向，即美育课程主要是审美教育，淡化了知识技能的学习。而实质是，"美育"与"教育"一词的根本含义是密不可分的，长期的经验告诉我们，缺乏基本的知识和技能的才能决不能称为真正的教育。其根本点是，在学习中，无论是相关、综合还是其他类似的方法，它们的基础首先是各门美育学科本身的知识和能力。美育学科本身的知识和能力的教学必须充分、完整、透彻。对比台湾美育课程基本理念，其所涵盖内容在知识性上比北京的美育课程要重视与强调。

其次，台湾美育课程基本理念还有一个特点是突出强调了美育与生活之间的关系，特别提及了美育是人类文化的起源，它和人类的生活、社会文化密切相关，强化了这样一种理念——以美育为手段，由生活美育切入，触发人文体验。它的内涵可以理解为：a.由美育与人文教导人认识生活环境。b.从生活环境中学习美育与人文的专业知识和技能。c.运用美育参与改造生活环境的观念和方法。相比之下北京的美育课程在课程基本理念中提及不多，虽然在课程目标中对美育与生活有阐述，但比较台湾的理念还是有差异及距离。

台湾的艺术课程不仅设定了学生理解、实现美育本身的能力目标，还设定了学生如何通过美育课程而获得健全人格的目标，比如"养成观赏艺术活动或展演时应有的秩序与态度"；"透过有计划的集体创作与展演活动，表现自动、合作、尊重、秩序、沟通、协调的团队精神与态度"。而北京在课程总目标中虽有"塑造健全人格"这一表述，然而在各个分目标中，并未有像台湾如此细致明确的规定。

北京的课程目标以艺术、体育为主轴，分别突出美育与生活、情感、文化和科学的联系。而台湾的分项目标分"探索与创作、审美与思辨、文化与理解"三项，并未直接标榜美育，但更直接与人的能力、素质的提高相关联，突出其人文性倾向。

中华传统文化源远流长，海峡两岸同根同祖，美育对于传承文明、传承中华优秀文化有着重要的作用。由于海峡两岸教育体制的不同，京台两地美育课程目标及美育实施情况各有优长，但对美育的追求是一样的。因此，一定要从北京和台湾的实际出发，着眼于整合资源、提高层次、扩大影响，推动京台交流与合作的不断深入，加强京台美育全方位、多层次、宽领域的新发展格局；一定要建立京台两地校际间师生常态化交流机制，扩大学校间互动交流的规模和频度，拓宽视野、取长补短，促进京台两地美育资源优势互补、美育资源共享；一定要增进京台教育界人士、美育界人士和中小学生的互相了解，加深感情，促进合作；一定要开展两岸审美教育研讨与交流，践行美学教育理念，开阔和深化北京和台湾美育环境差异的认识，为培育全面、自由之风的终极美育目标提供启迪，为两岸关系和平稳定发展和地方经济社会发展服务。京台携手，让中小学生更多地参与，让京台青少年从小就交朋友，从小就有"两岸一家亲"的感受，从小形成中华民族认知，共同传承中华优秀文化，立志推动建设两岸共同家园，让中华民族屹立于世界民族之林。

第三章　京台义务教育阶段美育课程模式比较研究

一、台湾美育课程模式现状

台湾于 2013 年 8 月函颁"美育中长程计划——第一期五年计划（2014 至 2018 年）"，强调美育不是单纯地强调专业艺术素养的培育，而是借美育强调个人对生活、对社区、对家乡的内在情感。在教育主体把美育渗透成每位老师的责任；在学生主体把美育普及每位学生的培养；在教学内容上突出在地文化，完成"教育台湾化"的要求。特别值得注意的是，台湾美育的宣传推广手段多种多样，有成立专门网站、发行宣传影片、系列名人讲座、推动各级各类学校的巡回展演，补助多元艺术教育活动，实施校园美感环境再造计划，设立奖项鼓励长期推动艺术教育之个人与团体。

2014 年 11 月发布"十二年国民基本教育课程纲要"中对美育课程体系有明确的规定，摘要如下：

（一）课程任务

2014 年 11 月发布"十二年国民基本教育课程纲要"中对美育课程体系有明确规定，纲要指出十二年"国民"教育按照学制可以划分为三个阶段，即小学教育六年、初级中等学校教育三年、高级中等学校教育三年，每个阶段再按照学生身心发展状况区别为五个学习阶段，各级各类学校课程设计必须符合学生不同学习阶段的特点和重心，且必须服务"启发生命潜能""陶养生活知能""促进生涯发展""涵育公民责任"之总体目标进行规划。其中"启发生命潜能""陶养生活知能"乃是美育课程直接对应的教育效果，"十二年国民基本教育课程纲要"立足教育政策层面的引导和制定为美育课程的建立和发展无疑提供了重要保障。

"十二年国民基本教育课程纲要"回归学生，以学生为本位，针对学生在各个学习阶段的现状明确提出其能力培养的需求。如在国民小学第二个学习阶段，学生有开发智能、培养多元兴趣的意愿，"纲要"强调美育课程应当协助学生收获此类体验和经验。再如国民中学第四学习阶段，这一阶段是学生身心发展的快速时期，是提升核心素养和健全人格的关键节点，美育课程需要肩负起鼓舞激荡学生成长的使命和任务。

（二）课程类型

就课程类型而言，美育课程在小学和初级中等学校阶段属于"弹性学习课程"，"十二年国民基本教育课程纲要"的设计给予美育课程足够的发展空间，不做硬性规定，这点是符合美育课程自身发展规律的。针对高级中等学校，美育课程被放置在"校订课程""选修课程""团体活动时间""弹性学习时间"栏目，"十二年国民基本教育课程纲要"写道"小学及初级中等学校的弹性课程包括跨领域统整性主题、专题、议题探究课程，社团活动与技艺课程，特殊需求领域课程"，以服务学习、户外教育、班际或校际交流、学生自主研究等形式为特色，开明宽松的理念、自由灵活的时间、张弛有度的组织形式，凡此种种无一例外为美育课程的成长提供了全方位、多角度的保障。如果说"部定课程"由当局统一规划，以专业知识的传授与习得为根本的话；"校订课程"则倡导"形塑学校教育愿景和强化学生适应发展"。

（三）课程框架

"十二年国民基本教育课程纲要"依据全人培养至教育理念，配合知识结构与属性、社会变迁、知识创新、学习心理等原则，将学习范畴划分为八大领域，旨在为学生提供基础扎实、领域宽广、相互关联的学习内涵，以便收获统整的学习经验，培养具备现代公民需要的核心素养和终身学习能力。如在初级中等学校教育阶段，"十二年国民基本教育课程纲要"指出学校可以依据实际条件，弹性采取分科或领域教学，并通过适当的课程设计和教学安排以便强化学生的学习能力和综合素养，美育课程在这一环节便可以发挥重要作用。在高级中等学校教育阶段，美育课程作为实践体验课程或探索体验课程拟进一步加大跨领域学习的力度。

"部定课程"专设艺术领域，并覆盖第二学习阶段至第五学习阶段的教育培养。从三年级到六年级的课程安排来看，每周保障不少于3学时的美育课程学习，多则可以达到6学时。美育课程涉及音乐听觉、美术视觉、肢体表演等丰富多彩的内容。

二、北京与台湾美育课程模式异同比较

（一）课程设计

大陆在 2014 年"改进美育教学"首次被单独列为教育部年度工作要点之后，2015 年 2 月 15 日发布的《教育部 2015 年工作要点》再次将"改进美育教学"单独列出，其具体内容包括：印发《关于全面改进美育教学提高学生审美和人文素养的意见》，召开全国学校艺术教育工作会议；开齐开足艺术课，多渠道解决艺术师资短缺问题；建立艺术教育工作评价制度；推进全国农村学校艺术教育试验县工作；开展好全国大中小学生艺术展演、高雅艺术进校园、中华优秀文化艺术传承学校创建等活动。2015 年 9 月 15 日，国务院办公厅发布了《关于全面加强和改进学校美育工作的意见》（国办发〔2015〕71 号），这是迄今为止由国家权威机构发布的最高层面的专门性的美育政策文件。该《意见》提出了 2015 年起全面加强和改进学校美育工作；到 2018 年，取得突破性进展，美育资源配置逐步优化，管理机制进一步完善，各级各类学校开齐开足美育课程；到 2020 年，初步形成"大中小幼美育相互衔接、课堂教学和课外活动相互结合、普及教育与专业教育相互促进、学校美育和社会家庭美育相互联系的具有中国特色的现代化美育体系"的总体目标，并在"构建科学的美育课程体系""大力改进美育教育教学""统筹整合学校与社会美育资源""保障学校美育健康发展"等方面做出了全面的工作部署。国务院办公厅《关于全面加强和改进学校美育工作的意见》发布后，对美育模式的讨论成为学术界和媒体的热点。

但是比较起来可以发现，台湾的课程设计所考虑的因素比之北京地区更全面一些，比如有对课程研究小组成立的规定，有保证美育课时的规定，另外非常强调与学生生活的密切关联性。而北京地区课程设计的理念、形式和内容组织原则最主要考虑的是课程的综合性质，怎样综合，视野稍嫌狭隘。课程的设计不能只考虑课程形式本身，否则就落入形式主义的桎梏。美育课程尤其艺术是来源于生活的，那么对艺术的学习也必然要与生活密切相联系，才能把握艺术的本质，更好理解艺术。同时需要将艺术回归于生活，艺术才是真正为学生所拥有，并有利于维持学生的可持续发展。

台湾对校本课程的开发重视程度要远远高于北京的现状。这里所指的校本课程开发是一个比较宽松而且有弹性的定义。简单地说，是指学校按照自己的教育理念对学校的部分或全部课程进行不同程度或层次的设计和开发，发挥学校在课程结构体系改革上的主体作用，使每所学校的课程设置具有鲜明的个性

和特色，这也是新课程结构改革的一个重要方面。虽然，北京的课程专家也认识到，新课程实施的过程中，必须将国家课程、地方课程和学校自己开发的课程整合起来考虑，形成校本化的课程结构体系。但实际的情况是，北京的国家课程占了大部分，由国家直接决定，在地方和学校课程中也是地方课程为主，校本课程为辅，校本课程的课时比例不高。同时，国家对课程的权力相对集中，地方和学校对课程的权力有限，抑制了地方和学校开发课程的需求和热情。校本课程的设置和开发，这一问题是新课程改革在课程结构上的重点和难点。台湾的校本课程发展比北京的权限大，在各领域的基本教学节数上，课程纲要只是规定了各领域百分比的上限和下限，具体课时由学校课程发展委员会自定：在弹性教学节数上，它包括了学校行事节数与班级弹性教学节数两种，学校及教师可利用此时段设计所需要的教学活动。小学阶段的选修节数占基本教学节数的 10%—20%，初中阶段的选修节数占基本教学节数的 20%. 30%，这些选修科目是由学校教师自主决定的。同时，各个学校也可以打破学习领域的界限，在总节数的范围之内，弹性调整学科及教学节数，实施大单元或统整主题式的教学。课程纲要的内涵，也保留给地方政府及学校教师专业自主与课程设计所必需的弹性空间。这样做符合学区、学校、班级及学生的特性与需要，对教师的教学自主性有很大益处。同时，学校及教师对教材选择拥有很大的主动权，教种书不再是教学活动中的唯一教材，进而更好地顾及学生在学习上的需要。

（二）师资培训

北京的师范教育目前仍然采用的分科培养的专业模式，基础教育的改革对高等师范院校触动不大，往往师范院校毕业的学生毕业后不能胜任教学工作，毕业就需要培训，教师培养模式如此，美育教育师资的培养亦概莫能外；而台湾的师范教育则重视师范职业的培养，师范院校往往是基础教育改革的有力推动者，教育决策部门的政策咨询和政策研究、基础教育改革的重点、难点问题往往是高校教育科研机构的主要课题，科研成果一方面直接为决策部门和中小学服务，两方面用于师范院校的教学，让学生了解课程改革的最新情况。

职前师资方面，表现为师范院校的师范特色不突出，课程设置是以学科知识学习为中心，师范专业科目设置除了教育学、心理学、教学法等课程外，其他课程、包括教材几乎都与其他非师范专业没有区别；从课程性质来看，这几门课均作为公共课的性质，课时安排也明显不足，一般为 30—60 学时；在教学实习的环节方面，存在时间短（一般为 1—3 个月）、效果差，往往流于形式。

客观地讲台湾的情况明显好于北京，台湾的师范教育的课程是以教师专业能力的培养为中心，除注重学生的教育理论和理念的培养外，特别重视对心理学科的教学，不仅是普通心理学的学习，还有发展心理学、认知心理学的学习；另外，各科教学法的学习和研究也非常重视，并且非常重视教学实习环节，教学实习往往由教学试讲、教学见习和教学实习构成，时间一般为6—12个月。

职后美育教师培训模式方面，北京的教师培训主要以短期的在职培训、突击式的集中轮训为主，培训的内容主要是以新教材的知识培训为主，这种培训模式虽有课程专家的参与，但理论多于实务、知识多于技能。台湾的教师培训除了上述培训模式外，还设立课程咨询网站，专家全程参与为一线教师提供及时的服务，这种网络平台是二个开放的、双向的交流平台。在培训内容上主要培养教师的课程理念和教学方法为主。

他山之石可以攻玉。通过对台湾艺术与人文课程的比较研究，我们认为台湾的艺术与人文课程有以下五个方面可以供我们借鉴。

台湾的艺术与人文课程的关注点更多地放在对生活的关注，特别是强调贴近学生的生活。注意课程的人文性质。

台湾和北京的美育课程同为综合课程，但台湾的美育课程在统整方面融合度更高、没有硬性规定整合模式，给学校很大的空间，有利于校本课程的开发。

台湾的美育课程的内部知识结构在呈现方式上表现出非常严密的系统性。

教学评价方面，重视学生学习迁移能力的养成；对教师真正形成行政评价、教师自评、学生评价等三位一体的评价体系。

教师教育和培训方面，台湾有效地运用网络技术，为课程改革专家与学校教师搭建起了一个沟通的平台，这种沟通是双向的、及时的、平等的和开放的，保证了课程改革的顺利进行。

综合美育课程是在新一轮的课程改革过程中出现新的综合性课程，它反映了当今世界课程改革走向综合的趋势。综合美育课程是将体育、音乐、美术以及长期被忽视的舞蹈、戏剧等艺术学科，在综合美育教育的整体构成之中，一起形成前所未有的合力，对培养学生的综合艺术能力与人力素养的整体发展和国民素质的提高、民族文化的传播，起到重要的作用。通过对两地的艺术综合课程的比较研究，我们应结合北京的实际取长补短，构建出适合北京的综合美育课程体系。

第四章 京台义务教育阶段美育课程实施比较研究

一、台湾美育课程实施情况

在实践上蔡元培先生也积极推动美育的发展。在 1912 年制定学制时，就有意识的提高中小学美育的地位。高等教育方面，他在北大亲自开设《美学》课程，一直推动公共美育设施和专业美术院校的发展，提出了"以美育代替宗教"的口号。虽然后来被国民党的"三民主义"所取代，但是蔡元培先生的教育思想仍有重大影响。

为了迎接 21 世纪到来，迎合社会发展的需要，克服旧课程的弊端，台湾 1998 年 9 月公布了"国民教育阶段九年一贯课程总纲纲要"，将传统零散、林立的许多科目统整为语文、数学、健康与体育、社会、自然与生活科技、美育与人文、综合活动等七大学习领域。

本次修订具有以下四项特色：1. 开放参与：这次中小学课程纲要的修订，一开始便要求各界人士参与，动作流程完全开放而透明；2. 由下而上：新课程采用由下而上的修订模式。项目小组举办多次座谈会、研讨会直接听取各方面不同的声音、汇集各方意见，形成修订内容最主要的素材，充分反映基层的看法，使课程的决定权与选择权下放到地方、学校及教师；3. 重视民意。由于是通过由下而上的运作方式，教育系统外社会其他组织机构和基层学校教师的意见，成为影响课标修订的重要因素；4. 整合研究。这次课程改革由一个项目小组同时针对中小学课程目标进行规划与设计，保证修订的整合和连贯。

台湾美育具体分为三个方面推动：1. 课程与教学：培育学生美感基本知能与素养；2. 支持资源：建立美育推动的支持体系；3. 教职知能：强化职前与在职教师美育知能。课程实施如下：学前教育阶段，依据《幼儿园美感及艺术教育扎根计划》，增进教保服务人员对美育的了解，加强美感与幼儿园生活及课程的融合，进行多元感官与心灵的开发与觉知。初等教育阶段，美育的学习渠道大致分为三种：一是通过学校的学科课程、社团活动等将美育融入其中；二是学校的艺术教育课程，强化多元文化艺术的赏析，艺术与生活的关系，艺文活动的亲身参与；三是整合家庭与社会教育资源，强调从日常生活中学习美感基本原则，养成美感的习惯。中等教育阶段，根据"中等学校跨领域美育实验课程开发计划"，开发跨领域美感课程，活化学科教学，同时借由专题研讨，广纳多元想法，使跨领域美育后续推动与延伸发展更趋稳健。高等教育阶段，主要为艺术类课程及学校社团活动的开展。成立亚太地区美育研究室，结合理论研究与社群网络，发展美育观点，实地进行课程 与教学实验方案，开拓学校美育的实践路径，扩展美育之视野与影响力。

二、北京美育课程实施情况

《中共中央国务院关于深化教育改革全面推进素质教育的决定》和《国务院关于基础教育改革与发展的决定》，为北京市课程改革奠定了基调，标志着新一轮课程改革的开始。本次改革从课程目标、内容等方面提出了改革的着眼点和最终归宿——"为了中华民族的复兴，为了每位学生的发展"这一基本的价值取向预示着基础教育课程体系的价值转型。新课程顺应时代发展的需要，决心彻底扭转传统应试教育的弊端，以培养学生健全的个性和完整的人格为己任，努力构建符合素质教育要求的新的基础教育课程体系。此次课程改革的广度和深度、理论前瞻性和实践操作性、对于世界趋势的把握和本土经验的总结，都达到了一个前所未有的高度，标志着北京的课程改革进入了一个全新的、全面现代化的阶段。在这次课程改革中，关于"改变课程结构过于强调学科本位、科目过多和缺乏整合的现状，整体设置九年一贯的课程门类和课时比例，并设置综合课程，以适应学生发展的需求，体现课程结构的均衡性、综合性和选择性"的要求。美育课程综合了体育、音乐、美术、戏剧、舞蹈以及影视、书法、篆刻等形式和表现手段，对学生的体质、生活、情感、文化素养和科学认识等产生直接和间接的影响，美育课程不仅仅是培养学生的美育能力，综合发展学生多方面的美育能力，增强学生的体质，同时还培养学生的整合创新、开拓贯通和跨域转换的多种能力，促进人的全面发展。

北京基础教育义务教育阶段美育主要通过学校开展丰富优质的美育课程，构建美育特色课程，联动美育社会资源，社会力量支持学校美育发展，统筹整合学校与社会美育资源来实施。通过学校、社会和家庭三位一体的联动，营造全方位的美育生态。

北京基础教育义务教育阶段进行美育的内容，主要有艺术教育和美术教育，通过文学、音乐、美术、图画、戏剧、电影、舞蹈等课程或美育教育活动，通过组织学生参加各种艺术实践、美术实践活动，让学生感知、体验、欣赏自然美，引导学生体验社会生活美，发展创造艺术美的才能和兴趣，发现、培育、发展学生的艺术才能。

北京中小学校美育的实施是以艺术、美术课程的为主体，将美育融合在艺术、美术以外的其他学科，逐步形成了美育融合课程。美育贯穿于整个教育的全过程。美育不单单是上几节美术课、音乐课、舞蹈课、戏剧课，课程只是一个载体，而审美情趣与品质的形成则必须是贯穿于整个教育过程的。重视各学科美育功能的开发，与学科教学相融合，拓宽美育领域。各学科教师根据以美育人目标，根据学科特色，将美育融合在学科教学中，实现学科教学与美育的融合。学科教师在学科教学中紧密结合教学内容，以教材为载体，以美学的角度思考问题，以审美的角度把握过程，将美育融入课堂教学的每一个环节，通过审美活动达到美感体验的全面育人。

调查显示，经过近几年美育课程的推广，中学生对美育课程的喜好程度：43%的学生非常喜欢，47%的学生比较喜欢，7%的学生无所谓，不喜欢的占3%。小学生对美育课程的喜好程度：84%的学生非常喜欢，12%的学生比较喜欢，3%的学生感觉一般，1%的学生不喜欢。中学生对美育课教学的满意程度：44%满意，39%感觉一般，12%不满意。小学生对美育课教学的满意程度：89%感觉满意，10%感觉一般，3%不满意。

三、京台两地美育课程的实施改进

台湾当局教育部门积极跨单位合作，引入民间资源，产官学共同合作推动艺术及美育。例如"玩美机场"就是教育部门与交通部门合作，于桃园国际机场展览全国学生书画作品；"艺起来学学"是与学学文化创意基金会合作，办理教师色彩研习课程和学生校外观察色彩活动，"广达游艺奖"是与广达文教基金会共同办理，提供偏乡学校艺术教育资源。台湾观光工厂的文化，完美融合商业、旅游业、制造业和文创产业。对于青少年学习者来说可以初步了解产业运作，体验职业状态，将美育与职业教育完美融合在一起。

　　大陆方面关于改进美育的各种探讨当中，最为多见的是对"改进学校美育"的探讨。如中学阶段的美育教学不同于一般教学，教学模式和方法必须遵循"陶冶""内化"的规律，本身必须具有美感。美育是中学教育的重要内容，需要从"人的自由本质"高度加以认识。它应立足于艺术教育，以完善的课程体系为支撑和基础，同时又应超越艺术教育，着眼于人的精神与情感，倡导通过跨学科、综合性的教学实践，使多门课程相互组合，提高学生在不同艺术门类中的感觉和创造能力，最终形成对中学校园生活的重构，形成一种审美主义的生活观。小学美育则应遵循"利用地域资源，丰富基础性课程教学内容"的教学理念，提出要"依托地域资源 让课程生活化""依托地域资源让课程过程化"的要求。儿童美育可以从三个方面去理解和着手，即"丰盈的感性""完整的生命""自我表现与创造"，这三个方面其实有一个中心，就是"一个自然、丰富、完整的生命"，而这正是儿童美育最初的起点和最终的归宿。首先整个美育第一任务不是要接受很多思想观念，而是首先要培养感性的孩子，打开他们的感觉；其次，美育的意义在于恢复席勒在《美育书简》里所揭示的那种完整的生命感，而"这种完整的生命感是孩子的灵性之源"；再次，美育的任务并不只是审美教育，而是表现力与创造力的培养，而创造的秘密在于"外师造化，中得心源"。

　　总之，通过两地美育课程实施的推进研究，启发我们从美育课程计划的拟定、经费的申请、人员的安排、活动的监督、课程的考核、行动的反思，层层环节都有详细的规章制度可循，确实落实执行到位，形成书面或影音资料，以供教育界人士进一步研究改善。

第五章　京台义务教育阶段
美育课程评价方案比较研究

探讨京台义务教育阶段美育课程评价方案是比较两地义务教育美育课程的重要内容之一。

一、课程评价方案的概念界定

课程评价概念最早可以追溯到美国课程理论学者 R.W. 泰勒（Ralph W. Tyler）1949 年所著《课程与教学的基本原则》（Basic Principles of Curriculum and Instruction），泰勒首次提出有关课程评价的观点。泰勒认为学校课程设置主要围绕以下四个基本问题：第一，学校应该达到哪些教育目标？（What educational purposes should the school seek to attain?）第二，提供哪些教育经验才能实现这些目标？（What educational experiences can be provided that are likely to attain these purposes?）第三，怎样才能有效组织这些教育经验？（How can these educational experiences be effectively organized?）第四，我们怎样才能确定这些目标正在得到实现？（How can we determine whether these purposes are being attained?），而第四个问题即是评价教育计划，也就是对课程进行评价，泰勒认为，课程评价是衡量课程与教学计划实现教育目标程度的过程。

英国课程专家凯利（A.V.Kelly）认为，课程评价是评估任何一种特定的教育活动的价值和效果的过程。

美国课程论专家比彻姆（G.A.Beauchamp）认为，课程评价包含判断课程系统的效果和所规划的课程的效果的那些必要的过程。

综合以上对课程评价的观点，笔者将课程评价界定为课程评价是对课程目标实现效果的一种判断。课程评价方案则是对课程目标实现效果而制定的具体、详细，可操作性的评判条目。

　　义务教育阶段美育课程评价方案是指对义务教育阶段美育课程目标实现效果所制定的具体、详细，可操作性的评判条目。

　　我国实施九年义务教育制即 1—9 年级，因此，本研究仅对是北京与台湾 1—9 年级的美育课程评价方案进行探讨。

二、京台美育课程评价方案的类型及特点

　　本研究选取的评价方案是以台湾 1997 版"国民中小学今年一贯课程纲要艺术与人文学习领域"为依据，而北京市则是以 2011 版教育部颁布的义务教育阶段课程标准为依据。

　　（一）京台美育课程评价方案的类型

　　目前课程评价类型种类繁多，从评价对象、评价主体、评价的目的、评价的参照标准或评价反馈策略、评价手段等不同评价指标可将课程评价类型分为诸多类型。本研究主要从评价对象的角度对京台义务教育阶段美育课程评价方案类型进行分析。

　　1. 台湾中小学阶段美育课程评价方案类型

　　台湾当局教育管理部门对中小学阶段美育有具体的评价要求，在"国民中小学九年一贯课程纲要艺术与人文学习领域"中明确提出，学校艺术与人文学习的课程目标包括探索与表现、审美与理解、实践与应用，与这三个课程目标相对应的是学生的十大基本能力，即了解自我与发展潜能，欣赏、表现与创新，生涯规划与终身学习，表达、沟通与分享，尊重、关怀与团队合作，文化学习与国际了解，规划、组织与实践，运用科技与资讯，主动探索与研究和独立思考与解决问题。

　　（1）对课程的评价包括评价原则、评价的范围和评价方法

　　在评价原则中，提出评价要依据十大基本努力指标及教材内容，采取多元评价方式并兼顾形成性与总结性评价，可采用实作评价、动态评价、真实评价、档案评价等方式进行，以达到呈现学生多元的学习表现。

　　评价的范围课程目标探索与表现、审美与理解、实践与应用的学习历程及成果评价。

　　评价的方法有四个方面：A. 运用观察是最常用的方式，常与探索、操作、示范、口头描述、解释、情境判断、价值体系等方式一起使用。B. 艺术评价涵盖认知、动作技能、情意、社会责任等艺术行为，包括知道、察觉、探索、组

织、评价、操作、合作与互动等行为层次。C.评价历程中将学生各种艺术学习活动表现加以记录，并应用量化形式资料（如艺术认知测验、美感态度量表、表现作品、素养指标测验等资料），与质化形式资料（如：观察记录、角色扮演、自学计划、审美札记、艺术生活规划等），协助学生达到艺术素养的基本努力。D.善用其他评价方法，如：问答、问卷调查、轶事纪录、测验、自陈法、评定量表、检核表、基准评量、讨论等，确实掌握教学目标。

（2）对教师评价的要求

评价目的：判断教学活动是否达成目标，教师必须搜集资料加以客观评量，以正确了解课程设计的适切性，并评估每位学生的学习预备状况、学习现状、学习结果及学习迁移。评量所得，作为教师加强与辅助教学的参考依据。

评价范围：

第一，学习成果的评价

A.探索与表现的学习成果评价

B.审美与理解的学习成果评价

C.实践与应用的学习成果评价

第二，教学品质的评价

A.教学前：教师针对自己已选定教学单元，进行教材分析、技法示范、准备工作、熟练媒体操作等工作。

B.教学中：教师自己必须熟悉教学目标，评估学生起点行为，引导阶段与发展阶段之形成性评价。

C.教学后：包含教师对教学成效之检讨，对学生作品、展演、学习迁移、总结性及辅助教学之评价等。

第三，课堂设计的评价

A.领域课程设计之评价。

B.各单元内容、技法、观念等之组织，是否具有顺序性、连续性、统整性之评价。

C.活动设计是否具有多元性、多样性、活泼、生动之评价。

D.考虑学生的学习动机、兴趣及能力上的个别差异，评价 方式是否确实、具体、可行性之评价。

评价方法：

本领域教学评价可并用"量"与"质"的评价，且可视教学目标、教学范围、教学方法、教学流程之需要，采取教师评价、学生互评、学生自评等方式，并应用：观察、问答、晤谈、问卷调查、轶事记录、测验、自陈法、评定量表、检核表、基准评量、讨论等方式评价，且可酌采相对解释法与自我比较法等弹性评价措施。

（二）北京义务教育阶段美育课程评价方案类型

北京义务教育阶段美育课程以艺术课程为主，主体是音乐、美术课程，并在此基础上，开设好舞蹈、戏剧、戏曲、书法等地方课程和校本课程，而地方课程和校本课程目前正在逐步纳入建设中的美育课程体系中。因此，目前北京美育课程的评价可以从音乐和美术两个方面进行分析。

首先，从音乐课程评价来说，主要是三种类型：

形成性评价与终结性评价相结合，这两种评价类型是从评价的时间和目的而划分的。前者主要是对针对学生在学习音乐过程中的情感、态度、方法、知识、技能发展变化的评价，目的是教师了解音乐教学效果，了解学生学习音乐的状况及所存在的问题或缺陷，以帮助教师改进音乐教学活动，在日常教学中可采用观察、谈话、提问、讨论、演唱、演奏等方式进行。后者指在每学期（或每学年）音乐教学结束时进行的教学评价。它的目的是对一学期（或每学年）音乐教学活动进行更为全面的评价，因而它是一种评定分数划分等级的评价，一般在学期、学年末进行，主要采用聆听、演唱、演奏、综合性艺术表演等方式。

定性述评与定量测评相结合，这两种评价类型主要是从评价方法的角度进行划分。前者是一种描述性的质的评价。主要适用于学生在音乐学习中情感态度与价值观、过程与方法，以及知识与技能维度，难以具体量化的一些内容。如对音乐的兴趣爱好、情感反应，对实践活动的参与及与他人的合作交流，音乐的听赏感知，集体合作完成的演唱演奏及编创活动等，可以用较为准确的评述性文字进行定性评价。后者是对不同教学领域课程内容中的水平要求进行的量化评价。主要用于学生对音乐表现要素认知和掌握程度，对音乐体裁形式、风格流派的分辨，聆听音乐主题说出曲名，演唱歌曲及演奏乐曲的数量，识读乐谱的程度等。

自评、互评及他评相结合，这种评价类型是从评价主体的角度而划分的。自评是学生以描述性评价为主，重点应放在自我发展的纵向比较上，可运用"音乐成长记录册"形式记载学生的自评，从不同阶段的回顾和比较中看到自己的进步。互评是同学相互评价，可采用分组演唱演奏会、音乐才艺或创意展示等形式，在观感交流中相互点评。他评是教师对学生在不同学习阶段"音乐成长记录册"上的评语，以及通过音乐聆听分辨、现场演唱演奏等形式所作的评价。

此外，"班级音乐会"是音乐课程特有的一种生动活泼的评价方式，能充分体现音乐课程的特点和课程评价的民主性，营造和谐、团结的评价氛围。通过"班级音乐会"或其他活动，展示学生的演唱、演奏、音乐作品、音乐小评论、演出照片、录音录像等，达到相互交流和相互激励的目的。

以上各种形式的评价，都应该既充分肯定学生的进步和成绩，又要找出学生在学习中的问题和不足及改进方法，以利于促进学生的发展。

其次，从美术课程评价来说，主要是四种类型：

个人、小组或团体评价相结合。这种评价主要是在美术学习过程中或在学习结束后对学生的美术学习能力、学习态度、情感和价值观等方面的发展进行评价，并采用适当的方式向学生反馈评价的结果，以鼓励学生多样化的学习方式。

学生自评、互评、教师评价相结合。这种评价主要是针对学生的美术作业进行评价。评价结果可以是分数、等级或评语，也可以是评语与等级相结合的方式。对学生美术作业的评价可以从创作构思、表现方式及技能等方面进行，既要充分肯定学生的进步和发展，也要使学生明确需要克服的弱点并找到发展的方向。

记录学生发展的质性评价方法。这种评价是运用美术学习档案袋记录学生整个美术成长过程。每个学生建立一个档案袋，将美术学习全过程的资料，包括研习记录、构想草图、设计方案、创作过程的说明、自我反思（如对自己的学习历程与作品特征的描述、评价、改进的设想）、他人（如教师、同学、家长）的评价等都放在里面。

开放式评价。适时举办以评价为目的的展示和课堂讨论活动，鼓励学生参与评价的过程，与教师共同完成对美术学习的评价。

（三）京台美育课程评价方案的特点

1.台湾义务教育阶段美育课程评价方案特点

（1）评价范围整体性

台湾义务教育阶段美育课程评价是以艺术与人文学习领域为一个整体进行，

这样可以使学校在开展美育活动时，可以使美育各个领域的联系更加密切，有利于实现美育功能的最大化。

（2）评价的标准统一性

台湾义务教育阶段美育课程评价都是以"三目标"即"探索与表现、审美与理解、实践与应用"和"十大基本能力"即"了解自我与发展潜能，欣赏、表现与创新，生涯规划与终身学习，表达、沟通与分享，尊重、关怀与团队合作，文化学习与国际了解，规划、组织与实践，运用科技与咨讯，主动探索与研究和独立思考与解决问题"为标准进行评价。台湾中小学进行美育活动时，各课程均可以根据这个统一、明确的评价要求进行课程设计，开展课程教学活动，从而有效地保证美育课程质量。

（3）有专门对教师课程教学的评价

台湾义务教育阶段美育课程评价中专门将对教师的评价要求列入评价体系中，通过"学习成果的评价""教学品质的评价""课堂设计的评价"三个方面对教师的教学评价行为进行了规范，这样可以起到指导教师美育课程的教学评价活动的作用。

2. 北京义务教育阶段美育课程评价方案特点

（1）评价范围的独立性

北京义务教育阶段美育课程评价分音乐、美术等各课程独立进行，每个课程都有独立的课程标准和评价体系，例如《美术课标》是从"造型·表现""设计·应用""欣赏·述评"和"综合·探索"四个方面对课程进行评价；《音乐课标》是从"感受与欣赏""表现""创造"和"音乐与相关文化"等四个领域进行课程评价。

（2）课程评价以艺术课程标准为依据

北京义务教育阶段美育课程评价均体现在教育部颁布的《义务教育音乐课程标准（2011版）》和《义务教育美术课程标准（2011版）》第四部分实施建议中；同时，《义务教育美术课程标准（2011版）》第二部分还有对学生的评价要求。

（3）课程评价侧重对学生学习活动的评价

北京义务教育阶段美育课程评价主要侧重对学生学习过程与结果的评价。在《音乐课标》中提出评价"对学生的评价是课程评价的主要方面"，从学生对音乐的"感受与欣赏""表现""创造"和"音乐与相关文化"等方面进行评价；

《美术课标》则是在第二部分课程内容的每一个领域的各学段中都有对学生学习活动的评价要点。

三、京台美育课程评价方案的异同

（一）京台美育课程评价方案的共性

京台美育课程评价方案最突出共性主要为均非常重视美育课程中学生学习表现的评价，如台湾提出对学生的认知、动作技能、情意、社会责任等艺术行为进行评价；北京《美术课标》提出要关注学生掌握美术知识、技能，更重视美术学习能力、学习态度、情感和价值观的评价。

（二）京台美育课程评价方案的区别

1. 京台在美育课程的划分略有不同而导致课程评价范围不同

台湾1997版"国民中小学今年一贯课程纲要艺术与人文学习领域"中明确说明"艺术学习与人文素养，是经由艺术陶冶，涵育人文素养的艺术学习课程。"艺术与人文学习领域包括视觉艺术、音乐、表演艺术等方面学习。

而北京除教育部关于义务教育阶段的课标外，北京市政府2016年颁布《北京市人民政府办公厅关于加强学校美育工作的实施》中指出："丰富以艺术课程为主的美育课程体系，在加强音乐、美术课程建设的基础上，开设好舞蹈、戏剧、戏曲、书法等课程逐步完善美育课程体系，鼓励有条件的学校"。

可见，台湾美育课程评价方案是对中小学艺术与人文学习领域包括视觉艺术、音乐、表演艺术等方面学习活动的评价，而北京美育课程评价方案仅是对中小学音乐与美术课程活动的评价，舞蹈、戏剧、戏曲、书法等课程活动还未有相关一致的评价标准。

2. 台湾与北京在美育课程评价方案的评价对象也有不同

台湾1997版"国民中小学今年一贯课程纲要艺术与人文学习领域"既有针对学生课程学习活动的评价，也有对教师课程评价的具体细致的要求；而在北京美育课程评价方案主要针对学生的课程学习活动进行评价。

四、北京美育课程评价方案改善的对策建议

通过对京台美育课程评价方案的比较分析，我们不难看出，京台美育课程评价方案既具有共性，又有各自的特点，存在一定的不同。作为北京义务教育阶段美育课程评价可以从以下几方面进行改进：

（一）借鉴台湾美育课程评价方案整体性的特点，尽快完善美育课程的国家标准

我国现在仅出台了音乐课标和美术课标，舞蹈、戏剧、戏曲、书法等课程还没有国家标准，一方面，我国应尽快出台舞蹈、戏剧、戏曲、书法等课程的国家标准，使这些课程的评价有章可循，同时，在舞蹈、戏剧、戏曲、书法等课程的国家课程标准颁布之前，北京可以先制定这些课程的地方课程标准，规范北京美育课程的评价；另一方面，可以借鉴台湾的做法，把音乐、美术，舞蹈、戏剧、戏曲、书法等课程进行整合，以美育课程作为一个整体，制定国家课标，使学校开展美育课程时能够有机联系，避免美育课程之间各自为政，而且美育课程评价标准的统一，有利于发挥美育课程的整体功能，实现美育课程教育功能最大化。

（二）美育课程评价方案应重视教师评价行为的规范

目前教育部颁布的 2011 版音乐课标和美术课标的评价内容，缺乏对教师课程评价行为的要求。我们可借鉴台湾的经验，在课标的评价内容中，应增加对教师课程评价行为的规定，包括对教师在美育课程学生学习评价、教学过程评价及课程设计评价等。制定美育课程评价方案的目的是保证美育课程的质量，通过对教师评价行为的规范，使教师在进行美育课程评价时，能够明确评价的具体内容和要求，从而保证美育课程高效、有质量的进行。

总之，通过比较京台美育课程评价方案，我们发现两地都非常重视美育课程评价，且美育课程评价方案各具特点。双方可通过互相学习和借鉴，共同探讨美育课程评价方案，实现不断提升美育课程质量的目的，促进学生认知美、表现美、鉴赏美、创造美等艺术潜能与健全人格的发展。

第六章 京台义务教育阶段美育课程案例研究

——以音乐教育为例

一、台湾师范音乐教育发展历史及现状

早期荷兰与西班牙殖民者以传教的方式将西方宗教音乐带入了台湾。清政府时期台湾音乐教育的方式则以民间地方戏曲为主。在1945年之前的音乐教育大体分为"1895年之前西方音乐教育在台湾初现"和"1895—1945年日据时期台湾音乐教育"这两大块。这两个时间段中的台湾音乐教育是高等教育之前的中小学学校普及音乐教育。

台湾高等音乐教育发展的历史可以分为四个时期,第一时期1945—1961年:各师范院校担负起相当重大的音乐师资人才培育责任,许多师范学校设立并设置音乐师范科,台湾师范大学设置音乐专修科和音乐系。到了1949年,随国民党政府迁台,相当程度地解除了音乐教师资短缺的现象。萧而化及戴粹伦两位主任先后带来了"福建音专"及"上海音专"最优秀的师资,再加上如张彩湘、林秋锦、李金士、高慈美、蔡江霖、林桥、周逊宽等当时一流的音乐家的加入,台师大音乐系不仅领导着台湾当代音乐界,更可说是战后十多年间音乐教育发展的中心。

第二时期1961—1987年:在快速发展的社会背景下,1979年"师资培育法""师范教育法"颁布。台湾的师范专科学校的设立,始于1960年,由师范学校陆续改制而成。从1945—1987年间,台湾主要有十所师范学校陆续改制为师专。排除台湾高雄女子师范学校脱离小学师资培育改为中学师资培育学校,剩余九所师专均培育小学师资。而中学音乐师资的培育方面,则主要由台湾师范大学音乐系负责。在这九所师范专科学校中,仅有台北师范专科学校和台北

市立女子师范专科学校的五年制专科班开设了"国校音乐师资科"进行小学师资培育。从 1978 年起，台当局教育主管部门将"国校师资、国校音乐师资、国校美术师资及国校体育师资"四科名称改为"普通、音乐、美劳、体育"四科名称。

第三时期 1987—2000 年：当局先后出台了"艺术教育法"（1997）和"教育基本法"（1999），对音乐教育的发展有深刻影响，让台湾高等教育的继续发展有了坚实的后盾。1987 年，台湾九所师专同时改制为学院，是教育革新的一项措施之一。在教改之后，台湾的教育体系从一元向多元发展。师范专科学校升格为学院，许多从前是各校内所设立的音乐科，如今纷纷转为音乐教育系。台当局教育与行政部门在规划师专改制时，非常重视新制师院师资素质的问题，因此教育部门颁定新制师院新聘教授、副教授要有博士学位，讲师及助教要有硕士学位，师范院校教师专业背景，因学校的不同而有所差异，但整体来说有明显的提升迹象。如以教师学历来说，目前师范院校具有博士学位的教师约占40%，与一般大学大致相同。

第四时期 1999—2013 年：在此期间强调强化综合大学体制，音乐教育系转型为综合性质的音系。师范院校虽属于高等教育机构，但早期是由"教育部中等教育司"所管辖。为了为适应师资多元化，近年各校皆积极转型，同时 2008 年各校已改隶属于"教育部高等教育司"管辖。随着大学的不断发展，对于学校师资要求有了很大提高。

从起源上看，台湾音乐教育起源于师范教育，由此师范这个名词对于台湾的音乐教育来说有着非凡的意义。从师范音乐教育的发展来说从过去到现在这七十几年中，是在不断发展不断成熟的，对台湾来说也是有着特殊意义的。也因台湾当局对高教不断进行调整与改革，包括音乐部分在内，使其有了许多台湾独有的特点。

二、台湾师范音乐教育的特点及归因分析

（一）台湾师范音乐教育的几个特点

1.注重培养目标的双方向

在台湾师范音乐教育培养学生过程中，师范院校将"师资培育"和"专业培养"均纳入培养目标中，明确设立师范方向和非师范方向，并针对不同的方向开设两套课程，其中师范类培养方向学生须另修与教育学相关课程学分。在

双重化的培养方向的指引下，台湾师范音乐教育既培养出了能够驾驭课堂，适应中小学及幼儿园音乐课堂教学的师资，又培养出了大批擅长学术研究、高端音乐研究的专业型人才，从而使台湾师范音乐教育向高学术、高研究能力发展的目标得以实现，也为其音乐领域今后的科研、创新提供了强有力保证。

2. 注重学生实践能力的培养

台湾师范教育一直秉承"师资第一，师范为先"的传统，立足于通过课程设置和完善师范类学生实习体制，丰富实习经历提升师范方向毕业生的实践能力。这些能力主要表现在其能够根据中小学音乐课课程标准，灵活运用大学期间所学知识，根据所教学生的具体情况合理选择授课内容，并以良好的口头表达能力、应变能力、组织能力、熟练运用音乐技巧的能力成功驾驭中小学音乐课堂，为其尽快适应工作岗位打下坚实的基础。

3. 注重多种教学方式并举

台湾师范院校根据学生学习的需要和课程的设置在更为广泛的范围内聘任适合自身教育的内容、有利于专业延伸的教师。这些教师能够根据不同课型制定个性化的课程大纲，将小组讨论合作、实践探究、外出演出等多种形式的教学模式融入到课程中，充分体现了大学法"大学自制"的原则以及台湾"完整教育"的理念。在这一过程中学生的视野不断开阔，对专业问题的思考更加深入，学习动力被最大限度激发，并在就业竞争中体现出自身优势。

4. 注重民族文化传承

台湾师范音乐教育在音乐专门课程的开设上很重视将本民族的音乐文化、传统器乐纳入课程体系，在台湾师范音乐系的专门课程中，中国音乐概论、中国音乐史、乡土音乐、民族器乐等课程的开设，与西洋音乐史、西洋乐器、理论作曲等科目一起形成东西方音乐合璧的专业课程体系。这种教学体系注重引导学生思索如何将民族的东西放在国际化大环境中进行传承，以及如何将海外的东西融进民族化、"本土化"的音乐文化中。在引进海外教学理念的同时，师范音乐教育系教师将教学内容、教学情景设计、教学方式以及中国传统的音乐元素融合到课堂教学中，使这些源自海外的教学法"本土化"，通过师资的培育传承，引导学生承担起吸纳国际音乐文化，并将这些文化"本土化"地加以继承的责任。

（二）原因分析

1. "以法治教，法随时转" ——教育调整紧随社会发展步伐

由于台湾历史上饱受外族侵略，台湾光复前教育系统性较差，教师数量严重匮乏。为解决这一问题，台湾教育提出"师资第一，师范为先"的理念，重视为社会发展培养师资力量成为了台湾教育的传统，"师范教育法""师资培育法"和相关"子法"的修订以法规的形式明确了各师范院校师资培育的任务。因此，台湾各音乐师范院校将"培育中学、小学及幼稚园优秀音乐师资"确立为自己的办学宗旨。师范院校的教学目标就是培育师资，已成为台湾"以法治教"的典范。

为了更加突出师范音乐教育的师范性，而又顾及音乐专业人才的培养，各师院将"师资培育"和"专业培养"同时写入了教学目标当中，并针对不同的方向开设两套课程，师范方向的学生要多修教育学程的学分。这样，培养目标更明确，课程的开设也更有针对性。

随着台湾教育整体学术研究风气变浓和研究层次上升，加之教育的相关规定不断调整，台湾师范音乐教育培养向学术研究、高端音乐研究人才的目标延伸，台湾师范音乐学系最初都只有大学部，1980年台湾师大成立岛内第一所音乐研究所，开音乐学术研究之先河。1994年"师资培育法"将台湾师范教育多元化，即师范院校不再独自承担师资培养的任务，任何达到条件的综合性大学都可以办师范教育。这使得台湾师范院校普遍进行了反思，认为师范院校不能只做封闭的师资教育中心，也应当敞开胸怀，积极奋进，成为教育科研的前沿基地。2001年台湾师大还成立了岛内第一所博士班暨民族音乐研究所，标志着台湾师范音乐教育实现了向高学术、高研究能力发展的质的飞跃。

2. 课程设置突出"师范性"，不断改革师范生实习制度

目前台湾高等师范院校音乐专业的课程设置构成如下：第一部分是校共同课程（有的师院叫普通课程），这是每个大学生都必须研习的课程，包括语文、英文、历史、公民社会类，自然科学领域，艺术领域、生活领域、通识领域等共计28学分；第二部分为教育学课程，这部分课程相当于大陆师范教育专业课，大致由教育基础学科（如教育心理学、教育哲学、教育概论、教育社会学等），教育方法类学科（如教学原理，班级经营，教育测验与评量，青少年问题研究等）；教育实习课程（如音乐教材教法、音乐教学实习、小学各种学科的教材教法等）组成，这部分课程师大音乐系学生要达到26学分，而各师院音乐

教育系师范类专业的学生要达到台当局教育主管部门规定的教师初检时的 40 个学分，非师范类学生可以不修这类课程或比师范类学生少修 20 个学分；第三部分即为专门课程，相当于大陆音乐教育系的专业课。我们以台中师院音乐教育学系的课程结构表来举例。台中师院的音乐教育学系课程设置中，师资类的总学分为 148，教育专业课程学分为 40，占总学分的 27%。其他师院音教系的课程结构和学分比例都与此相近。由各类课程设置以及学分所占比例不难看出，台湾师范音乐教育专业对于培养学生的师范专业素养是非常重视的。

此外，台湾师范课程设置重视培养学生的"师范性"还表现在将教育实习纳入职前教育课程的一部分，并且将教育实习设置成为教育专业课程中占学分最多的项目。2002 年 7 月 24 日以前，台湾师范实习制度是根据 1994 年"师资培育法"及 1995 年"高级中等以下学校及幼稚园教师资格检定及实习办法"而实施的。教育实习分为二个阶段，第一阶段在大四实行称为"教学实习"，分为见习、预习试教、实地试教，为期 4 周。第二阶段是学生 4 年毕业后，必须修完教育专业学分，且通过实习教师初检及格，以实习教师的身份进行的实习，时间为一年，一年后要进行教师资格复检，才能成为一名真正的教师。由于这种实习制度导致实习教师责任不明，并且实习津贴也较低，引起了社会较强的反对。2002 年 7 月 24 重新修正的"师资培育法"颁布后，对 2004 年入学的大学部、研究所、进修部的本科生、研究生、进修生和从 2004 年起始修教育学程的学生启动新的实习办法，即每年八月至第二年一月或二月至七月进行实习，时间为半年，并将实习纳入到职前教育课程，与教育专业课程合称为教育学程。将"职前教育—导入教育—职后教育"这一教师教育过程中处于导入教育阶段的"实习"提前到了职前教育阶段，增强了职前教育课程的"师范性"。在旧制教育实习中，"实习教师"实习及格后就可取得合格教师证，沿用新实习办法后，学生将面临当局更严格的教师资格检定考试，要求学生实习及格后再参加检定考试，及格后才能取得合格教师证。

3. 教师聘任制度灵活，兼任教师发挥优势

台湾高校在教师构成上形成专任和兼任两种，与大陆的教师结构相比，兼任教师的比例很高。音乐系兼任教师以音乐领域的资深研究者或台湾各地的民间艺人为主。2013—2014 年来自台湾师范大学和台北教育大学两校现有师资资料统计显示，兼任教师均达 50% 左右。这些兼任教师加入师范教学队伍，大大开阔了学生的视野、引入了多元化的教师教学和极具特色的开放思路。师资作

为一个学校的软实力，无疑体现着一个学校的教学水平，台湾师范音乐系在师资投入上所下的大功夫为提升其教学质量，开拓学生眼界，提升学生专业素养起到了极大的促进作用。

4. 新课程标准是引导，融合教学模式是关键

台湾同胞历来热爱中华民族传统文化，这种血浓于水的民族情愫已形成台湾整个人文关怀的大背景。台湾师范音乐专业课程重视传统音乐不仅仅是受整体文化导向的影响，还受台湾基础课程改革思想的影响。

1993 年 9 月 20 日，台湾当局公布了修正后小学音乐科课程标准。新课程总目标的第二条便写有"辅导儿童认识并欣赏学习传统音乐"，可见师范音乐课程必须强化学生传统音乐文化的修养、传统音乐的技法和实际教学能力。受新课程标准的引导，现行小学音乐课程在教材教法上都相应加重了传统音乐与乡土音乐的份量，"如小学一、二年级开始欣赏儿歌、童谣或民歌；四年级开始认识唢呐、南胡、古筝、偶戏、歌仔戏、京剧；五、六年级学习演奏中国传统打击乐器，所以师院的传统音乐、乡土音乐、民俗曲艺，乐队组训等课程都有必要加强"。

1999 年，台湾又修订出台了"国民中小学推展传统艺术教育实施要点"，其目的在于：(1) 传承并发扬传统艺术文化，提高民众精神生活品质；(2) 增进学生对传统艺术及乡土艺术的认识，养成主动观察，探究及创新的能力;(3) 培养学生对传统艺术教育活动的兴趣，充实知性生活；(4) 推展多元艺术教育，扩大美育效果，培养五育均衡发展的健全民众。实施内容包括传统戏剧、传统音乐、传统舞蹈、传统工艺、传统杂技、民俗童玩。

在教学上强调民族性和国际性的结合，则更加显著地体现在台湾师范音乐教育的课程开设和教师的实际教学和科研上。例如台北师院有黄玲玉教授的"资料收集与田野调查""传统音乐在教材上的运用"；陈学谦教授的"音感教学"。新竹师院音乐教育学系引进世界著名的奥尔夫教学法、柯达伊教学法、达尔克罗兹教学法、戈登音乐教学法。在引进这些教学理念的同时，该系善于将教学内容、教学情景设计、教学方式以及中国传统的音乐元素融合到课堂教学中，使这些西方的教学法"本土化"，通过师资的培育传承，切实落实到音乐教育生活中去。新竹师院的陈惠龄老师是台湾第一批赴奥尔夫学院研习奥尔夫教学法的老师，几十年来一直致力于奥尔夫教学法的研究，特别是在如何将奥尔夫教学法进行"本土化"方面堪称典范，已被多次邀请到大陆讲学。

三、台湾师范音乐教育的借鉴与参照

1. 增强学生的艺术实践能力，提升音乐专业素养

台湾师范教育通过培养目标的双重化，在注重培养学生师范素养的同时也不放松培养其艺术实践能力，提升专业素养。大陆师范音乐教育应借鉴台湾师范院校经验，通过多举办学生个人演唱会，让学生参加艺术表演团体，使学生有充分的艺术实践机会，在实践中提升专业素养。只有全方位的培养他们的音乐才华，才能适应未来中小学音乐教学的需要，才能承担起将音乐方面的科学研究做的更加深入、更具指引性的重任。

2. 完善师范生实习模式，强化音乐教育能力

总体来说，台湾师范课程设置体现出重教育素养的思想，教育专业课程的学分都占总学分的20%以上，有的近30%。这一点应当引起大陆师范音乐教育的注意。尽管近年来大陆师范音乐教育课程改革取得很大成就，但总体还是重专业技能技法轻教育教法，学生毕业后不能熟练驾驭中小学音乐课堂。为弥补目前的教育实习的不足，应该做好三个方面的工作：一是做好教育实习的前期工作，经常组织学生进行专题性讲课比赛，使学生的口头表达能力、应变能力、组织能力、音乐技巧能力得到锻炼，为其顺利地参加教育实习打下良好基础。二是调整实习时间，增加实习次数。一二年级可适当安排短期的见习，了解教学全过程，三年级安排短期实习，要求学生参与教学全过程，最后在四年级正式实习，并要求学生必须为该校组织一次音乐会，将这一点作为实习合格的条件，从而为他们走向中小学音乐教学岗位打下坚实基础。三是严格实习成绩评定标准，在学生实习过程中，监督教师应细化实习生考核评定标准，将其实习期间多方面的表现如按时到岗，课前准备，教案书写，课后反思，课堂管理等细节严格纳入到最终评分过程中，而非尽让实习流于形式。

3. 广纳贤才，充实师范音乐专业教师队伍

目前大陆师范音乐专业教师多为本专业专职教师，虽然专职教师在校时间长，可以给学生更加细致、系统的指导，但比起一些校外优秀艺术家或在音乐领域有突出科研成就的专业人士还存在较大的差距。我们可以通过适当增加兼任教师比例，实现资源的共享，达到优化配置，使师范音乐专业学生在享受到全职教师系统、全面指导的同时通过兼任教师的灵活授课方式开阔视野，进一步提升自身素养，以适应时代发展对人才的更高要求。

4.以中小学新课程改革为导向，推进教育的民族化与多元化

台湾师范音乐教育在教学目标、课程设置、教学模式等诸多方面以依照中小学新课程改革方案为导向，注重使师范生娴熟掌握教材教法的技能技巧，以适宜学生毕业后的实际教学，同时使其也能够顺应时代和国际化的要求，肩负传承民族文化重任，成长为具备有研究能力的、高素质的中小学音乐教师。这一点对大陆也有较强的借鉴性。我们可以通过西洋音乐史、西洋乐器、理论作曲等课程汲取国外先进音乐文化，同时依照中小学新课改后的课程目标重新审视师范师范生培养计划，响应国务院办公厅近期下发的《关于全面加强和改进学校美育工作的意见》要求，全面加强和改进师范学校美育工作，推进形成大中小幼美育相互衔接和"师范大学—地方政府—中小学校"三方合作办学的新模式，开设艺术实践类、艺术史论类、艺术批评类等方面的任意选修课程，注重完善音乐师范生人格修养，强化创新意识，增强弘扬和传承中华文化的责任感，将大陆非物文化遗产中的音乐相关知识如京剧、太平鼓，古蟠乐，天坛神乐署中和韶乐等带入中小学音乐课堂，促进国际文化的本土化，将中华民族优秀音乐文化推向世界。

实证篇

第七章　戏剧类课程研究

——教育戏剧课程对小学生社会观点采择能力与合作行为的培养

合作行为和社会观点采择能力在儿童的社会化过程中起着至关重要的作用，但近年来的社会调查显示，儿童的合作行为水平和采择他人观点的能力不容乐观。成长过程中家长的溺爱以及同伴的缺乏使众多独生子女难以克服自我中心，在与同伴合作过程中发生冲突。而进入学龄期后，学校教育和家庭教育中对于儿童学习成绩的片面强调，使智育在教育中的重要性更为突出，美育和德育等方面却往往被众多家长和教育者所忽视。

因此，本研究力求基于小学阶段的教育戏剧教学实践解决以下问题：（1）测查小学阶段儿童的社会观点采择能力和合作行为的发展现状、趋势及二者间的关系；（2）基于儿童两项指标的发展现状设计具有针对性的教育戏剧干预课程；（3）通过干预课程的实施及效果检验，探讨教育戏剧课程对于儿童社会观点采择能力和合作行为的培养作用。

研究分为两部分，首先，通过社会观点采择能力测验故事和"囚徒困境博弈"范式改编而来的"困境决策游戏"实验对小学一、二年级学生的社会观点采择能力和合作行为发展现状进行了测查，并针对调查结果设计了十四课时的教育戏剧干预课程。接着在两个年级随机各选出三个自然班，分别作为实验组、对照组和空白组，分别对其进行社会观点采择能力和合作行为的前测。在确定三组学生在两项指标上的测验成绩无显著差异后，针对实验组学生实施教育戏剧干预课程，对照学生参加软笔书法课程，空白组学生不参加任何形式的拓展训练课程。十四周课程结束后，分别对三组学生进行两项指标的后测（测验工具与前测相同），从而检验教育戏剧干预课程对小学生社会观点采择能力和合作行为的培养作用。

研究结果发现：（1）教育戏剧干预课程对小学一、二年级学生的社会观点采择能力和合作行为具有改善效果，对于二年级学生的效果尤为明显；（2）小学低年级学生的社会观点采择能力和合作行为随着年级的增长而不断提升；（3）二年级小学生的合作行为对其社会观点采择能力发挥着前提基础作用。

一、文献综述

（一）教育戏剧及其发展

1. 教育戏剧的概念界定

教育戏剧（Drama in Education），简称 DIE，是运用戏剧与剧场之技巧，从事于学校课堂教学的教学方法与教育模式，一些教育者也将其称为"戏剧教学法"。

教育戏剧与艺术教育中常常提到的"戏剧教育"有着根本性的区别。戏剧教育是以传统的戏剧表演技巧和表演艺术为主要内容的教育，其中，既囊括了培养戏剧专业人才为主要目标的专业戏剧教育，也包括为普及戏剧艺术而开展的通识戏剧教育，是一门具体的艺术科目。对于二者间的区别具体可从以下三个方面进行说明：

首先，二者的教育目标不同。教育戏剧的目标是通过情景重现、即兴展示、角色扮演、合作游戏等方法展开戏剧体验活动，使参与者在与同伴或教师的合作互动中发挥想象、开发心智、增进表达与协作、提升审美能力、塑造完美人格的目的。而戏剧教育则以"普及戏剧表演知识，为培养戏剧专业人才或进行舞台演出"为主要目的。

其次，二者的受众不同。教育戏剧的受众具有普遍性，可针对在校生以自然班为单位，作为课堂教学方法运用到常规教学中，也可针对临时组建而成的团队，使成员之间通过活动彼此熟悉，并不要求授课对象具有戏剧表演方面的特长或爱好。而戏剧教育主要针对具有表演天赋、特长的学生或有意从事戏剧相关工作的人群。

第三，二者的活动内容不同。教育戏剧的活动内容具有灵活性，可根据不同的授课目的进行灵活调整。如以提升创造力为目的的教育戏剧课程中，课堂活动形式可更多针对创造力的培养。而戏剧教育的活动内容则需以最终呈现的表演剧目为蓝本，教学内容较为固定。

从以上三点也可看出，教育戏剧与传统的戏剧教育存在本质性差别。教育戏剧并非表演训练，而是一种可广泛运用于课堂中的教学方法，其重点在于施教过程，而非才艺培养。本研究对教育戏剧的界定参考台湾学者张晓华对于教育戏剧的定义，即"在指导者有计划的引导下，以创造性演绎、即兴展示、角色扮演、合作游戏等为活动形式，使参与者在互动关系中表达思想，通过实践而学习，从而获得经验的一种教学方法。"

2. 教育戏剧的发展情况

作为一种可与课堂相结合的教学方法，教育戏剧在 20 世纪初期起源于英国，随后在欧美其他国家及我国都有所发展，并在不断发展过程中结合地域的教育政策和本土文化逐渐形成了不同的实践、推广形式。

（1）西方国家教育戏剧的发展

英国是教育戏剧的发源地，教育戏剧的产生源于与小学英语教学的紧密结合。英国女教师哈丽特（Harriet Finlay -Johnson）最早将戏剧方法系统应用于学校课堂，尝试将不同的教学主题戏剧化，这种新的教学方法使其所在学校 10—13 岁的学生通过具有戏剧性的特色活动加深了对教学内容的理解与掌握。这些教学实践为哈丽特在 1911 年出版的著作《教学中的戏剧方法》奠定了坚实的基础，该书被认为是第一本介绍如何将教育戏剧方法应用于学校教学的专著。教育戏剧在英国的发展可分为三个阶段，每个阶段的主要情况如表 7-1：

美国教育戏剧的主要推广形式是"以戏剧为主的单科戏剧教学"，具体表现为"创造性戏剧"与普及性的戏剧课程。美国发展教育戏剧源于杜威的"戏剧游戏、活动促进学生经验发展"的教育思想的影响。小学教师温妮费德（Winifred Wade）是美国教育戏剧的旗手，他将教学中的戏剧方法称为"创造性戏剧"（Creative Dramatics）。1965 年通过的美国"中小学教育法案"将创造性戏剧定为中小学教育的主要形式，并规定在高中开设普及性的戏剧课，为学生传授一定的专业剧场知识和表演技能。1994 年通过的《美国教育法》在美国教育史上第一次将戏剧教育课程作为独设学科纳入美国学制之内。目前，美国已形成了从幼儿园到小学、中学进而到大学的金字塔型的教育戏剧课程与教学体系，这一体系的主要特点是重视教育戏剧的戏剧性质。

表 7-1　教育戏剧在英国的发展阶段

阶段（年代）	发展情况（代表人物）
萌芽阶段（20 世纪五六十年代）	将教育戏剧作为战后重建的心理治疗工具以及开发戏剧在教育领域的生存空间，强调教育戏剧应以儿童为中心，注重个人创意和成长。（Peter Slade，Brain Way）
发展阶段（20 世纪七八十年代）	英国当代"回归基本"教育运动的背景下，强调教育戏剧为一种认知方式，是跨越已有学科知识领域的学习媒介。（Dorothy Heathcote，Gavin Bolton）
成熟阶段（20 世纪 90 年代后）	教育戏剧纳入英国国家课程（1988）的英语课程中，激发了教育界将戏剧视为"学科"还是"教学法"的争论，最终两类观点融合到教育中。（Jonathan Neelands）

（2）港台地区教育戏剧的发展

我国台湾教育戏剧的发展主要受到美国的影响，以"跨科统整的戏剧教学模式"为主要形式，主要的代表人物有张晓华、林玫君等。1986 年"台湾艺术教育法"将"表演艺术教育"纳入全民艺术教育的门类当中，为戏剧教育课程进入教育体制打下了基础。2001 年"国民中小学九年一贯课程暂行纲要"在台湾颁布，正式将"表演艺术"囊括到九年一贯制学校课程中的"艺术与人文"模块之中，而这一表演艺术所包含的主要成分则是戏剧。2004 年台湾"表演艺术"被纳入高中选修课程当中。目前，台湾地区的教育戏剧发展已走在了整个亚洲的前列。

我国香港的教育戏剧发展主要受到英国影响，起步较早，并表现为戏剧科与戏剧教学法两种形式。发展初期主要以教育剧场为主，到 20 世纪八九十年代，一些教育戏剧团体和工作坊加入到了教育剧场行列中，丰富了教育戏剧活动，加强了教育戏剧师资培养。1998 年，香港政府通过提供"优质教育基金"给予了戏剧教学法为主的"戏剧教育计划"一定的资金保障。2001 年起，香港教育局规定，《戏剧教学法种子计划》正式在中小学教育中推行，通过培训教师、设计教案等方式鼓励各科教师将教育戏剧应用于教学。至今，香港地区绝大多数中小学都设有专门的戏剧课外活动，近 20% 的香港教师能够在课堂中用戏剧教学法辅助教学。

（3）大陆教育戏剧的发展

相比于欧美和我国港台地区，大陆（内地）教育戏剧的发展起步较晚，进程也相对缓慢。在改革开放的前二十年中教育部门却未将戏剧看成与音乐和美术一样需在学校内开设的课程。1994 年 6 月，全国教育工作会议提到大学阶段应开设音乐、戏剧等欣赏课，提升学生欣赏力。随着 1999 年《深化教育改革，全面推进素质教育的决定》的出台，教育者们开始改变教育观念，着眼于人才的全面发展。众多教育者积极参与国际教育戏剧会议和工作坊，使教育戏剧不断升温。具体表现为发达地区的部分学校以常规课程形式对教育戏剧进行实践尝试，或在课改背景下对其进行相关理论研究和行动研究，高校和研究机构通过专业招生或培训班等形式为教育戏剧的推广进行师资储备。直到 2001 年，《全日制义务教育艺术课程标准》的出台，将戏剧纳入艺术综合课程的门类当中，但并未将其作为必开课程。2010 年 7 月出台了《国家中长期教育改革和发展规划纲要（2010-2020 年）》，文件中指明了"注重提高课堂教学质量，尊重学生主体地位，改进教法、学法，重视学生学习兴趣、实践能力"的重要性，从而使教育者对戏剧教学法的应用价值有了更加深入的思考。2015 年国务院办公厅发布《关于全面加强和改进学校美育工作的意见》，提倡有条件的学校要在美术、音乐等传统美育课程门类的基础上增设戏剧、戏曲等模块。可见国家及相关教育部门不断通过顶层设计，促进教育戏剧的普及和深入推进。

根据赵灵萍、周斌等学者对我国教育戏剧推广情况的梳理，教育戏剧在大陆中小学教育中并未形成普遍化、体系化的推广形式，从目前该门课程在部分学校中的推广情况来看，主要有以下三种主要的推广形式：第一种是大多数学校所采用的"课外戏剧社团"形式。学校不占用常规课时，通过戏剧社团方式组织学生以某一剧目为主要内容来进行表演训练，并在艺术节、联欢会等活动中进行演出，相对于创作过程和经验成长，这类模式更为关注戏剧的呈现结果。第二种是"教育戏剧活动课"形式。部分学校在每周的常规课时中拿出一到两课时以自然班为单位开展教育戏剧活动课，以此作为学生的拓展类课程。授课教师通过工作坊等事先接受教育戏剧相关培训，在教学时基本遵循教育戏剧的初衷。采用这类模式的学校多是以"戏剧"作为校本特色的学校，如北京市海淀国际学校、北京实验四小等。第三种是"将教育戏剧融入学科教学"形式。这种形式是将教育戏剧视为教学方法，并综合音乐、美术等艺术学科，渗透到语文、数学、英语等学科教学之中，从而跳出学科本位主义，实现教学方法和模式的转变。目前采用该模式的学校较少，如上海的浦东华林小学是应用戏剧教学法探索综合实践教学课程的典型学校。

萧薇、甘维等结合我国大陆教育戏剧的开展情况，尝试讨论其在推广过程中所存在的问题。概括来说，主要的问题有：第一，大部分地区学校对于艺术教育课程门类的认识不全面，认为艺术教育课程仅包括音乐、美术，因此，尝试开设教育戏剧课程的学校多集中于上海、北京等教育较发达城市，但大部分地区的学校教育中依旧难见戏剧课程的踪影。第二，对教育戏剧的认识不足，将其与传统的戏剧教育概念想混淆，认为教育戏剧课程仅适合有表演天赋或从事表演艺术的学生参与，如在自然班推广会造成上课纪律的混乱，因此仅以社团形式开课，且上课过程中出现了"重表演结果，轻体验过程"的现象。第三，尽管部分中小学教师在课堂上会用到教育戏剧手法，但却未能在教学实践中形成相对完整的教学体系，也不重视对其效果进行评估与分析。

综上所述，教育戏剧在英美等国家起步早，发展较快，并已基本形成了具有本土文化特色的发展方向与推广模式。我国教育戏剧的发展呈现出一定的不平衡性。主要表现为港台地区受国外教育影响，教育戏剧起步较早，而大陆则发展步伐缓慢，至今尚未形成鲜明的发展特色，仍处于尝试与探索阶段，对于教育戏剧的实践方式和实践意义有待于进一步挖掘。

3. 教育戏剧的主要策略及其对儿童发展的适应性

教育戏剧课程的开展主要依托丰富多彩的课堂活动，教师对教育戏剧策略的使用过程即为运用不同类型的课堂活动达成不同课堂目标的过程。杨柳、周永峰等学者梳理了教育戏剧课程中所涉及的主要策略，包括建立情景活动、叙述性活动和诗化、反思活动。其中建立情境活动策略主要包括集体绘画、构建空间和集体角色等。这一策略意在通过集体作画、讨论，运用情景道具，再现场景，或集体出演同一角色的方式营造喜剧氛围，促进学生间通过交流合作，迅速融入角色；叙述性活动策略包括时间线、焦点人物、教师入戏、重要事件等。该策略通过按照时间顺序进行雕塑、角色间互动、教师融入表演、解读重要事件等方式激发儿童对于自身担任角色的探索，站在角色角度思考问题。诗化和反思活动策略主要包括心底话、事件重演和思绪追踪等。这一策略意在通过参加者对自身角色的体悟和对事件、思想的回顾和追溯将剧情引向深入，将戏剧活动中的收获进行总结、升华。通过教育戏剧中的主要策略可看出，教育戏剧的本质在于其能够创设一定的情境，让学生在扮演中得到经验，通过亲身的体验达到切身感悟，对于儿童身心发展具有较强的适应性，适合作为学校课程，在教育中进行推广，具体主要表现在以下两方面：

首先，教育戏剧关注过程性培养，适合儿童期年龄特点。教育戏剧适合儿童期年龄特点，以儿童幼儿期的"自发性戏剧活动"为载体，基于儿童已具备的身体动作、情节创设、观看他人游戏等活动能力，在教师引导下，规范又不失自由地经历一些社会生活事件的开始、过程与结束，体验人际的沟通、合作与冲突。同时，教育戏剧并非以选拔、培养人才为目的的精英教育，而是重视参与体验，促进儿童成长、学习与改变的过程性教育。儿童无需将大段台词一字不落地记在脑子里，而是通过扮演活动中的情景创设，结合自身经验塑造体现自我特点的角色。在参与中儿童将体验到交流沟通的乐趣、合作的喜悦，实现"为快乐而学习，因学习而快乐"。同时，教育戏剧有助于实现"全人"的教育培养目标，促进儿童认知、行为的发展。台湾学者张晓华和林玫君等均在对教育戏剧目标和功能的研究和剖析中，提到教育戏剧对儿童全面发展的促进作用。台湾教育戏剧专家张晓华先生将教育戏剧的培养功能概括为：一、通过探索个人肢体、环境和议题，培养想象力，建立自我概念；二、促进语言表达、独立思考判断和逻辑思维能力；三、促进情绪的合理表达和心理健康；四、在体验表演同时提升审美素养；五、建立社会认知，在融入小组、团体过程中养成合群的美德；六、促进师生间和谐关系，增强学生的自我约束力。由此可见，教育戏剧对于儿童的培养作用并不仅仅停留在促进儿童的智育方面，而是涉及肢体语言、品德、审美能力、群体合作意识等多个方面。这一"全人"培养的视角与当前大陆所提倡的"素质教育"与"促进人才的全方面发展"的育人目标高度贴合，符合儿童的成长与发展规律。

4. 教育戏剧应用于教学的相关研究

教育戏剧的应用范围非常广泛，本研究中主要关注教育戏剧作为课堂教学方法在教学过程中的运用效果。已有研究表明，教育戏剧对于学生的语言能力、审美能力、创造性、自我认识和情绪调节能力，以及社会性等方面均具有促进作用。在此从以上几个方面对国内外的相关研究进行总结：

（1）教育戏剧与语言能力的发展

教育戏剧能够给予学生丰富、立体的语言运用环境，对于语言发展有重要促进作用。儿童通过积极参与剧情发展、扮演角色体会语言情景，反复尝试运用习的词汇，并在同伴交流互动中精确把握运用语言时的情绪情感、表情、语音语调等非言语信号。教育戏剧促进语言能力方面的研究主要分为两类，一类为将戏剧教学法融入语文、英语等具体学科教学中；如台湾学者施佳君将教育戏剧融入小学高年级学生的英语课堂教学中，证明了教育戏剧策略对学生英语学习效果的正面影响。另一类研究则是运用教育戏剧本身的表演策略提升学生语言表达能力，如 Gemtou 等人通过将教育戏剧活动课程与传统戏剧活动课进行对比，证明了教育戏剧教学法对于 10-12 岁小学生语言表达水平的显著改善作用。

（2）教育戏剧与创造力、审美的发展

戏剧活动使儿童通过回顾以往生活经验展现非真实场景，对儿童想象力、创造力的提升具有积极影响。儿童随着戏剧活动的发展不断迁移知识，逐渐创造出一个完整的戏剧场景世界。同时，戏剧活动内容本身的趣味性、启迪性有助于儿童跟随故事情节发展欣赏艺术之美，也能够使其通过表演参与到审美活动中去，成为美的鉴赏者，通过语言艺术所传递的审美活动。如台湾学者谢慧龄运用行动研究法设计教育戏剧活动课程，成功提升了小学生的创造性思考能力。周笑莉等尝试用质性研究方法证明了教育戏剧对于小学生冲破思维定式，进行创新辩证思考的促进作用。吴俐雯等在研究中运用行动研究法，通过教育戏剧提升了小学三年级学生对于艺术的鉴赏和理解能力。

（3）教育戏剧与自我认识、情绪调节能力的发展

教育戏剧对儿童自我认识、调节能力的发展主要表现在增进儿童自我概念的发展，增强其自信心，促使其情绪调节。教育戏剧中自发性的表达与分享有助于儿童发现自己声音与身体可创造出的多元变化，自己的想法与感受能完整被接纳和认同，对自己的信心也油然而生。如 Kaisa Snellman 等人通过对一低收入家庭进行案例分析，用教育戏剧活动提升了孩子的各种技能使其在人格上建立自信，降低了其自卑心理；Conard 等人则通过实证研究验证了教育戏剧对儿童自我概念的显著影响。同时，戏剧中的情绪知觉、回溯等环节可为儿童提供安全自在的情绪环境，鼓励其表达、调节自己的情绪情感。如台湾学者陈志明通过行动研究用教育戏剧策略促进了小学五年级学生的情绪管理与自我概念的发展。谢琇妃将教育戏剧融入幼儿教育，通过评估证明了其对大班幼儿的学习情绪调节的积极作用。

（4）教育戏剧与社会性的发展

教育戏剧对儿童社会性发展的作用主要体现在提升社会认知，增进对他人

的理解和改善社会行为，促进沟通合作这两个方面。由于生活环境限制，儿童在社会化中难以获得全面的社会经验，导致其在理解他人观点和意图时遇到障碍。城市中来自小规模家庭的儿童常因同伴交往经验不足表现出自我中心。而家长、教育者的单纯言传教导较为抽象，儿童接受起来存在一定困难。教育戏剧内容涵盖了多维度的社会情境、丰富的社会角色，补充了儿童所需的个人经验。通过角色扮演活动，儿童带着特定身份感受剧中人的所思所想，把自己放在他人位置上，突破自我中心，转换角度理解问题。同时，教育戏剧中小组自由活动的环节，使儿童在真实的同伴交往模式中体会沟通协作、缓和冲突的恰当策略，改善其社会行为。如 Wright 和 Lunz 曾通过实证研究证明了教育戏剧对于小学生"角色采择能力"提升的有效性。Buege 和 Hansel 尝试用教育戏剧手法分别改善了融合教育中情绪障碍学生和资优儿童的情绪管理能力和解决同伴冲突的能力。我国台湾学者黄惠英则通过行动研究的方法自编教育戏剧课程，促进了小学三年级学生的品格提升，改善了其分享、合作、助人等亲社会行为。

对已有文献的总结和分析发现，教育戏剧应用于学校教育的研究大多集中于其对个体能力和素质的培养方面，如语言能力、审美能力、创造力，以及自我认识和调节能力等，这方面的研究不仅数量较多且研究方法也比较丰富，包括行动研究、实证研究、案例分析等。随着教育戏剧的普及和教育者对人才培养观念的转变，教育戏剧对于儿童社会性发展的促进作用开始被学者们挖掘和探索，但总体而言，这一领域研究并不多。仅有的相关主题的实证研究大多来自西方国家，少量来自我国港、台地区的研究均为行动研究，并未通过数据测查教育戏剧教学对于儿童社会性指标的影响程度。而已有的教育戏剧功能论述的文献中，很多都提到了角色扮演的活动内容和小组协作交流的活动形式对于儿童社会性的积极影响，特别是对于"角色采择能力"和合作、解决冲突的促进。近年来，我国的教育以"促进人才全面发展"为目标，并主张德育、美育应与智育并重。在此背景下，教育戏剧对于儿童处理社会关系的影响作用方面的研究应当被给予足够的重视。教育戏剧对儿童社会性的影响是否具有文化差异性？在我国文化背景下的实证研究结果如何？这些问题仍需在未来的教学实践中进行实证性的考查。

（二）社会观点采择能力及其研究现状

近年来，"促进人才全面发展"的育人目标使大陆的教育更为注重培养儿童友善、亲和的品格，为其融入社会打下坚实基础，社会观点采择能力作为儿童成长中不可或缺的认知能力，引起了众多学者的重视。培养儿童良好的社会观点采择能力有利于其在与他人交往时站在对方立场看问题，进而发展出亲社会行为、道德行为等。

1. 儿童社会观点采择能力的发展现状及原因

塞尔曼把观点采择形象地界定成"区分自我观点和他人的观点，以及发觉和认识这些观点间的关系的能力"，简言之即"站在他人的角度看问题"。根据他人观点所反映的客体性质，观点采择可分为空间观点采择和社会观点采择。其中，社会观点采择指对对于他人观念、情感、或态度等方面的思考和判断，包括认知观点采择和情感观点采择。具体来说，二者采择的内容存在差别。认知观点采择是指对情境中某一人物思想或某一事件知识的判断；情感观点采择则是指对他人在某一情境中的情绪情感状态的判断。

塞尔曼用"两难故事"将从 3 岁到青少年期的儿童观点采择发展划分为五个阶段，其中，小学低年级的学生（约为 6 到 8 岁）处在第一个阶段"社会信息的观点采择"，这一年龄段儿童能够意识到不同个体因获取了不同社会信息，因而对相同事件可能会产生完全不同的看法，但区分自己和他人观点要到 10 岁以后。近几年研究显示，4—5 岁的孩子已经能够进行真实的认知观点采择。但要到童年中期，儿童才能掌握推理和采择他人观点时的连环式的思考过程，进而通过这一过程正确判断他人内在的观点或意图。6—10 岁是儿童观点采择发展较为快速的阶段，到 6 岁左右时，儿童已能初步区分自己和他人的观点；10 岁左右的儿童则够利用情境中的信息对他人的观点做出正确的判断。

童年期是观点采择能力形成的关键时期，如不在童年期注重对儿童观点采择能力的培养，势必会影响其成人后的人际沟通能力、社会适应能力等。但由于独生子女家庭的儿童在成长经历中缺少同伴交流，父母从小的宠爱更容易加深其"自我中心"的意识。传统的教育注重学生的智育，课程设置更加注重学生个人素质的提升，忽视了将学生放在社会大环境下进行考虑，造成了进入学龄期后学生的个性再次被强化，而融入团体的能力和环境适应性进一步弱化，加之学龄期后学业压力的增加，学生更加难以站在他人的角度上思考问题，相反，更加关注自我的实现与满足，这些因素对于培养学生的社会观点采择能力起到了消极作用。

由此可见，6—8 岁是儿童社会观点采择能力发展的过渡阶段，处于这一年龄段的儿童逐渐由初步认识到自我和他人观点差异性过渡到利用所掌握的信息对他人观点进行简单的推断，因此，在研究中应对处于这一关键期的小学生的社会观点采择能力引起重视。

2. 社会观点采择能力的经典研究范式

近年来，随着国内、外学者对于儿童社会观点采择能力研究的深入，均已发展出了适合于测查学龄期儿童社会观点采择所使用的实验任务。

在国外研究范式中，错误信念理解范式是测查儿童观点采择能力的经典范式之一，为众多学者在研究中广泛使用。该任务中主要包括三个子任务，分别为意外地点任务、意外内容任务和意外同一性任务。在任务中，被试与"故事人物"获得了不同的信息，因此当主试询问故事人物的信念，或要求儿童据此预测人物的行为时，未能克服自我中心错误的儿童倾向于按照自己所知的客观事实推测故事人物的反应。如在意外地点任务中，故事人物将物品放到了地点A，而在其不知情的情况下物品被转移到了地点B，犯自我中心错误的儿童将根据自己的信念"物品在地点B"而推测故事人物将到新地点寻找物品。使用该经典范式的研究结果表明，儿童大约在四至五岁时能逐渐克服自我中心从而顺利通过任务。

在国外研究的基础之上，国内也已发展出适合测查儿童社会观点采择能力的实验范式。研究者考查学龄期儿童社会观点采择时使用最为普遍的是由张文新等人参与修订的旁观者故事任务。该任务包含有四个故事，研究者可根据情节呈现相应的图片，故事根据 Landry & Lyonds-Ruth(1980)，及 Urber & Docherty (1976) 研究中的"局外人卡通故事"(Bystander Cartoon Story) 内容所改编而成。该故事测验采取对儿童访谈提问的形式进行，在访谈中，儿童与故事中的"局外人"获得了不同的关于主人公的信息，未能进行社会观点采择的儿童会将自己观点与客观事实混淆到"局外人"对故事中主人公观点和信念的判断当中。

通过整理已有研究发现，国内针对儿童社会观点采择能力的研究范式"旁观者故事"任务在我国文化背景下，已被多名学者在研究中使用，该任务中的故事内容生动有趣，贴合儿童的日常生活，便于其理解故事内容并作出相应回答，因此在本研究中也采用该范式对小学生的社会观点采择能力进行考查。

3. 社会观点采择能力的影响因素

通过梳理现有研究发现，影响儿童社会观点采择能力的因素主要有性别、同伴交往经验，以及信息和信息的运用方式等。

（1）性别

性别作为社会观点采择能力的一个影响因素而被研究者广泛关注。有研究者认为，女孩相比于男孩，心思和情感更加细腻，容易体会到他人的想法和感受，因此女孩的社会观点采择能力较男孩存在更大优势。近几年的研究也出现了差异性的结果：Rubin 与国内学者张文新、林崇德等通过研究得出，儿童的社会观点采择能力的性别差异不明显。一些更加细致的研究结果表明，男孩与女孩在不同观点采择任务中表现出的优势也不同。如 Coie 通过研究指出，空间视觉采择能力方面，男孩较女孩优势明显。Feshbach 等则指出，男、女孩对于他人情感的"理解"能力差异并不显著，但女孩在对他人情感的"表述"方面较男孩而言，优势非常明显，这可能是由于女孩在日常生活中较少进行自我抑制，情绪、情感的表达更为自由、充分。

（2）同伴互动经验

同伴作为儿童成长过程中重要的社会交往对象，对儿童的性格、行为、社会交往能力等方面有着重要影响作用。众多研究者通过实验证明，儿童社会观点采择能力的形成和发展受成长过程中玩伴的数量及其与同伴交往程度的影响。如 Hollos 等人的研究证明，生活在乡村的儿童因在成长中缺少同伴互动经验，其社会观点采择能力显著低于生活在城市的儿童。对特殊儿童群体的研究也表明，孤独症儿童会因社会交往经历的缺乏导致观点采择能力发展受阻，造成其该能力显著低于正常儿童。

（3）信息及其运用方式

信息和信息的运用信息的方式都是观点采择发展中重要的影响因素。研究者在实验中发现，促使儿童观点采择出现的情形有两种：一是在儿童与他人持有不同信息的情形下，另一个则是当儿童与他人持有相同信息，但信息的组织和解释方式不同的情形。结果表明，个体观点采择能力的发展一方面取决于对从他人处获得信息的判断，即通过获得的信息推倒他人的意图、观点，另一方面也取决于如何运用获得的这些关于他人的信息。

通过以上总结可看出，不同的性别儿童在社会观点采择的发展上可能存在差异性，增加同伴交往经验，促进儿童意识到自己和他人的信息差异性并合理利用这些信息可能对儿童的观点采择能力有积极的影响。因此在设计干预方案时，应全面考虑这些影响因素，以使干预效果更加明显。

4. 社会观点采择能力的干预研究

国内外对于社会观点采择能力进行干预的成功案例主要通过运用社会强化，角色表演及演出回顾、情绪表达、自我控制等社会技能训练、心理移情技术等几种方法进行。

Dixon 和 Moore 在实验中运用社会强化技术，教 6—8 岁的儿童通过按动杠杆得到不同结果。儿童压杠杆其中的一端可使自己拿到糖果，而如果压杠杆另一端则会让主试愉悦。社会强化策略实施一段时间后，发现儿童常常会为了得到社会强化主动放弃了使自己赢得糖果的机会，选择通过按压杠杆使主试获得愉悦感。

Lucy.J. 等人曾通过短剧表演和现场录像对 15 名 11—13 岁的过失儿童进行社会观点采择技能训练。短剧涉及的情节、事件均与参加试验的被试所处的年龄阶段密切相关，且表演中描述的都是现实情境；每次表演保证每个参与者都有自己可扮演的角色；每次训练结束后由引导者和所有参与者通过现场录制的视频共同回顾训练过程。研究者发现通过 10 周左右的干预训练，这些过失儿童在同样时间段内所犯错误的次数下降了一半，一年半后进行的追踪研究表明这种干预效果具有较强的稳定性。这一手法与教育戏剧中的角色扮演与事后反思策略有着很强的一致性。

De la Cruz, R.E. 等人对 41 名社会适应不良的儿童的采择能力，通过自编社会技能训练课进行干预。干预方案的内容包括："相互介绍了解""激发参与热情""学会自控技巧""总结、表达感受""合理表达情绪"等，且在进行干预时，教师和家长都尽量参与到课程当中。相对于接受传统的道德说教训练的学生，实验组学生的社会观点采择能力有显著的提升。

国内学者林彬等人通过自编心理活动课程，对小学一年级学生进行了为期半年的干预研究。该课程分三个阶段进行合作活动训练、认知训练和情感训练。干预方案紧密结合学生年龄特点，运用角色扮演、说故事、模仿游戏等活动，结合共情训练和多媒体教学策略，增加师生、生生之间的互动，最终有效提升了儿童的社会观点采择能力。

综上所述，透过社会调查可发现我国儿童社会观点采择能力有待于提升。根据该能力的发展轨迹可知，在 6—8 岁这一发展关键期进行干预十分必要。通过对现有文献的梳理可看出，干预研究的对象主要集中于学前期幼儿或处于学龄晚期的儿童，且多为特殊群体（如过失儿童等），针对刚刚步入学龄期儿童进行体系化干预的研究较少。在已有成功的干预方案中，大多包含学生的互动参与、教师的引导和介入、角色扮演训练、情绪情感表达、课后回顾反思等环节，干预方案的形式主要是心理健康教育活动、自编的简单角色扮演活动等。教育戏剧重视学生在扮演活动中自身的体验及积极参与同伴互动，并在活动结束后运用反思活动策略引导儿童回顾活动内容。由此可见，运用教育戏剧较为干预手段具有很高的可行性。

（三）合作行为及其研究现状

社会观点采择能力是儿童社会认知层面的重要指标，而合作行为，作为典型的亲社会行为，是儿童社会性在行为层面的典型表现。随着年龄的增长，同伴群体在儿童的日常生活中扮演着日益重要的角色，儿童的合作行为水平决定着其能否能够被友伴群接纳，同时也关系着儿童能否运用合理的策略解决社交中遇到的冲突，为今后步入社会奠定基础。

1. 儿童合作行为的发展现状及原因

合作是为了共同的利益而愿意和别人结合在一起，以共同达到目标的行为或态度、情感。合作行为能够综合反映个体的合作水平，是其合作性的外在表现。儿童的合作行为是指其在合作目标的指引和合作情感的推动下，运用合作技能与他人进行配合，力求实现共同目标的行为表现。

儿童合作行为的发展随年龄变化呈现出一定的规律性。研究显示，4—12岁期间，儿童由低水平的意向性合作逐步发展到高水平的组织化协作，并随着自身年龄的增长逐渐趋于稳定。这一年龄段内，6—7岁儿童的合作行为基本处于简单配合阶段，合作行为主要表现为一部分比较谦让的儿童会主动服从另一部分善于领导的儿童。到9岁时，儿童便开始发展出了基于相互协作关系的合作行为。

受多重因素影响，我国儿童合作能力的现状并不理想。在四种类型的亲社会行为中，小学儿童表现出的助人、谦让行为水平较高，分享行为居于其次，合作行为水平最低。也有研究发现，儿童进入学龄期后，儿童面临的学业竞争压力有所增强，合作行为呈现出逐渐减少的趋势。2001年基础教育课程改革正式推行，在"重视过程性学习，促进学生价值观养成"的课改目标引领下，"合作式学习"成为许多教师开展学科综合实践活动时运用的教学主要方式。但由于小学生（特别是低年级学段学生）的合作能力较弱，使得"小组学习，合作探究"的学习模式变为了组内每个学生先完成各自任务，再将成果合成，使得

"合作式"学习难以发挥其实效性。

究其原因，首先，随着独生子女家庭的增多，父母过度溺爱孩子的家庭教养方式和迫切希望孩子超越同龄人的竞争观念均不利于儿童合作意识的唤醒与合作能力的提升，加之独生子女在早期的成长历程中缺少合作伙伴更激发了孩子的自我中心倾向，导致其不善于与同伴分享、合作。同时，小学入学面试、升学测试等选拔性考试营造了崇尚竞争的社会氛围，强化了儿童的竞争性，淡化了其合作意识。因此，如不对儿童的合作行为进行及时有效的干预，势必将影响儿童踏入社会之后的适应与发展。

对已有研究进行整理后发现，6—7岁是儿童合作行为由简单化向高级化发展的关键时期，也是儿童初入学校，需要建立友好同伴关系的重要年龄阶段，在此阶段进行干预训练对培养儿童的合作行为，促进其适应集体校园生活十分必要。

2. 合作行为的经典研究范式

（1）卡车竞赛游戏

该实验范式改编自多依奇的"卡车竞赛路线图"，常用来考查幼儿或小学三年级以下儿童的合作行为。我国学者李幼穗在对儿童合作行为进行研究时使用了该范式。首先要求儿童成对参加实验，分别扮演两名卡车司机，驾驶自己的车辆从起点出发，游戏目标为驾车尽快抵达终点。起点、终点之间各有一段属于两个"卡车司机"自己的路线，但也有一段双方共享的单行路线，这段路一次仅可允许一辆车通过，路段两端各有一门，可由离其较近的一方进行操控。两人如果走个人路线其路程是共享路线的几倍远，耗时也更多。记分规则为：当两人一前一后，均走共用路段时，相对走个人路线所需的时间较短，这样的成功合作记3分；当一人走直线，另一人因竞争者关门而只能走个人路线时记2分，因为仅有一方合作；当两人均走个人路段时记1分；如双方因对抗不能完成任务记0分，表明无合作行为。

（2）决策困境游戏

决策困境游戏是根据囚徒困境博弈范式（Prisoner's Dilemma Game, PDG）改编而来，由两名被试或一名被试和一名实验助手参加。游戏过程中被试每人的手中各有两张牌，一张为A，另一张为B。具体操作过程为：每名被试每次出一张标有A或者标有B的牌给主试（裁判），出牌过程中被试双方互相不知道对方出的字母是什么，彼此也不能沟通。实验前向被试说明计分标准，并告知其得分高者可获得一定奖励。规则为：两人都出 A，则每人各得 3 分；两人均出 B，则每人各得 0 分；如果一人出 A，另一人出 B，那么，出 A 的人仅得 1 分，出 B 的人可得 4 分。每轮 10—12 次。游戏后，计算每名被试出 A 牌的次数，代表其合作行为水平得分。该范式规则明确，形象且便于理解，适用于测量年龄较小儿童的合作行为。

在这两个考查儿童合作行为的经典实验范式中，卡车竞赛游戏规则便于幼儿或儿童理解，但由于其主要依靠动画或挂图呈现，难以给儿童模拟出真实化的决策情境，同时也有研究者发现该范式对于儿童而言较为简单，更适合用于幼儿被试。而决策困境游戏范式具有以下优点：一方面，实验以出牌游戏的形式贴近儿童的生活，便于其理解；另一方面，范式有趣易懂，实验过程轻松愉快，利于儿童更真实、自然地表现自己。因此，在本研究中，针对小学低年级阶段的儿童被试选取了这一范式。

3. 合作行为的影响因素

影响儿童合作行为的因素较为复杂，具体来看，可以分为主观因素和客观因素两个方面。其中，所涉及的主观因素包括儿童自身的社会认知水平；客观因素则包括合作的合作伙伴间的关系、目标结构、榜样和强化作用等。在此对干预方案中所涉及的因素进行简要说明：

（1）社会认知水平

研究发现，儿童对自我—他人关系的认知及其自身自我概念的发展都能够影响合作行为表现。儿童在社会互动经验中逐渐发展出来的对主、客体关系的认知则能有效地促进其同伴合作的发展。而相反，社会认知能力上表现出的自我中心倾向将对儿童探索世界的活动产生妨碍作用，最终对其同伴交往和合作产生负面影响。

（2）合作伙伴之间的关系

研究表明，儿童与跟自己能力互补型的伙伴配合，能够更为有效地促进彼此合作，提升完成任务的效率。此外，与合作伙伴之间关系的亲密度也与儿童的合作质量密切相关。比如儿童间友谊的建立有助于增进其合作性行为，一般情况下，儿童更倾向于与自己的朋友进行合作，在友伴群中表现出更高水平的亲社会行为。

（3）目标结构

儿童所参与活动的目标结构不同，儿童在活动中合作行为的表现也有所不同。有研究显示，在竞争性活动目标的驱动下，各年龄段儿童都更为强调个人利益，从而较多地表现出竞争行为，而以集体利益为导向的合作目标下，儿童合作行为明显增多。另外也有研究发现，在合作性游戏中，儿童的合作行为增多，攻击行为减少，而在竞争性游戏中，实验结果则完全相反。这种不同目标情境下儿童行为的差异主要与儿童对不同目标的认知有关。

（4）榜样和强化作用

为儿童提供榜样，并对其合作行为进行及时的表扬、鼓励或肯定能够促进其合作行为水平的提升。除了日常生活中合作性较好的玩伴可以作为学习的榜样外，书籍、影视作品中的形象也可称为儿童合作的榜样。研究显示，当儿童观看的影视作品中，主人公的态度友好且表现出较高水平的合作行为后，儿童自身的合作行为也随之而增多。但如果儿童所观影视作品中的主人公呈现出较多的消极行为和较强的攻击性时，儿童的合作性也随之明显减弱。另外，合作行为所产生的结果也能够影响儿童的合作表现。当儿童能够从实例中看到合作的良好结果，即可以使自己和他人的获益更大化之后，就会更倾向于表现出与伙伴主动合作的行为。此外，对儿童的合作行为给予及时的表扬和强化也能有效促使儿童的合作性得到保持和加强。

通过对影响合作行为的因素进行总结，并结合教育戏剧的特点及活动策略可发现，教育戏剧活动中随处可见上述因素的影子。从主观因素讲，教育戏剧通过角色扮演活动，使儿童在与其他角色或合作伙伴进行互动的同时理清自我—他人关系，提升自身的社会认知水平。同时，教育戏剧活动的形式以小组合作为主，引导者在进行分组时，可使合作能力互补的成员结为一组，通过合作能力较强儿童的榜样带动作用，提升整体合作水平。此外，引导者多以小组合作的成果作为评估依据，在合作目标的指引下，儿童将会表现出更加强烈的合作动机，促进彼此合作行为的产生。由此观之，在教育戏剧中，很容易找到着力点对儿童合作行为进行干预，干预效果也更加利于凸显。

4.合作行为的干预研究

根据已有文献，对幼儿或儿童合作行为进行成功干预的研究案例中，所使用的方法主要有合作游戏法、同伴冲突解决法和价值澄清法等。

鲁忠义等人参考陈会昌的幼儿社会交往技能训练方案，通过合作游戏干预的方式提升了幼儿园中班儿童的合作行为水平。干预内容主要涉及引导幼儿与同伴进行协商、劝说、建议，合理处理争吵并在交往中相互尊重等，每一项内容的训练时间为三学时。张丽玲等人也通过类似方式，交叉进行两人和三人游戏对学前儿童合作行为进行了四周的干预训练，干预方案对中班儿童的合作行为水平提升显著。

王磊等人用同伴冲突解决训练法对小学儿童的合作行为进行了六周的干预，并收到了显著的训练效果。干预方式主要是设计冲突情境，并教儿童通过理解他人与自己不同的想法、感受，思考这些想法出现的原因，并尽可能站在对方角度相处尽量多的解决冲突的办法，从而提升儿童与同伴间的合作策略。

李幼穗等人利用 Rath.L.，Simon 等人提出的价值澄清法培养青少年的合作行为。教师通过设计不同活动激发学生暴露、陈述、体会及实现某一价值观，同时，教师也在课上表达、陈述自己的观点，并通过提问、讨论引导学生思考，课堂上教师并不对学生的观点进行评价，而是尊重学生想法，让学生通过自由讨论得出最终方案。结果证明，价值澄清法也是培养合作行为的一种有效方法。

综上所述，6—8 岁是儿童合作行为发展的关键时期，且该阶段的学生刚刚步入学校，合作行为对其适应新的环境具有重要作用，但对该年龄段儿童合作行为进行干预培养的研究尚不多见。但通过现有文献中的干预方案设计和影响儿童合作行为的因素可看出，教育戏剧教学方法中，包含很多促进儿童合作行为发展的因素。其角色扮演的活动内容能够提升儿童的社会观点采择认知水平，促进儿童言语交流、表达能力的提升，进而培养其良好的社交能力。而以小组协作为主的活动方式则可通过合作性的任务目标结构，对儿童进行引导，同时，在划分小组时，也可通过平衡组内成员的性格特点、交际能力进而实现互补，充分利用榜样作用增进儿童的合作行为。由此可见，教育戏剧教学方式很适合用于儿童合作行为的干预研究中。

（四）教育戏剧、社会观点采择能力和合作行为关系论证

为了使教育戏剧、儿童的社会观点采择能力和合作行为之间的关系更为明确，在此三者间的关系进行简要论证。

首先，教育戏剧课程中的角色扮演活动对儿童的社会观点采择能力具有提升作用。教育戏剧提供许多角色扮演和角色间互动的机会，儿童要成功地扮演角色，必须时常站在不同的角度看事情。例如在角色扮演前的讨论中，通过对"主角的问题是什么？""如果是你，会怎么行动？为什么会这么做？"以及"如何与其他角色维持剧中的关系？"等问题的思考，激发儿童依据剧中人物所具备的知识与经验来做判断的能力。在扮演过程中，儿童重新体验他人的生活，

切身体会他人遇到的问题，观察、解释他人的行为，对于其了解他人情绪、态度、意图等重要信息有极大的帮助作用。Wright 对小学生的研究发现，教育戏剧课程对角色采择能力有实质的增进效果。

其次，教育戏剧课程中小组合作的活动形式对儿童的合作行为具有促进作用。在戏剧活动之始，孩子需要加入团体，脑力激荡，共同计划、组织，并分工合作，渐渐与同伴建立信任感和归属感。面对活动时产生的同伴间的冲突，为了维持活动的进行，儿童须站在不同角度来面对问题，并在教师引导下，尝试应用分享、轮流、接纳、沟通等社会技巧，主动寻解决之道。目前已有研究利用戏剧教育来训练儿童的社会技巧。如 Buege 花了一年时间训练融合教育中的儿童，结果发现戏剧教育对有情绪障碍的儿童的社会交往技巧具有明显的积极影响。

第三，社会观点采择能力与合作行为之间也有着密切的关系。近年来的众多研究显示，社会观点采择作为儿童的重要社会认知能力与其亲社会行为，如合作、帮助、分享、安慰等密不可分。但对于二者之间哪一个更适合作为自变量更大程度上预测另一因素（因变量）这一问题，已有研究结果呈现出了一定的不一致性。如有元分析发现，社会观点采择能力能够显著预测儿童的亲社会行为，在控制年龄的条件下，该预测关系仍然显著。但近年来，也有研究表明，合作互动有助于帮助儿童建构起"认知三角形"，深入理解"自我""他人"和"客体"之间的相互关系，促进儿童推测他人行为，理解他人心理状态、观点的社会认知能力的提升。李幼穗等也通过训练儿童的合作行为并提高其同伴互动经验，成功促进了其社会观点采择能力。由此可见，社会观点采择能力合作行为间的相互关系还有待于在本研究中进行探讨。

基于上述论述，将教育戏剧课程、社会观点采择能力与合作行为间的关系表示如图 7-1：

（干预课程）

教育戏剧课程

角色扮演、对他人行为的观察、解
释、体验可帮助其进一步采择他人的观
点、情绪、意图等重要信息

加入戏剧活动团体，小组计划、分工、
合作，提升其社会敏感度、解决问题能力、
协调冲突的能力

充分理解他人观点，促进其与他人协商合作

社会观点采择

（社会认知）

在合作互动中理解他人观点，克服自我中心

合作行为

（亲社会行为）

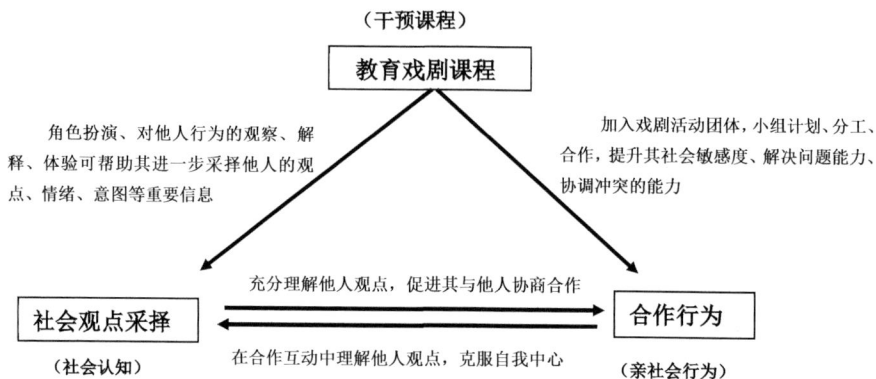

图 7-1　教育戏剧干预课程、社会观点采择、合作行为关系图

二、问题提出

通过文献综述部分对已有理论及研究的梳理，将从以下三个方面提出本研究的问题：

首先，本研究致力于用实证方法测查教育戏剧干预课程对于儿童社会性（社会观点采择能力和合作行为）的培养作用。现有教育戏剧的相关研究中，以英、美国西方国家的研究为主，对于研究内容和方法相对全面，涉及了生理、心理（认知能力、社会性、心理治疗）、审美、等多个方面。国内对于教育戏剧课程功能的研究主要集中在教育戏剧对于儿童的审美能力、创造力、语言能力、自我概念发展等个体因素层面，而对于教育戏剧促进对儿童社会性的研究大多停留在理论性的论述层面，缺少立足于我国文化背景下的具体研究数据的支撑。当前我国的教育提倡人才培养的"全面性"，教育戏剧课程作为国家基础教育改革和加强美育工作政策背景下备受教育者关注的新型教学方法，其对学生社会性的促进作用应引起足够的关注。

第二，本研究将抓住儿童社会观点采择与合作行为发展的关键期，采用可推广性的干预方案进行培养研究。6—7 岁是小学生社会观点采择能力与合作行为形成和发展的重要时期，特别是对于小学新入学儿童而言，其社会观点采择能力和合作行为将会影响到其进入新的集体后的同伴关系，对其实现幼小衔接过渡，顺利适应小学生活、学习具有重要作用。但在对二者的干预研究中，研究对象大多集中于幼儿期或小学三年级以上的儿童，以小学低年级学生作为研究对象的研究较少。同时，对于二者的研究，多致力于现状研究，且仅有的几项干预研究中，大多采用自编的寓言故事或合作游戏对自然班中的部分被试进行短期干预，因干预方案功利性较强，且并非成形的课程，干预方式也非自然班干预，导致干预方案难以在正规的学校教育中推广。

第三，本研究力求在动态的干预中测查社会观点采择能力与合作行为间的相互预测作用。在现有研究中，对于二者间的相关性的实证研究较多，但其中哪一因素更有可能作为另一因素发展过程中的预测变量这一问题，却少有涉及，特别是在动态的发展变化中考查二者间相互预测关系的实证研究几乎没有。而对于二者预测关系的探究有助于在学校教育中针对特定年龄段的学生有针对性地把握教育教学重点，促进儿童社会性的发展。

根据教育戏剧的特点和活动策略，其对于儿童的社会性发展有着积极的影响作用。社会观点采择能力、合作行为是反映儿童社会性的重要指标，对于儿童毕生发展有着长足影响，且二者间具有密切的关系。本研究关注教育戏剧课程对于小学生的社会认知和亲社会行为的发展和培养，以新课程改革和"高参小"背景下的美育课程体系中，教育戏剧课程作为干预手段，通过前、后测追踪和实验组、空白组对照的方法考查教育戏剧课程对小学低年级学生社会观点采择能力、合作行为的影响，探究在实际教学中培养儿童合作精神的新方法，具有一定的理论创新性和实践指导性。

三、实证研究

（一）研究 1 小学生社会观点采择和合作行为的现状研究

1. 研究方法

（1）被试

本研究采用分层整群抽样法选取北京市五路居一中安华里校部小学一、二年级各 90 名被试作为研究对象，其中各年级男女生被试人数相当，共有被试180 名。其中，一年级被试的平均年龄为 6.46 岁（$SD=0.33$），二年级被试的平均年龄为 7.15 岁（$SD=0.31$），被试基本情况具体见表 7-2：

表 7-2　被试基本情况统计表

年级	性别	n	年龄 M（SD）	Min	Max
一年级	男	47	6.48（0.34）	6.00	7.42
	女	43	6.44（0.31）	6.00	6.92
	合计	90	6.46（0.33）	6.00	7.42
二年级	男	43	7.55（0.31）	7.00	8.25
	女	47	7.46（0.30）	7.00	8.00
	合计	90	7.51（0.31）	7.00	8.25

（2）实验材料

①儿童社会观点采择能力测验

本研究使用 2 个故事及与故事情节相对应的插图来考查小学低年级儿童的社会观点采择能力。其中一个故事旨在考查儿童的认知观点采择，由 Chandler 和 Greesnpan 的"局外人卡通故事"改编而成；另外一个则考查儿童的情感的观点采择，是根据 Urberg 和 Docherty 的情感观点采择故事改编而成。两个测验故事由张文新与林崇德（1998）在研究中进行了标准化处理和检验，证明了任务具有较高的结构效度。在测验故事中，儿童均为客观的"观察者"。两个观点采择测验故事后各设有 3—4 个测验问题。两个社会观点采择测验故事及相应的测验问题如下：

第一，认知观点采择测验故事：大男孩在沙滩上用沙子堆了一个沙堡，他为自己建的这个城堡感到很自豪。正在这时，一个女孩骑着自行车过来，一下子撞坏了男孩的沙堡。大男孩见沙堡被撞坏了，心中很难过，生气地走开了。过了一会，他遇到一个小男孩，很自豪地给他看自己做的纸房子。大男孩把小男孩的纸房子打落到地上，小男孩看起来很惊讶。

该故事后的 4 个问题依次是：a. 大男孩感到怎么样？b. 大男孩为什么生气？c. 大男孩为什么把小男孩的纸房子打落在地？d. 小男孩知道大男孩为什么把他的纸房子打落在地吗？为什么？

第二，情感观点采择测验故事：一天小明走着走着看到一只可爱的狗，他过去轻轻拍了狗一下，这只狗突然向他凶狠地叫起来，并追赶小明。小明跑进一所房子把门关了起来。过了一会儿，小明的同学小红（女孩）从另一个方向走过来，又在刚才的地方看到了那只狗。

问题：a. 小明感到怎么样？b. 小明为什么感到害怕？c. 小明的同学（女孩）害怕狗吗？为什么？

第三，计分规则：根据观点采择定义，每个测验故事后的问题中，只有最后一个问题是考查儿童社会观点采择能力的（理解他人的观点和意图取决于其得到的特定信息），前面几个问题都是为引发儿童运用社会观点采择能力完成任务而设计的，因此实验只对最后一个问题按0、1、2记分，计分标准为：不能正确说出故事中人物的观点或情感状态记0分，正确说出故事中人物的观点或情感状态记1分，既正确说出故事中人物的观点或情感状态又能够对其作出正确解释记2分。

②儿童合作行为测验

本研究采用 Sally, D. & Hill, E. 在研究中根据"囚徒困境博弈"范式改编的决策困境游戏来考查儿童的合作行为，该范式已成功运用在国内学者李晶对于6—12岁儿童合作行为情况的研究中。实验时，儿童与实验助手手中各有两张卡片，其中印有"○"形状的卡片来代表"合作"的选择，印有"△"形状的卡片代表"竞争"的选择。实验由主试（研究者）担任"裁判"，儿童与实验助手背对而坐，两人通过出牌来决定每轮是选择与对方竞争还是合作，儿童和对手各种选择方式所对应的收益值见表7-3。每轮结束时，由裁判公布并记录两人所出的牌及相对应的得分后再继续下一轮的游戏。该范式采用互惠策略（也称为"以牙还牙"策略），即游戏第一轮中，实验助手都会选择与儿童合作，之后的每轮中，他的选择均是儿童在前一轮中所选用的策略。例如：如果儿童在第一轮出"△"牌，那么在第二轮中研究者出的牌就应该是"△"牌；如果儿童在第二轮出"○"牌，那么在第三轮中研究者出的牌就是"○"牌。对后以所有轮次的游戏中儿童出"○"牌（选择合作策略）的次数记为其合作行为分数。

表7-3 决策困境游戏收益值对照表

卡片		收益值	
玩家（儿童）	对手（实验助手）	玩家（儿童）	对手（实验助手）
○	○	3	3
△	△	2	2
△	○	4	1
○	△	1	4

（3）实验程序

①被试信息收集

在正式开始实验前分别向两个年级六个自然班的班主任（在征得其家长同意的情况下）收集即将参加实验的 180 名学生的个人信息，包括姓名、性别、出生日期等，以便实验成绩录入和对实验结果进行人口学统计。

②社会观点采择能力实验程序

主试均由研究者本人及研究者就读高校的心理学专业本科生担任，在正式施测前，对所有主试进行培训，确保其熟知试验流程，有耐心，咬字清晰，评分公正等。在正式实验前先进行预实验，根据预实验情况，反复推敲和修订实验故事的指导语和测验问题。两个测验故事的呈现采用全随机法平衡顺序效应。为确保实验的准确性，对所有被试采用个别施测的方式。测验时，主试边向儿童呈现测验故事所配插图边用标准化的语言讲述故事的内容，主试在讲述时不流露或提及故事人物的情绪，如生气、悲伤等，故事讲述完毕后，先要求被试先在无图片提示的前提下简述故事大概内容，确保其理解故事情节，再按问题顺序进行提问并录音记录被试的回答。两测验故事间间隔 5 分钟。

测验任务的评分者信度：被试的回答记录由两名评分者按照统一的评分标准各自独立进行评分，随机抽取 30 人，两评分者在四个观点采择测验任务上的一致率为 96%，对于评分不一致的答案由两评分者讨论解决。

③合作行为实验程序

为了营造真实的囚徒困境博弈情境，使低年级小学生能够直观感受到博弈氛围，本研究中并未让儿童与假想同伴进行游戏，而是用真实的成人实验助手作为搭档与儿童进行博弈。实验在空教室内进行，教室中心放一张桌子，实验助手与儿童在桌子两端背对而坐。为了确保儿童理解游戏规则，正式开始游戏前先请儿童对游戏规则进行简述，接着将有 3 个试次的练习游戏，确认儿童掌握游戏规则后进入正式实验。在正式实验中，儿童将与同一个搭档玩相同的卡片游戏 10 轮，为确保儿童忘记规则，在实验中始终将收益对照表放在儿童身边，以保证其可随时查看规则。每一轮游戏结束时，记录儿童和实验搭档的出牌情况，并向儿童和实验搭档报告彼此出牌情况和所获得的收益值。10 轮游戏全部结束后，计算儿童的得分，即儿童选择"○"（代表"合作"）的总次数。

（4）数据统计

利用 SPSS for Windows24.0 统计软件将被试的个人基本情况及其在社会观

点采择任务和合作行为"囚徒困境博弈"任务中的得分本实验所有数据进行统计计算和处理。

2. 结果与分析

（1）小学低年级学生社会观点采择能力的现状

如表7-4中不同年级、性别学生的社会观点采择描述性结果显示，小学低年级学生的认知观点采择、情感观点采择和社会观点采择能力总分随年级的升高而上升。各年级女生在三项指标上的得分均高于男生。进一步对学生的社会观点采择进行年级与性别的多因素方差分析，发现三项指标年级的主效应均显著，$F_{社会观点采择总分}(1, 179)=33.012$，$\eta_p^2=0.158$，$p<0.001$；$F_{认知观点采择}(1, 179)=21.519$，$\eta_p^2=0.109$，$p<0.001$；$F_{情感观点采择}(1, 179)=18.622$，$\eta_p^2=0.096$，$p<0.001$。三项指标性别的主效应也均显著，$F_{社会观点采择}(1, 179)=8.866$，$\eta_p^2=0.048$，$p=0.003$；$F_{认知观点采择}(1, 179)=5.431$，$\eta_p^2=0.030$，$p=0.021$；$F_{情感观点采择}(1, 179)=5.363$，$\eta_p^2=0.030$，$p=0.022$，具体表现为女生在三项指标上的得分显著高于男生。但社会观点采择总分不存在年级和性别的交互作用，$F(1, 176)=0.152$，$p>0.05$，且认知观点采择和情感观点采择也未发现年级与性别的交互作用，$ps>0.05$。

表7-4　不同年级、性别学生社会观点采择的描述统计结果

年级	性别	n	认知观点采	情感观点采择	社会观点采择总分
			$M (SD)$	$M (SD)$	$M (SD)$
一年级	男	47	0.66 (0.71)	0.49 (0.60)	1.14 (1.03)
	女	43	0.77 (0.78)	0.58 (0.63)	1.35 (1.09)
	合计	90	0.66 (0.71)	0.49 (0.60)	1.14 (1.03)
二年级	男	43	1.00 (0.62)	0.77 (0.61)	1.77 (0.97)
	女	47	1.26 (0.68)	1.02 (0.68)	2.28 (1.04)
	合计	90	1.13 (0.66)	0.90 (0.65)	2.03 (1.03)

（2）小学低年级学生合作行为的现状

表7-5　不同年级、性别学生合作行为的描述统计结果

年级	性别	N	合作行为
			M (SD)
一年级	男	47	2.53 (1.11)
	女	43	2.72 (1.08)
	合计	90	2.53 (1.11)
二年级	男	43	3.70 (1.12)
	女	47	4.53 (1.33)
	合计	90	4.13 (1.30)

如表7-5中不同年级、性别学生的合作行为描述性结果显示，小学低年级学生的合作行为水平随年级的升高而上升。各年级女生的合作行为测验得分均高于男生。进一步对学生的合作行为进行年级与性别的多因素方差分析，发现年级的主效应显著，$F(1，179)=80.776$，$\eta 2\ p=0.315$，$p<0.001$，同时性别的主效应也显著，$F(1，179)=11.618$，$\eta 2\ p=0.062$，$p=0.001$。具体表现为二年级学生的合作行为水平显著高于一年级学生。但年级与性别间的交互作用不显著，$F(1，179)=1.840$，$p>0.05$。

（3）小学低年级学生社会观点采择能力与合作行为的关系

表7-6　社会观点采择能力、合作行为、年龄的相关矩阵

	认知观点采择	情感观点采择	社会观点采择总分	合作行为
情感观点采择	0.319***			
社会观点采择总分	0.830***	0.794**		
合作行为	0.670***	0.597***	0.782***	
年龄	0.291***	0.252***	0.335***	0.469***

注：** $p<0.01$，*** $p<0.001$

表7-6中的相关分析结果显示，低年级学生的社会观点采择能力总分、认知观点采择、情感观点采择以、合作行为以及年龄之间均存在显著的正相关关系 (ps<0.01)，其中，除年龄与其他四项指标之间以及认知观点采择与情感观点采择之间的相关系数未达到0.5外，其他两两因素之间的相关系数均达到了0.5以上。

为了进一步考查社会观点采择与合作行为之间的相互预测关系，分别以二者中的一个为自变量，另一个为因变量，进行分层回归分析。如表7-7结果所示，以合作行为作为因变量，以年龄和社会观点采择总分作为自变量，使二者分层先、后分层进入回归方程中，在控制年龄变量对合作行为影响的条件下，测查社会观点采择总分对合作行为的预测程度，分层回归分析结果如表7-8，在控制年龄影响的条件下，社会观点采择能力对合作行为的预测显著，预测程度为43.9%，$\beta=-0.704$，$p<0.001$。同理以社会观点采择总分作为因变量，年龄和行为作为自变量，使二者先、后进入回归方程中，在控制年龄变量对合作行为影响的条件下，分层回归分析结果显示，合作行为能够显著预测社会观点采择得分，预测度为50%，$\beta=0.801$，$p<0.001$。由上述结果可看出，合作行为对社会观点采择的预测度要大于社会观点采择对合作行为的预测度，前者在后者的发展过程中，更可能扮演着前提基础作用，但该结果还有待在之后的研究中进一步考查和证实。

表7-7 预测低年级小学生合作行为的分层回归分析

	β	t	p	R2change
第1步				0.220
年龄	0.469	7.083	<0.001[***]	
第2步				0.439
年龄	0.233	5.005	<0.001[***]	
社会观点采择总分	0.704	15.110	<0.001[***]	

注：[***] $p<0.001$

表7-8 预测低年级社会观点采择的分层回归分析

	β	t	p	R2change
第1步				0.112
年龄	0.469	4.747	<0.001***	
第2步				0.500
年龄	0.233	-0.759	0.449	
合作行为	0.801	15.110	<0.001***	

注：*** $p<0.001$

3.讨论

研究一通过实验测查了一、二年级学生的社会观点采择能力、合作行为水平及两项指标的相互预测作用。研究结果发现，社会观点采择能力及其两个子成分认知观点采择能力与情感观点采择能力均呈现出随年级升高而逐步增长的发展趋势，这与陈雪峰等对于小学阶段学生社会观点采择能力的研究结果一致。本研究还发现，男生的社会观点采择能力显著低于女生，这与前人研究中得出的儿童社会观点采择能力的发展并不具有性别差异性的结果存在不一致。不同结果的出现可能是由于所使用的实验任务不同，使男、女生在表现上也存在一定差异性。

研究结果显示儿童合作行为水平随年级的升高不断提升。前人大量研究也证明了随着年龄的不断增长，儿童对合作益处的认识以及合作时所需要的策略和交往技巧都有所提增强。在合作行为发展的性别差异上表现为女生的合作行为水平显著高于男生，这与以往考查男、女生在合作行为上的差异性的研究结果相一致，已有研究结果显示，在同时包含竞争和合作的资源分配实验中，女孩更多地选择与同伴合作，而男孩则往往更乐于选择与同伴进行竞争。

通过年龄、社会观点采择与合作行为间的相关性结果可发现，低年级小学生两项指标的发展与年龄密切相关，且两项指标间也存在着密切的关系，这再一次印证了前人对于社会观点采择与亲社会行为关系的研究结果。控制年龄前提下，将两项指标分别作为自变量和因变量的分层回归分析结果表明，低年级小学生合作行为对于社会观点采择的预测程度更强。这与以往从促进同伴合作出发，改善儿童社会认知能力的研究结果相一致。可见同伴交往活动能够促使儿童练习从他人角度出发思考问题，进而从亲社会行为水平的提升。同时，该结果也有待于在研究二的干预过程中进行进一步验证。

（三）研究 2 教育戏剧课程对小学生社会观点采择能力和合作行为的培养研究

1. 研究方法

（1）被试

表 7-9 各年级三组被试情况统计表

年级	组别	N		年龄
		男	女	$M(SD)$
一年级	实验组	17	13	6.46 (0.29)
	对照组	15	15	7.45 (0.38)
	空白组	15	15	6.47 (0.32)
二年级	实验组	14	16	7.44 (0.28)
	对照组	15	15	7.55 (0.34)
	空白组	14	16	7.53 (0.30)

在研究者教育实习所在学校北京五路居一中安华里校部一、二年级各选取三个自然班，分别作为实验组、对照组、空白组。在实验前，经过统计确认，各年级选取的三组被试男、女比例基本一致，对三组被试年龄进行单因素方差分析，一年级 $F(2, 87)=0.038$，$p>0.9$，二年级 $F(2, 87)=1.007$，$p>0.3$ 三组被试的年龄均不存在显著差异。被试具体情况见上表 7-9。

（2）**实验程序**

①实施前测

在学期初（第一周开课前）对选取的两个年级各三组被试实施社会观点采择能力和合作行为实验的前测（测验工具同研究一），同时收集被试年龄、出生日期等基本信息。将被试的前测成绩用 SPSS 软件进行基本统计，总结学生社会观点采择能力和合作行为的基本发展特点。

②实施干预课程

经过该小学校领导批准，在每个年级的三个班中，随机选取一个班级作为教育戏剧干预课程实验组，另外一个作为对照组，剩下一个班级为空白班。依据前测结果，设计出针对提升小学低年级学生社会观点采择能力和合作行为的教育戏剧干预课程（一学期全程共计十四课时），并在实验组中实施。同时，对照组学生将参加该学校开设的软笔书法课程，该门课程内容以软笔习字为主，其中所涉及的师生间、生生之间的互动活动较少，一学期课程与教育戏剧干预课程可是相等，也为十四课时。空白班学生在相对应的时间内不参加任何拓展类课程，由班主任老师组织学生对一周的班级情况进行总结讨论。

③实施后测

采用单因素三水平的被试间实验设计。在十四次课程学习后，对实验组学生（参加教育戏剧干预课程的学生）、对照组学生（参加软笔书法课程的学生）、空白组学生（不参加任何拓展类课程的学生）进行社会观点采择能力和合作行为的后测（内容和方法同研究一）。运用 SPSS 统计软件统计、分析各年级的三组学生在两项测验指标上得分的差异性，并分别对三组班级学生的前、后测进行对比，试验证实验假设，即参加教育戏剧课程的学生，其社会观点采择能力和合作行为得分高于参加软笔书法课程和不参加任何拓展类课程的学生；教育戏剧课程干预实验班学生两项指标的后测成绩较前测相比将存在显著性的提升。

（3）教育戏剧干预课程设计

①干预课程教学理念

第一，构建认知—行为通路：在提升儿童社会认知能力的同时，改善其亲社会行为。

合作行为作为亲社会行为的重要组成部分，是儿童社会性的外显因素；而社会观点采择能力则为儿童的社会认知能力，较为隐蔽和抽象。儿童社会性的全面提升，离不开对于其社会行为和社会认知能力的全面关注。而教育戏剧的课程体系本身就符合"改善学生社会认知和培养其亲社会行为并重"的教育目标。本研究中教育戏剧干预课程的设计从三个层面着手，第一层面主要是儿童作为"戏剧参与者"对自我的探索，包括"肢体放松、集中注意力、培养信赖感、发挥身体潜力、想象情景、人物刻画"等，这部分重在使儿童尝试诠释角色，通过感官、肢体等通道塑造角色的同时，培养其从角色角度出发思考问题，实现视角转变的社会认知能力；第二个层面是儿童作为戏剧的"制作者"对剧中角色所在情景和对话的探索，儿童不仅要关注所扮演的角色，还要使自己在克服自我中心的基础上，认识到角色的完美呈现还需要与剧中场景及其他角色相互配合、融为一体，从而培养其合作意识和合作行为；第三个层面为儿童作为"欣赏者"，在不同角色的立场上，客观地评价故事的情节并反思自己在整个过程中的收获。在整体过程中，儿童逐渐由区分自我与角色观点，过渡到使角色与情节、环境间相互配合适应，最后自我回顾与反思更帮助儿童强化了这一"转换思维角度，与他人合作演绎"的过程。

第二，构建多元智能通路：在注重人际智能的同时，激发儿童多方面潜质。

一门成功的干预课程，不仅要能够有效促进干预指标的提升，也应具有一定的推广性，助力于儿童的全面发展。教育戏剧作为一种综合性艺术，可让儿童在享受戏剧游戏、活动的同时，有机会探索并运用多元智能。本研究虽以提升儿童的人机智能（社会观点采择能力和合作行为）为主要目的，但在课程设计时，也做到了"去功利化"，将课程纳入多元智能的框架下，力求儿童通过十四次课程的学习，在肢体动觉智能、空间音乐智能、内省智能、语言智能、逻辑思考智能等多方面都有所发展和提升。人际智能。通过戏剧活动中角色扮演和团体互动的机会，使儿童思考"主角遇到了什么问题？""如何与其他主角维持剧中关系？"等问题，把自己设身处地地想象成他人，并在活动中加入团体，一起组织、计划，分工合作，这一过程使个人与同伴间的信任感和归属感就此建立，逐渐探索分享、交流、接纳、沟通等社会技巧。肢体动觉智能和空间音乐智能。在活动中，儿童从模拟各类动植物及人物的声音、动作，到参与感官知觉，亲身体验自己如何做动作，如何在空间中移动及如何与他人维持身体动作关系。在引导儿童将教室中的桌椅、天花板、门窗等变成情节中所需要的道具时，激发他们丰富的想象力和创造力。语言智能。在扮演各种人物时，儿童必须试验不同声调、语气并融入各种表情、手势，让别人更清楚地了解自己所要表达的意思，从而逐渐能够灵活运用这些非语言的工具传达信息。逻辑思考智能。通过戏剧活动为儿童提供具体建构知识和自我思维的媒介。教师通过"角色是哪些人？""他们的外貌是什么？""面对这件事，如果换作是你，你将如何处理"等问题引导儿童去思索和辨别，统整自己对周围人、事、物的观点，促进高级认知能力的发展。

第三，在戏剧活动中，构建彼此信赖且相互尊重的师生关系。

师生关系是教学过程中的重要部分，良好、和谐的师生关系的建立有利于教学活动的开展和教学目标的达成。教育戏剧干预课程要实现对儿童社会认知能力和亲社会行为的改善，须建立在授课教师与学生间相互信赖、尊重的基础上，以此促使学生在课上将吐露自己真实的心声，将师生间的信赖转化为人际和谐的内驱力，激发其亲社会表现。首先，教师适当真诚地鼓励。鼓励代表肯定儿童完成一项任务过程中的付出以及为改进所做的努力。面对低年级学生容易提出的一些不合逻辑、无关主题或缺乏创意的想法，教师仍需鼓励孩子积极表达自己的行为。此外，教师积极捕捉并回应儿童的情感与想法。"反映式的倾听"有利于引导儿童诚实表达自己的信念和情感，避免对自己被拒绝的恐惧。倾听儿童说话时，要让他们知道老师能够接纳他们已说的，并能够捕捉到其背后要表达的内容，同时期待他们接下来有更具创意的见解。采用这种反馈方式，可以激励儿童积极思考下一问题。最后，接纳课堂中的"意外"行为。以引导学生体会他人观点、促进与他人合作为目的的教育戏剧活动，更加强调尊重儿童的个体差异性，允许其在活动中展现"独一无二"的真实的自我。尽管教师在每节课前精心备课，反复雕琢教学设计，但仍有可能出现"意外"，影响课堂活动的正常进行。如学生间突然发生冲突，或个别学生坚决反对老师的分组等。教师对这些"意外"要报以足够的耐心和爱心，意识到这些"不合作"的冲突行为仅是他们探索如何与他人相处并解决冲突的开始，只有积极接纳这些意外行为，才有可能使儿童在真实的情境中探索与他人和环境相处的恰当方式。

②干预课程教学方法设计

第一，营造戏剧张力，激发儿童参与兴趣。

在戏剧活动中，张力的营造有助于引起参与者心灵兴奋，激发其投入活动的热情。张力既是一种"压力"，也是一种"吸引力"，带动儿童进入戏剧情境，积极承担角色。剧情中的冲突和对比都有助于张力的产生。冲突是剧中人与其他角色、环境、自我内心的矛盾产生、发展和解决的艺术表现形式。如"儿童扮演的活泼的羚羊们要去找食物了，当穿越河流时，突然从河里跳出一条巨大的鳄鱼，叼住了队伍中年纪最小的羚羊"这一冲突情境，一下子把儿童带入到了紧张的戏剧情境当中，扮演小羚羊、羚羊首领和成年羚羊的儿童迅速入角，以角色姿态行动。冲突的出现，既能够带给儿童一定的压力与挑战，产生推动活动深入进行的动力，又能够增加活动的趣味性，调动幼儿的积极性。此外，运用戏剧活动中真实与虚构、时间的快与慢、动作的轻与重、声音的大与小、情绪的悲与喜、场景的明与暗等对比效果，也有助于戏剧张力的营造。

第二，采取一定教学策略，丰富教育戏剧的活动形式。

在课堂活动设计和组织教学的过程中可通过运用一些教学策略，使课堂活动更加丰富、有趣。教师可通过"自身入戏""担任旁白"以及"全班集体角色扮演"等多种方式，激发学生参与戏剧活动的兴趣。"教师入戏"是指教师进入戏剧情境，以剧中某一角色的身份与儿童进行互动、参与创作与表演。教师入戏有助于儿童承担起角色，一方面教师的参与为儿童提供支架和示范，激发其学习教师经验。同时，也有助于教师摆脱固有形象，消除儿童对师长的紧张感。"旁白"策略是指教师伴随儿童的表演以客观者的身份讲述故事，即教师边讲故事，儿童边表演。通过语调、语速、语态的变化，协助营造恰当的情境，激起儿童参与的兴趣，消除其因"不知道演什么"和"不知道怎么演"所引起的恐惧心理，增强儿童对自己、他人和环境的掌控感，使其更容易深入情境，承担角色。"全班集体角色扮演"同样能够起到帮助儿童入戏的作用。要求性格较为内向的儿童单独在教师和全班同学面前表演，可能会对其造成过大的压力，阻碍其入戏。而全班同学同时扮演同一个角色则能有效缓解这类学生的紧张感和羞涩感。同时，通过集体中的同伴榜样示范作用，有利于缺乏创新想法的儿童从跟随和模仿开始，逐渐承担起角色。

第三，运用延伸性表达工具，促进儿童融入角色。

音乐、美术、象征物等艺术元素作为辅助性工具对于提高儿童的参与度具有良好的作用。如在儿童表演中播放一段与戏剧氛围相协调一致的音乐，或用剪纸、图片、海报、幕布等丰富课堂背景，使儿童沉浸到环境当中，触发其情绪情感，快速进入角色。但要注意这些元素的渗入不宜过多，否则将造成儿童的想象力被其束缚发挥或其注意力受到影响。象征物也是重要的戏剧元素之一。戏剧教育活动中常用的角色象征物有皇冠、魔法棒、魔力球、披风等，皇冠代表着权力，是王者身份的象征；魔法棒拥有魔力，往往是精灵、仙女等角色的象征，可以使场内产生神奇的变化等。对儿童来说，这些象征角色的道具是其认同角色的"抓手"，有助于其进行角色诠释。制造悬念的神秘之物也是推动戏剧情节发展的重要物品，如剧情发展到一定程度时，突然出现的一个信封、一张地图、一件包裹等神秘之物的出现能增加活动的神秘感，引发猜想，使儿童积极构思故事情节，迅速融入情境，进入角色。

③干预课程教学内容设计

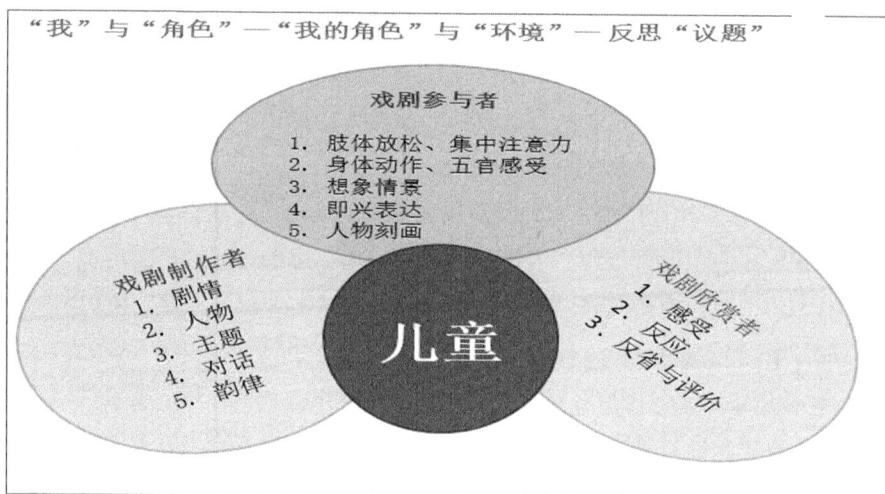

图7-2　教育戏剧各部分内容结构图

　　教育戏剧干预课程的内容主要包含三大部分，第一部分主要是儿童作为"戏剧参与者"对自我的探索，包括"肢体探索、声音刻画、想象情景、人物刻画"等，这部分课程意在培养儿童的戏剧基本素养，使其尝试通过感官、肢体等通道体悟角色，逐渐转变视角，克服自我中心的影响，站在角色的立场上思考问题。同时，在扮演角色的过程中，儿童逐渐开始尝试与剧中其他角色、场景、道具等建立合作关系，以使得整个剧情更加流畅、合乎情理；第二部分是儿童作为戏剧的"制作者"对剧中角色所在情景和对话的探索，由于对话中涉及角色的语言、语态与角色间对话内容的衔接，因此更需要儿童在采择角色观点的同时树立全局观，在整体剧情背景下把握角色。在这一部分的课程中，活动的自由度和开放程度都将有所提升，儿童可能会以小组形式，从选角，到自己布置场景、排演，再进入最终的完整情节呈现，因此这部分课程中所涉及的儿童与同伴间的冲突和矛盾也可能增加，也正是在这种冲突发生并尝试解决的过程中，儿童换位思考的社会交往能力以及克服自我中心，与团体、同伴合作的亲社会行为水平将得到很大程度的改善与提升。第三部分课程的主要内容为"表演与反思"，在这一部分儿童将同时肩负"导演者""小演员"和"欣赏者"等多重角色，更能够促使其在不同立场上，客观评价故事的情节并反思自己在整个过程中的收获。在这部分，儿童将把在第一部分课程中所学到的采择角色情感和观点的戏剧基本功，以及第二部分课程中学到的在整体环境、情节中把握角色，并与他人合作演出地技能运用到"微剧"演出中。同时，也将在观众的客观的立场上看到其他小组的表演以及演员间的配合。小组成员间的不同交流方式和配合的默契度的差异将会成为生动的教育素材，激发儿童深刻反思。同时，抒发感想，反思收获的环节更有助于帮助其在同伴群体中沉淀所学内容，实现同伴间的感受交流，达到相互学习的目的。课程每各部分结构图见上图 7-2。

④干预课程教学设计示例

如下以本研究中教育戏剧干预课程的第一课时"肢体探索（一）"的教学设计为例进行详细说明，其他课时教学内容安排表及教学设计参见本研究后的附录部分。

表 7-10　教育戏剧干预课程教学设计（第 1 课时）

基本信息					
课程名称	肢体探索（一）				
课程类别	教育戏剧课程	学段／年级	小学一、二年级	班级	教育戏剧实验班
指导教师	张桢（"淘星网"教育戏剧总监）	上课时间	2016 年 9 月 9 日 8:00—8:45	人数	30 人
教学目标					
1. 从熟悉自己的肢体开始，逐渐进入到戏剧场景中，促进团队伙伴间的彼此熟悉； 2. 通过游戏中环节的设计，使学生从模仿动物，体会动物肢体特点到采择遇到危险的伙伴的感受，在游戏的情境中提升其社会观点采择能力，激发亲社会行为； 3. 通过第三个环节的合作游戏，构建小组成员间的共同目标，使成员间通力协作，为了共同的目的寻找对策，锻炼合作能力。					
教学准备					
1. 道具类：音响，魔力球，报纸 2. 场地布置：活动教室					

续表

教学过程			
活动名称	活动设计目的	活动内容	活动时间
暖身活动："谁该动"	在课堂开始活跃课堂气氛，使学生逐渐开始放开肢体，把自己需想象成为各种动物，作出相应的动作，并通过观察、评价同学表现，开始尝试透过他人肢体语言理解传递的意思。	（1）课前请全班学生站好队，依次1—5报数，报到相同数字的同学出列站成一横排算作一组，接着每横排1—6报数，确定每个学生在小组内的编号。报数完成后，每个小组拉手围成一个圆圈； （2）宣布游戏规则：听到音乐响起时，大家共同围着圆圈做自己想做的任意动作但不能出声音，也不能触碰到其他同学，否则就按违规处理，不能再参与游戏； （3）当听到教师喊出口令时，每组中相应的同学进入到自己所在小组围成的圆圈中心，根据老师的口令做出动作，如"1号变成兔子跳"，"2号变成蝴蝶飞"； （4）没有按照要求及时进圈或做错动作的同学在本轮结束后为小组成员表演一个小节目，以作为惩罚。 **分享与讨论：** 你认为刚才谁做出的动作最形象、逼真？为什么？	5分钟

续表

	教学过程		
活动名称	活动设计目的	活动内容	活动时间
角色体会："你做我猜"	通过部分同学做动作其他学生猜的简单方式，增加学生间通过肢体交流的机会，并引发学生间的双向思考：表演者想被其他同学猜出，需要怎样表现？而猜测者若想了解他人表演的角色，需要如何仔细观察和体会？	（1）全班围成一个大圆圈，教师拿着一个球站在圆圈中间，在游戏开始前先提醒学生记住自己刚才在小组中的号码，并向学生介绍自己的神秘新朋友"魔力球"，只有在拿到魔力球时再讲话才能使说出的话具有神奇的魔力。音乐响起，游戏开始，同学们在圆圈四周边移动边做自己想做的动作； （2）当听到教师喊某个号码，如"4号做我们猜"时，每组中相应的同学同时进入大圆圈当中（每次都将有五名同学进入圆圈当中），为全班同学用肢体动作表演一个自己最喜欢的动物或人物，但不能出声音； （3）圆圈外围的同学注意观察、猜测并记忆圈内各个同学想要诠释的动物或人物角色，猜出来并愿意与大家分享的学生可主动举手； （4）教师将手中的球抛给举手的学生之一，接到球的同学可以回答自己猜出了哪位同学表演的是哪个动物、人物角色，并说明理由。（注：接到球的同学一次只能猜测一个同学的表演） **思考与分享：** 在每位猜对的学生发言后追问理由，如你是如何猜出他所演的角色的？你觉得他演的……具有什么特点？ 整个游戏结束后请大家思考，为什么有些同学的表演可以一下子被猜出来，他用了身体的哪些部分诠释角色？	12分钟

续表

	教学过程		
活动名称	活动设计目的	活动内容	活动时间
团队配合："有狮子"	通过戏剧中的张力的营造，即羚羊和狮子之间的冲突，引发学生站在遇到危险的同学立场上体会他们的感触，并通过报纸容易在活动中被扯破的情境，引导学生通过采择他人观点和感受，设身处地为他人着想，自觉维护报纸的完好性，激发亲社会行为。	（1）恢复小组活动时的圆圈队形，教师在活动前在圈内放上报纸；每个圈中选出一名男生先在首轮游戏中扮演狮子，其他同学扮演羚羊，在音乐响起后狮子在圈内观察自己想吃哪只羊，而扮演羚羊的同学则要围着圈模仿羚羊做出动作； （2）当听到教师下指令"有狮子"时，羚羊们需在最短的时间跑到象征着隔离带的报纸上站好，进入隔离带的羚羊狮子便无法抓到，而没有及时进入隔离带的羚羊便会被狮子吃掉； （3）报纸象征的隔离带上可以站的羚羊数量不限，但由于进出隔离带时不小心把报纸弄破或损毁，隔离带的面积就要相应地减少，被狮子吃掉的羚羊也会增多； （4）教师可随着游戏的推进逐渐加大难度，减少隔离带的面积，考验团队间成员的配合程度以及小组成员之间是否会为了同伴的安全在进出隔离带时小心谨慎，尽量避免弄破报纸，甚至会有羚羊主动组织大家如何在短时间内通过"单脚""侧身"站立的方式为其他成员留出位置，以保证尽量多的羚羊同伴都进入安全区。 **分享与思考：** 请每轮中被吃掉羚羊数量较少的小组谈谈组员之间是怎样密切合作躲避狮子的？ 这个游戏给你怎样的启发？	20分钟

教学过程			
活动名称	活动设计目的	活动内容	活动时间
基于年级的拓展延伸	二年级的学生较一年级相比，语言表达能力有所增强，因此第三个环节后通过提问的形式延伸性的总结可以加强同伴间的相互经验交流，让更多同学意识到"同伴遇到危险感受是什么样的？如何能够通过自己的行动帮助他人？"	**思考与分享：** 当你自己进入安全隔离带后有些同伴却被狮子吃掉了，此刻你觉得他的心情是怎样的？你感觉如何？ 你觉得自己在这种情况下应该做些什么？在游戏中，你所在的小组是怎样做的？ 这个游戏中给你印象最深刻的场景是什么？	3分钟

2. 结果与分析

（1）干预前各年级三组学生社会观点采择能力和合作行为比较

①干预前各年级三组学生社会观点采择能力比较

表 7-11　干预前各年级三个组社会观点采择的方差分析

年级	观点采择	实验组		对照组		空白组		F	P
		n	$M(SD)$	n	$M(SD)$	n	$M(SD)$		
一年级	认知观点采择	30	0.67 (0.71)	30	0.57 (0.68)	30	0.73 (0.74)	0.418	0.659
	情感观点采择	30	0.40 (0.56)	30	0.57 (0.57)	30	0.50 (0.68)	0.573	0.566
	社会观点采择总分	30	1.07 (1.05)	30	1.13 (0.93)	30	1.23 (1.34)	0.194	0.824
二年级	认知观点采择	30	1.03 (0.56)	30	1.13 (0.73)	30	1.23 (0.68)	0.690	0.504
	情感观点采择	30	0.97 (0.62)	30	0.90 (0.71)	30	0.83 (0.65)	0.307	0.737
	社会观点采择总分	30	2.00 (0.91)	30	2.03 (1.16)	30	2.07 (1.05)	0.031	0.970

为使实验组、对照组和空白组在社会观点采择能力上表现为平行班，在正

式实施干预课程前首先对两个年级三组学生的社会观点采择分别进行比较，方差齐性检验结果显示方差具有齐性 (ps >0.05)。在此基础上对测验得分进行方差分析，结果如表 7-11，在进行干预课程前，两个年级的实验组、对照组与空白组学生之间在认知观点采择、情感观点采择、社会观点采择总分上均不存在显著性差异 (ps >0.05)。且从均值结果来看，在实施干预前，一年级的实验组在认知观点采择和社会观点采择总分两项指标上的得分均低于对照组和空白组。二年级在实施干预前，实验组的认知观点采择能力总分也略低于对照组和空白组。

②干预前各年级三组学生合作行为比较

表 7-12 干预前各年级三个组合作行为的方差分析

年级	合作行为	实验组		对照组		空白组		F	P
		n	M (SD)	n	M (SD)	n	M (SD)		
一年级	合作行为	30	2.80 (1.06)	30	2.57 (1.17)	30	2.23 (1.07)	2.006	0.141
二年级	合作行为	30	4.27 (1.05)	30	4.00 (1.44)	30	4.13 (1.41)	0.311	0.734

在实施干预课程前对两个年级三组学生的合作行为测验得分分别进行比较，方差齐性检验结果显示方差具有齐性 (ps >0.05)。在此基础上对测试结果进行方差分析，结果如表 7-12，在进行干预课程前，两个年级的实验组、对照组与空白组学生之间在合作行为测验得分上均不存在显著性差异 (ps >0.05)。

（2）干预后各年级三组学生社会观点采择能力和合作行为比较

①干预后各年级三组学生社会观点采择能力比较

表 7-13 干预后各年级三个组社会观点采择的方差分析结果

年级	观点采择	实验组		对照组		空白组		F	P
		n	M (SD)	n	M (SD)	n	M (SD)		
一年级	认知观点采择	30	0.90 (0.66)	30	0.63 (0.67)	30	0.77 (0.73)	1.131	0.327
	情感观点采择	30	0.63 (0.62)	30	0.70 (0.60)	30	0.57 (0.68)	0.335	0.716
	社会观点采择总分	30	1.53 (1.07)	30	1.33 (0.96)	30	1.30 (1.02)	0.460	0.633

年级	观点采择	实验组		对照组		空白组		F	P
		n	$M(SD)$	n	$M(SD)$	n	$M(SD)$		
二年级	认知观点采择	30	1.47 (0.51)	30	1.30 (0.65)	30	1.27 (0.64)	0.947	0.392
	情感观点采择	30	1.53 (0.57)	30	1.23 (1.98)	30	0.87 (0.57)	2.199	0.117
	社会观点采择总分	30	3.00 (0.83)	30	2.23 (1.17)	30	2.13 (0.86)	7.259	0.001**

注：**$p<0.01$

表 7-14 干预后二年级三个组社会观点采择总分的两两比较结果

变量	两两比较	p
社会观点采择总分	$M_{实验组-对照组}=0.77$	0.015*
	$M_{实验组-空白组}=0.87$	0.001**

注：*$p<0.05$，**$p<0.01$

在实施干预课程后，对两个年级三组学生后测的社会观点采择得分分别进行比较，方差齐性检验结果显示方差具有齐性（$ps>0.05$）。在此基础上对测验得分进行方差分析，结果如表 7-13，干预课程实施后，一年级的实验组与对照组、空白组学生之间在社会观点采择总分上均不存在显著性差异，$F(2,87)=0.460$，$p>0.05$。进一步分析发现，一年级三个组的学生在认知观点采择，$F(2,87)=1.313$，$p>0.05$ 和情感观点采择 $F(2,87)=0.335$，$p>0.05$ 方面也未出现显著差异。干预课程实施后，二年级的实验组与对照组、空白组学生之间在社会观点采择总分上差异显著，$F(2,87)=7.259$，$p=0.001$。但二年级三个组的学生在认知观点采择，$F(2,87)=0.947$，$p>0.05$ 和情感观点采择 $F(2,87)=2.199$，$p>0.05$ 方面也未出现显著差异。进一步对二年级三个组学生的社会观点采择总分进行多重比较，结果如表 7-14，实验组学生的后测社会观点采择总分（$M=3.00$，$SD=0.83$）显著高于对照组（$M=2.23$，$SD=1.17$，$p=0.015$）和空白组（$M=2.13$，$SD=0.86$，$p=0.001$）。

②干预后各年级三组学生合作行为比较

表 7-15　干预后各年级三个组合作行为的方差分析结果

年级	合作行为	实验组		对照组		空白组		F	P
		n	$M (SD)$	n	$M (SD)$	n	$M (SD)$		
一年级	合作行为	30	3.23 (1.19)	30	2.67 (1.24)	30	2.43 (1.07)	3.700	0.029*
二年级	合作行为	30	5.07 (1.20)	30	4.20 (1.45)	30	4.20 (1.45)	3.998	0.022*

注：* $p<0.05$

在实施干预课程后，对两个年级三组学生后测的合作行为得分分别进行比较，方差齐性检验结果显示方差具有齐性 ($ps >0.05$)。在此基础上对测验得分进行方差分析，结果如表 7-15，干预课程实施后，一年级的实验组、对照组、空白组学生之间在社会观点采择总分存在显著性差异，$F(2，87)=3.700$，$p=0.029$。对该年级三组学生得分进行多重比较，结果如表 7-16，实验组学生的后测合作行为得分 ($M=3.23$，$SD=1.19$) 显著高于空白组 ($M=2.43$，$SD=1.07$，$p=0.026$)。二年级的实验组、对照组、空白组学生之间在社会观点采择总分上差异显著，$F(2，87)=3.998$，$p=0.022$。对该年级三个组学生的得分进行多重比较发现，实验组学生的后测合作行为得分 ($M=5.07$，$SD=1.20$) 显著高于对照组 ($M=4.20$，$SD=1.45$，$p=0.043$) 和空白组 ($M=4.20$，$SD=1.45$，$p=0.043$)。

表 7-16　两个年级三个组合作行为的两两比较结果

变量	年级	两两比较	p
合作行为	一年级	$M_{实验组 - 对照组}=0.57$	0.153
		$M_{实验组 - 空白组}=0.80$	0.026*
	二年级	$M_{实验组 - 对照组}=0.87$	0.043*
		$M_{实验组 - 空白组}=0.87$	0.043*

注：* $p<0.05$

（3）干预前、后各年级三组学生社会观点采择能力和合作行为比较

①干预前、后各年级三组学生社会观点采择能力比较

分别对两个年级三组学生的认知观点采择、情感观点采择及社会观点采择总分的前、后测结果进行配对样本 T 检验，结果如表 7-17，一年级实验组学生后测社会观点采择总分较前测相比有显著的提升，$t(29)=-3.751$，$p=0.001$，该组学生的认知观点采择，$t(29)=-2.536$，$p=0.017$ 和情感观点采择，$t(29)=-2.249$，$p=0.032$ 与前测相比也有显著的提升。而该年级对照组和空白组的学生在三项指标上的后测得分较前测相比虽也有一定提升，但变化并不具有显著性，$ps >0.05$。二年级实验组学生后测社会观点采择总分较前测相比有显著的提升，$t(29)=-6.021$，$p<0.001$，该组学生的认知观点采择，$t(29)=-3.791$，$p=0.001$ 和情感观点采择，$t(29)=-4.572$，$p<0.001$ 与前测相比也有显著的提升。该年级对照组和空白组的学生在三项指标上的后测得分较前测相比虽也有一定提升，但变化并不具有显著性，$ps >0.05$。两个年级三组学生社会观点采择总分的前、后测对照情况如图 7-3。

表 7-17 干预前、后各年级三个组社会观点采择的配对 T 检验结果

年级	因素	实验组			对照组			空白组		
		前测	后测		前测	后测		前测	后测	
		M(SD)	M(SD)	t	M(SD)	M(SD)	t	M(SD)	M(SD)	t
一年级	认知观点采择	0.67 (0.71)	0.90 (0.66)	-2.536*	0.57 (0.68)	0.63 (0.67)	-1.000	0.73 (0.74)	0.77 (0.73)	-0.328
	情感观点采择	0.40 (0.56)	0.63 (0.62)	-2.249*	0.57 (0.57)	0.70 (0.60)	-1.278	0.50 (0.68)	0.57 (0.68)	-1.000
	社会观点采择总分	1.07 (1.05)	1.53 (1.07)	-3.751**	1.13 (0.94)	1.33 (0.96)	-1.533	1.23 (1.14)	1.30 (1.02)	-0.571
二年级	认知观点采择	1.03 (0.56)	1.47 (0.51)	-3.791**	1.13 (0.73)	1.30 (0.65)	-1.720	1.23 (0.68)	1.27 (0.64)	-0.328
	情感观点采择	0.97 (0.62)	1.55 (0.57)	-4.572***	0.90 (0.71)	1.23 (1.98)	-0.895	0.83 (0.65)	0.87 (0.57)	-0.571
	社会观点采择总分	2.00 (0.91)	3.00 (0.83)	-6.021***	2.03 (1.16)	2.23 (1.17)	-1.649	2.07 (1.05)	2.13 (0.86)	-0.528

注：*$p<0.05$，**$p<0.01$，***$p<0.001$

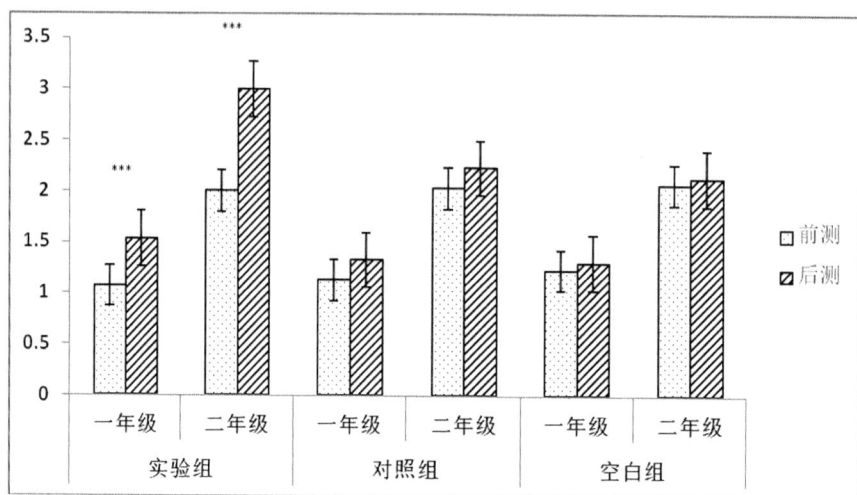

图 7-3　两个年级各组社会观点采择总分前、后测对照图

注：$^{**}p<0.01$，$^{***}p<0.001$

表 7-18　干预后各年级各组社会观点采择增值分数的方差分析结果

年级	观点采择	实验组 M (SD)	对照组 M (SD)	空白组 M (SD)	F	p
一年级	认知观点采择	0.23 (0.50)	0.07 (0.37)	0.03 (0.57)	1.483	0.233
	情感观点采择	0.23 (0.57)	0.13 (0.57)	0.07 (0.37)	0.809	0.449
	社会观点采择总分	0.47 (0.68)	0.20 (0.71)	0.07 (0.64)	2.698	0.073
二年级	认知观点采择	0.43 (0.63)	0.17 (0.53)	0.03 (0.56)	3.799	0.026^{*}
	情感观点采择	0.57 (0.68)	0.33 (2.04)	0.03 (0.32)	1.362	0.262
	社会观点采择总分	1.00 (0.91)	0.20 (0.66)	0.07 (0.69)	13.126	$<0.001^{***}$

注：$^{*}p<0.05$，$^{***}p<0.001$

为了进一步验证教育戏剧课程的干预效果，分别对两个年级三组学生的认知观点采择、情感观点采择及社会观点采择总分前、后测的增值分数进行单因素方差分析，结果如表 7-18，一年级三组学生社会观点采择总分的增值分数差异边缘显著，$F(2，87)=2.698$，$p=0.073$，该指标增值分数的多重比较结果如表 7-19，实验组学生社会观点采择增值分数 ($M=0.47$，$SD=0.68$) 与空白组 ($M=0.07$，

SD=0.64) 存在边缘差异，p=0.064。该年级三组学生在认知观点采择和情感观点采择的增值分数上不存在显著性差异，ps >0.05。二年级三组学生社会观点采择总分的增值分数差异存在显著性，F(2，87)=13.126，p<0.001，多重比较显示，实验组学生社会观点采择增值分数 (M=1.00,SD=0.91) 显著高于对照组 (M=0.20，SD=0.66，p<0.001) 和空白组 (M=0.07，SD=0.69，p<0.001)。三组学生的认知观点采择增值分数也存在显著差异，F(2，87)=3.799，p=0.026，多重比较表明，实验组学生认知观点采择增值分数 (M=0.43，SD=0.63) 与空白组 (M=0.03，SD=0.56) 之间存在显著差异，p=0.034。而该年级三组学生在情感观点采择的增值分数上不存在显著性差异，ps >0.05。

表 7-19 两个年级各组社会观点采择增值分数的两两比较结果

年级	因素	两两比较	p
一年级	社会观点采择总分	M 实验组 - 对照组 =0.27	0.286
		M 实验组 - 空白组 =0.40	0.064
二年级	认知观点采择	M 实验组 - 对照组 =0.27	0.223
		M 实验组 - 空白组 =0.40	0.034*
	社会观点采择总分	M 实验组 - 对照组 =0.80	<0.001***
		M 实验组 - 空白组 =0.93	<0.001***

注：* p<0.05，*** p<0.001

②干预前、后各年级三个组学生合作行为比较

表 7-20 干预前、后各年级三个组合作行为的配对 T 检验结果

年级	变量	实验组			对照组			空白组		
		前测	后测		前测	后测		前测	后测	
		$M(SD)$	$M(SD)$	t	$M(SD)$	$M(SD)$	t	$M(SD)$	$M(SD)$	t
一年级	合作行为	2.80(1.06)	3.23(1.19)	-3.261**	2.57(1.17)	2.67(1.24)	-1.140	2.23(1.07)	2.43(1.07)	-1.649
二年级		1.03(0.56)	5.07(1.20)	-4.397***	4.00(1.44)	4.20(1.45)	-1.293	4.13(1.41)	4.20(1.45)	-0.701

注：** p<0.01，*** p<0.001

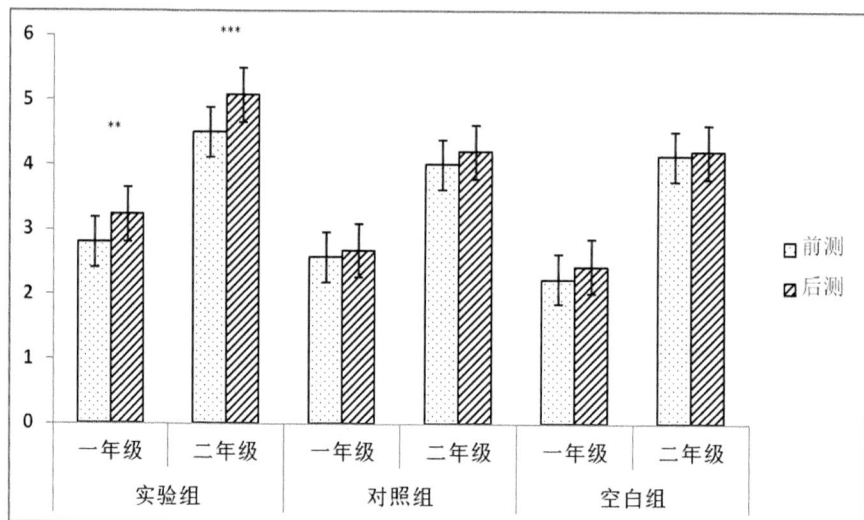

图 7-4　两个年级各组合作行为前、后测对照图

注：**$p<0.01$，***$p<0.001$

　　分别对两个年级三组学生合作行为的前、后测结果进行配对样本 T 检验，结果如表 7-20，一年级实验组学生后测合作行为得分较前测相比有显著的提升，$t(29)=-3.261$，$p=0.003$。而该年级对照组和空白组的学生合作行为后测得分较前测相比虽有一定提升，但变化并不具有显著性，$ps>0.05$。二年级实验组学生后测合作行为得分较前测相比也有极为显著的提升，$t(29)=-4.397$，$p<0.001$。该年级对照组和空白组的学生在三项指标上的后测得分较前测相比虽也有一定提升，但变化并不具有显著性，$ps>0.05$。两个年级三组学生合作行为得分的前、后测对照情况如图 7-4。

　　为了进一步验证教育戏剧课程的干预效果，分别对两个年级三组学生的合作行为前、后测的增值分数进行单因素方差分析，结果如表 7-21，一年级三组学生合作行为的增值分数不存在显著性差异，$p>0.05$。二年级三组学生合作行为的增值分数差异显著，$F(2，87)=6.930$，$p=0.002$，多重比较结果如表 7-22，实验组学生合作行为增值分数 ($M=0.80$，$SD=1.00$) 与对照组 ($M=0.20$，$SD=0.85$，$p=0.044$)、空白组 ($M=0.07$，$SD=0.52$，$p=0.003$) 之间均存在显著差异。

表 7-21　干预后各年级各组合作行为增值分数的方差分析结果

因素	年级	实验组	对照组	空白组	F	p
		M (SD)	M (SD)	M (SD)		
合作行为	一年级	0.43 (0.73)	0.10 (0.48)	0.20 (0.66)	2.190	0.118
	二年级	0.80 (1.00)	0.20 (0.85)	0.07 (0.52)	6.930	0.002**

注：** $p<0.01$

表 7-22　二年级各组合作行为增值分数的两两比较结果

年级	变量	两两比较	p
二年级	合作行为	M 实验组 - 对照组 =0.60	0.044*
		M 实验组 - 空白组 =0.73	0.003**

注：* $p<0.05$，** $p<0.01$

（4）干预前、后二年级实验组学生社会观点采择和合作行为的交叉滞后分析

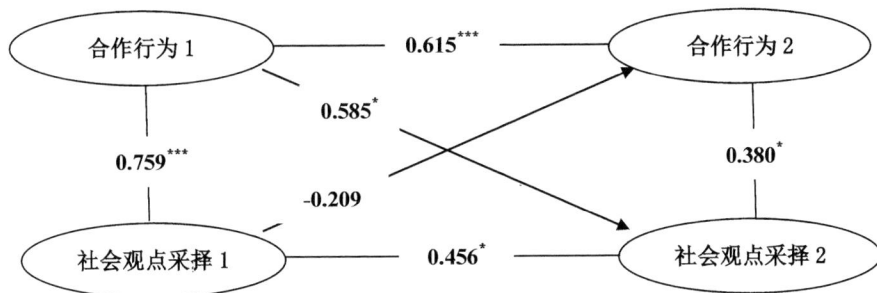

图 7-5　二年级实验班社会观点采择与合作行为的交叉滞后分析图

注：* $p<0.05$，*** $p<0.001$

由上述分析可知，二年级学生的社会观点采择能力和合作行为通过教育戏剧课程的干预都有了一定发展，为了进一步在动态干预中考查二者发展的因果关系，下面对干预前、后二年级实验组学生社会观点和合作行为得分进行交叉滞后分析，结果如图 7-5，将二年级实验组学生的合作行为的前、后测成绩分别标为合作行为 1、合作行为 2，社会观点采择的前、后测成绩分别标为社会观点

采择1、社会观点采择2，合作行为前、后测的相关系数为0.615($p<0.001$)，社会观点采择前、后测的相关系数为0.456($p=0.011$)，说明稳定相关一直，且两个时间点测得的合作行为的相关度大于两次测得社会观点采择的相关度，前测中合作行为与社会观点采择的相关系数为0.759($p<0.001$)，后测中二者相关系数为0.380($p=0.038$)，说明同步相关也一直，符合交叉滞后分析的基本假设。以前测中社会观点采择总分和合作行为得分作为自变量，先、后分层进入回归方程，以后测中社会观点采择总分为因变量，结果显示，在控制前测社会观点采择总分影响的前提下，前测合作行为得分能够显著预测后测合作行为得分（$\beta=0.585$，$p=0.021$）；接下来，以前测中合作行为得分和观点采择总分分别作为自变量，先、后分层进入回归方程，以后测合作行为得分为因变量，结果表明，在控制前测合作行为得分影响的前提下，前测社会观点采择总分并不能显著预测后测合作行为得分（$\beta=-0.209$，$p>0.05$）。该结果在一定程度上说明了二年级小学生合作行为对于其社会观点采择能力有一定预测作用，合作行为在该年级学生社会观点采择能力的发展中发挥着前提基础作用。

3. 讨论

研究二中结果发现，经过14周的教育戏剧干预课程，两个年级实验班在社会观点采择能力和合作行为两项指标上较前测相比均有显著的提升。这在一定程度上证明了教育戏剧干预课程的课堂活动设计中，通过使儿童体会目标角色的观点和情绪情感，并调动自身经验诠释角色的过程有利于儿童克服自我中心主义，不断练习采择他人观点，促进社会认知能力的提升。此外，干预课程中的课堂活动形式多以小组合作，集体呈现表演效果为主，在活动中为了能够提高效率，顺利完成表演，儿童需要在互动中不断改善合作策略，在平衡个人利益和他人利益，不断摸索解决冲突和摩擦的基础上，增强自身的合作性，在合作中积累同伴交往经验，促进其在生活中对他人观点的理解和把握。

通过对比两个年级三组学生在后测中较前测相比的增值分数，进一步测查教育戏剧干预课程对于不同年龄儿童干预效果的差异性，发现一年级三个组之间的社会观点采择后测中的增值分数的差异呈边缘显著性，具体表现为实验班成绩的增值分数与空白班相比存在边缘显著差异，而该年级三组之间合作行为的增值分数无显著性差异。而二年级三组学生在两项指标上增值分数的差异都呈显著性，且实验组的学生得分均高于对照组和空白组。这一结果反映出同样14周的干预课程对于二年级学生的干预效果要优于一年级。这一结果的出现可能是由于一年级学生在理解能力和语言表达能力方面均不及二年级学生，同样处于两项指标发展的关键期，接受干预的效果也有所不同。另一方面，干预课程的时程较短，仅有 14 课时，对于一年级学生而言，在理解教师授课内容的基础上，将能力上的提升体现在测验成绩上还需要一个过程。

本研究中，在二年级实验班学生通过 14 课时的干预课程，社会观点采择能力和合作行为均有显著提升效果的基础上，对于该组学生两项指标的得分进行了交叉滞后分析，结果表明，二年级小学生合作行为在社会观点采择能力的发展中扮演着前提基础作用。这进一步证实了研究一中对比两次回归分析所得出的结论。虽与以往研究中通过提升社会认知能力进而促进亲社会行为水平提升的结果存在一定的不一致性，但结合该年龄段学生的认知发展特点，也可从另一个角度对于结果进行解释，即来源于合作中的具体交往策略和同伴互动经验对于儿童理解他人观念，克服自我中心起到了重要作用。

四、总讨论

为了验证教育戏剧干预课程对小学低年级学生社会观点采择能力与合作行为的干预效果，本研究设计了实验组、对照组和空白组，分别比较三组儿童经过一学期十四周的教育戏剧干预课程、软笔书法课程和非拓展课程训练后，在两项指标上的发展情况。结果表明，首先，经过一学期的干预，实验组的学生在两项指标的提升效果上较对照组和空白组更加显著，特别是二年级学生的干预训练效果更加明显；此外，小学低年级学生的社会观点采择能力和合作行为随着年级的升高而逐渐提升；最后，小学生社会观点采择与合作行为间存在着密切的关系，对于二年级学生而言，其合作行为对社会观点采择能力的发展发挥着一定的前提基础作用。

（一）低年级小学生社会观点采择能力和合作行为的现状

1. 低年级小学生社会观点采择能力的现状

研究发现了社会观点采择能力的年龄、性别发展趋势及其两个子成分在发展中的差异性。结果表明，低年级小学生的社会观点采择能力及其两个分维度（认知观点采择能力和情感观点采择能力）随着年级的升高而逐渐提升。从研究中学生在社会观点采择能力测验中的平均得分来看，一年级的学生仅表现出初步的采择能力，而二年级学生则能够通过辨别自己与他人掌握的不同信息，从而克服自我中心，采择他人观点。根据社会观点采择的一般发展规律，3—6 岁幼儿初步具备这一能力,而 7—10 岁是该能力快速发展的阶段。10 岁左右儿童已能够利用故事信息对他人的观点做出准确推断。可见二年级学生正处于观点采择能力由起初发展到逐步成熟的过渡阶段。但也有研究表明,幼儿在 3 岁以前就拥有这种能力,只是由于测验中涉及的语言表达能力可能成为儿童通过任务的阻碍。在研究的实验阶段,也明显能够发现回答问题时语言的表述能力是学生是否能够通过任务的一个重要因素。本研究还发现,小学低年级女生在社会观点采择中的表现显著高于男生,而在部分前人的研究中,未发现该年龄段儿童社会观点采择的发展存在年龄的主效应。结果的不一致可能与实验任务有关。未发现男女生在该指标上存在差异的研究所使用的测量方法大多是教师或实验者观察、评定法,而本研究所使用任务为故事访谈,完成任务对儿童的语言能力有一定要求,而相关研究显示女生在小学低年级阶段的语言表达能力普遍高于男生,这一点可能是女生得分高于男生的原因之一。

2. 低年级小学生合作行为的现状

研究发现,低年级小学生的合作行为水平随年级的升高而逐渐提升,各年龄段中,男生的合作行为水平显著低于女生。合作是一种典型的亲社会行为,其产生需要儿童一定的社会认知能力、智力水平的参与,从而认识到合作的益处,也需要儿童一定自控能力的参与,能够在特定情境中,抑制自己的竞争冲动,体会他人想法,选择与他人合作。6—11 岁是儿童合作行为发展的关键期,这一时期儿童更多地参与到集体生活中,与同伴间的交流不断增多。以往研究表明,6 岁儿童还未能形成真正的合作,具体表现在对合作的最终结果和合作意义的认识缺乏。本研究测查合作行为的实验结果也验证了这一点。儿童在所有试次中选择合作的平均轮次仅占实验总轮次的 32%。尽管当选择竞争会导致在后续的轮次中同样遭到对手的背叛,但其还是会放弃合作带来的双赢而倾向于追求竞争可能带来的更大利益。与 6 岁儿童相比,7 岁儿童在合作行为上有了明显的发展。表现为对合作的认识增强,能够与合作对象形成简单的配合协作关系。本研究的结果也显示到二年级后儿童选择合作的试次比例明显提升,达到了 52%,但这种合作还基本停留在以目标为导向的功利行为,即意识到自己的背叛可能造成在下一轮中失分时,随即转变做法。以往研究也得出了目标变化对于儿童合作行为有显著的影响。在合作目标的指导下,年龄大的儿童对目标的识别能力更强,合作行为水平随年龄增长显著性增多。研究还发现,儿童合作的发展存在一定的性别差异,具体表现为各年龄段女生的合作行为水平显著高于男生。Peter 等人的研究中也发现了儿童在资源分配实验中，女孩更倾向于选择与同伴进行合作，而男孩则往往更多选择与玩伴竞争。这可能与儿童期男、女生的同伴活动内容有关。男生更喜爱参与竞技性的游戏，如一些作战型的电子游戏或球类竞技游戏等，而女生喜爱的"假扮"性游戏中，涉及的与同伴间的合作协商较多，因此女生在日常同伴交往中培养出的合作性也强于男生。

（二）教育戏剧干预课程对社会观点采择能力和合作行为的培养效果

1. 教育戏剧干预课程对社会观点采择能力的培养效果

本研究干预效果的检验发现，一、二年级三组学生之间社会观点采择能力增值分数差异显著，实验组学生的社会观点采择能力发展速度明显快于对照组和空白组。说明教育戏剧干预课程对于儿童社会观点采择能力具有显著的提升作用。以往研究表明，同伴互动经验是儿童社会观点采择能力的一个重要影响因素。前人研究也证实了同伴互动能够有效促进7、8岁儿童社会观点采择能力的发展，而同伴互动经验的过度缺乏则有可能致使儿童在去自我中心上存在困难，进而导致其社会观点采择能力的发展也滞后于同龄人。本研究中的教育戏剧干预课程主要是通过戏剧游戏中角色扮演的方式，使儿童为了更好诠释角色，自发地克服自我中心，从角色的角度出发看问题，这为儿童在现实生活中采择他人观点提供了有效的经验。同时，在戏剧活动中，所涉及的同伴间的合作活动能够促使儿童在真实情境下从整体的利益角度思考问题，特别是在小组内组员产生冲突时，儿童需要反思自己，并在必要时重新评价、考虑他人观点，甚至自身做出让步，这一过程对于儿童克服自我中心，学会站在他人角度思考问题有很大的帮助。

对比教育戏剧干预课程对提升两个年级学生的社会观点采择能力所起的作用不难发现，干预课程对于二年级学生该项指标的提升效果更加明显。解释干预效果年龄差异性的原因主要有两点，首先，在社会认知发展方面，6—7岁左右的儿童开始初步摆脱自我中心，开始认识到他人与自己可能具有不同的观点，并开始站在他人角度思考问题。6—10岁是儿童社会观点采择能力发展的快速期，二年级的儿童正好处于这一发展快速期，在此期间实施干预，能力提升的效果更加显著。第二，本研究中，社会观点采择的测验任务为访谈故事，儿童在该任务上的表现与其语言表达能力密切相关。在测验过程中，明显能够发现二年级儿童在语言表达方面明显优于一年级学生，因此，在干预课程对两个年级学生的社会观点采择能力同时产生影响的条件下，对于二年级的学生的影响作用将更明显地体现在试验任务中。

2. 教育戏剧干预课程对合作行为的培养效果

从本研究中两个年级三个组在实施干预课程前、后合作行为水平的横、纵向比较结果来看，干预课程对于促进低年级小学生合作行为的发展效果非常明显。进一步对实验组、对照组、空白组的前、后测的合作增值分数比较发现，干预课程对于二年级小学生合作行为的促进作用更为明显。在传统教育中，更多的家长和教育者认为儿童从成人处学到的知识、习得的能力对其发展至关重要，而相对忽视了同伴间的互动、合作对儿童发展的影响。而在达曼等人的研究中，则考查了三类同伴间学习方式对于儿童社会性发展的重要作用。这三种方式分别是同伴间的相互学习、指导；为共同目标而协作努力；在平等交流的基础上建立友好、互信关系。这三点在教育戏剧干预课程的活动中均有所体现。教育戏剧课程有别于传统的戏剧表演课程，并不提倡让儿童枯燥背诵大段台词，最终按导演者编排呈现演出。在教育戏剧干预课程中，每节课基本都由 2—3 个同伴合作游戏组成，在游戏中教儿童运用个人经验演绎角色，并与其他小组成员合作顺利完成任务。这些课堂活动与儿童期的合作游戏非常类似，符合儿童酷爱玩耍的天性，同时教育戏剧活动中也包含着引导儿童看待自身和周围世界的结构成分，使儿童增长社会互动经验，实现认知、语言、社会性等多方面的发展。在这些以合作为目标导向的戏剧游戏活动中，儿童为了与他人实现成功的交流，需要尽可能调动自己的认知资源和已有经验，捕捉他人想法，采择他人观点。同时，当遇到冲突时，儿童也需要进行认知重构，重新审视自我和他人的行为，在必要时候克服自我中心，重新建立与同伴的信任关系，最终和解冲突。本研究中的控制组参加软笔书法类的拓展课程，课程主要以习字为主，几乎不涉及同伴间的互动和游戏，而空白组不参加任何拓展课程，三组学生在后测及增值分数上的差异充分说明了教育戏剧干预课程中所涉及的同伴合作等课堂活动对于提升低年级小学生的合作行为水平起到了重要作用。前人对于小学生合作行为的干预研究虽然使用的手法不同，如张丽玲、白学军等曾用认知行为训练法成功提升了儿童的合作认知和合作行为水平，王磊、寇彧等用同伴冲突解决的干预训练改善了小学儿童合作策略，虽然使用的具体方法有所不同，但在这些有效的干预手段中，都涉及了设计共同的任务目标，加强儿童与同伴的互动这一点。本研究相比较前人研究的突破在于使用体系化的教育戏剧课程作为干预手段，避免了干预方案"为促进合作而设计合作活动"的功利性，在新课程改革的背景下，有利于其作为提升学生综合素质的拓展型课程在学校的推广。

本研究通过对比三组学生前、后测的增值分数发现，干预课程对于二年级学生合作行为的影响更加显著，而在张丽玲等对于学前儿童、孟琳洁对于小学四到六年级儿童合作行为的干预研究中均未发现干预课程对于不同年级学生作用的差异性。针对这一点，可从本研究所选择的被试的年龄特点角度进行解释。首先，二年级学生平均年龄约为 7 岁半，该年龄段本身就是合作能力的发展关键期，在此阶段实施干预课程，会使学生合作性的提升更加迅速。此外，二年级学生在对任务目标的理解能力上要强于一年级学生，而本研究中测查学生合作行为所选择的由囚徒博弈范式改编而来的卡片游戏对于学生自身的理解能力和抽象运算能力都有一定的要求，因此，在合作行为同时得到增强的条件下，二年级学生在外显的实验任务表现上可能优于一年级学生，这是造成实验分数增值效果随年龄不同有所差异的另一原因。

（三）社会观点采择能力和合作行为的关系

本研究在研究一中测查了控制年龄的条件下，社会观点采择能力和合作行为之间的相互预测程度，结果发现，合作行为水平对社会观点采择能力的预测程度比社会观点采择能力对于合作行为的预测程度更强。在研究二中进一步通过二年级实验班两项指标的交叉滞后分析结果验证了合作行为对于二年级小学生社会观点采择能力的前提基础作用。这一结果也在以往研究中得到了一定证实，如针对我国 4、5 岁—7、8 岁儿童社会观点采择能力的研究发现，同伴间的互动交往经验对于儿童采择能力的发展有明显的促进作用，而缺乏同伴互动经验的儿童在去自我中心上存在明显困难，印证了儿童在合作过程中有利于其采择他人观点能力的发展。李幼穗等也通过实验研究指出，基于合作行为和同伴互动经验的干预训练是培养儿童社会观点采择能力的重要途径。由此也可看出，合作行为要求合作双方从整体考虑问题而非仅仅从自己的角度出发，在这一过程中，儿童逐渐克服自我中心，使从他人角度看问题的能力得以提升。

但也有相关研究表明，社会观点采择能力作为儿童重要的社会认知能力，对于合作行为有着明显的预测作用。如元分析发现，社会观点采择能力对于儿童的亲社会行为能够显著预测儿童的亲社会行为，在控制年龄的条件下，前者对后者的预测程度仍然显著。较为合理的解释是，具有较高观点采择能力的儿童更能够克服自我中心，充分理解他人的需求，从而表现出如合作、帮助、分享等有针对性的利他行为。不一致结果的出现可能与被试所处的年龄阶段有关。社会观点采择能力属于儿童的认知能力，而根据皮亚杰的认识发展阶段理论，6—7岁的低年级小学生仍旧处于前运算阶段向具体运算阶段的过渡期，抽象思维能力的发展具有局限性，其理解问题依旧需依赖于具体事物。因此，通过提升儿童社会认知能力进而使其表现出更高水平的亲社会行为这一从抽象到具体的转化过程，可能受到低年级小学生理解能力局限性的影响，效果并不显著。而通过给儿童提供合作机会，促进其亲社会行为，使其积累同伴互动经验的过程，可能会使儿童在与同伴的合作交往中更加成功地去自我中心主义，站在他人的角度上思考问题，实现社会认知能力的提升。

（四）局限与展望

本研究以目前新课改及美育进校园大背景下，新兴起的拓展课程教育戏剧作为干预手段，重点考查了教育戏剧干预课程对于小学低年级学生的社会观点采择能力和合作行为的培养作用，并得出两项指标在教育戏剧干预课程的作用下提升效果明显的结论。但教育戏剧课程中包含众多模块内容，如肢体训练、语言训练、声音训练等，每个模块对于儿童社会性的不同要素可能起着不同的作用，因此在未来的干预课程设计中，可通过梳理已有文献进一步测查教育戏剧课程中的某一部分教学内容对于儿童特定心理因素的改善作用，从而使课程的推广更加具有针对性。

此外，研究探讨了儿童的社会观点采择能力和合作行为的关系，并得出了合作行为可能对于社会观点采择能力具有一定的预测作用这一结果。该结果与前人的部分研究具有一定不一致性，但对此研究者也提出了可能性的解释，即对于该年龄段的学生，具体的合作行为训练有助于儿童社会交往经验的积累，对于其采择他人观点也具有积极的作用。对于二者相互间的预测关系是否会随儿童年龄段的不同而呈现出差异性这一问题，在今后的研究中还有待于选取不同年龄阶段的被试群进行进一步的测查。

最后，本研究中显示，干预课程对于一、二年级儿童干预效果具有一定的差异性。对于这一结果有几种可能性的解释，如不同年龄段被试自身语言表达、问题理解能力方面存在差异性，以及实验任务的难度可能影响了课程干预效果的表现程度等。对于这些可能性的解释在未来研究中还可进行一一验证。如可在考查儿童心理指标的同时，收集其语言能力、认知理解力相关测验的成绩作为解释干预课程效果对不同年龄的被试群存在一定差异性的原因。

结论

（1）教育戏剧干预课程对小学一、二年级学生的社会观点采择能力和合作行为具有改善效果，对于二年级学生的效果尤为明显。具体表现为在前测成绩无显著差异的基础上，通过十四周的教育戏剧干预课程，一年级实验组学生的合作行为水平，二年级实验组学生的社会观点采择能力与合作行为水平均显著高于对照组和空白组学生。两个年级三个组学生的前、后测对比也表明，实验组学生两项指标的后测成绩均显著高于前测，但其余两组学生的前、后测成绩并不存在显著差异。对比两个年级三组学生两项指标的前、后测的增值分数发现，二年级实验组学生的增值分数显著高于其他两组学生，而一年级实验组学生仅在社会观点采择总分的增值分数上显著高于其他两组学生。

（2）小学低年级学生的社会观点采择能力和合作行为随着年级的增长而不断提升。具体表现为二年级小学生的认知观点采择、情感观点采择、社会观点采择总分及合作行为显著高于一年级学生。女生在以上指标上的成绩显著高于男生。

（3）在控制年龄的前提下，合作行为对于社会观点采择的预测程度要高于社会观点采择对合作行为的预测度。进一步在发展中考察二者间相互关系的交叉滞后分析表明，二年级小学生的合作行为对其社会观点采择能力发挥着前提基础作用。

附录

附1：教育戏剧干预课程十四课时内容简表

目的	课次	主题	主要内容
戏剧基本能力的开发	第一课时	肢体探索（一）	探索和发展身体动作的各种可能性
	第二课时	肢体探索（二）	尝试用不同肢体部位表达自己的情绪情感
	第三课时	感官与情绪的知觉	锻炼感官敏感性，用感官体现感受和情绪
	第四课时	创造力培养	创造性地构建戏剧场景、情节
	第五课时	音乐效果	用简单的器乐、道具等创造出与情节、环境相呼应的声音效果，使
戏剧创作能力的应用	第六课时	用声音表达自我	探索各种声音的可能性,运用声音表达思想、感觉和角色
	第七课时	语言（口语）的运用技巧	运用语言作为个人探索和社会互动
	第八课时	人物和对话（一）	在戏剧扮演中，随机与其他角色进行对话
	第九课时	人物和对话（二）	将人物间的对话逐渐拓展为情节或场景
	第十课时	情节和主题（一）	描述故事的主要议题和内容
	第十一课时	情节和主题（二）	聆听并响应故事，重现故事片段
表演与反思	第十二课时	以小组为单位的"微剧"演出（一）	以小组为单位，探索议题，结合课程所讲内容，塑造一个完整情节
	第十三课时	以小组为单位的"微剧"演出（二）	以小组为单位，探索议题，结合课程所讲内容，塑造一个完整情节
	第十四课时	总结、回顾与反思	回顾课程内容，将参加教育戏剧课程后的感受用声音、语言、文字、绘画等形式表达出来

附 2：教育戏剧干预课程部分教学设计

注：由于研究篇幅原因，在此仅附部分教学设计。

教育戏剧干预课程教学设计

（第 2 课时）

基本信息					
课程名称		肢体探索（二）			
课程类别	教育戏剧课程	学段 / 年级	小学一、二年级	班级	教育戏剧实验班
指导教师	张桢（"淘星网"教育戏剧总监）	上课时间	2016 年 9 月 16 日 8:00—8:45	人数	30 人
教学目标					
1. 从熟悉自己的感官，逐渐进入到戏剧场景中，融入团队伙伴； 2. 通过小组间利用感官系统的通力配合，完成作品，促进学生在合作中体验他人感受的能力； 3. 通过第三个环节的合作游戏，构建小组成员间的共同目标，使成员间通力协作，为了共同的目的寻找对策，锻炼合作能力。					
教学准备					
1. 道具类：音响，魔力球等 2. 场地布置：活动教室					

教学过程			
活动名称	活动设计目的	活动内容	活动时间
暖身活动："身体打招呼"	以用肢体打招呼的形式开始课程，在课程伊始彼此熟悉，增加对身体不同部位的觉察和控制能力，增强团体动力。	（1）课前请全班学生先通过报数分组，每6人为一组，围成一个圆圈； （2）听到音乐响起时，大家共同围着圆圈以自己舒适的姿势行走，边行走边思考，我想用哪个身体部位向他人打招呼，该部位可以做出什么样的动作； （3）当听到老师发出口令，如"用手臂打招呼"，小组成员要分别用手臂做出自己想打招呼的动作，向身边的人问候。听到老师发的"分开"的指令后，再次回到圆圈外围行走； （4）教师通过变换指令使学生不断练习用身体的不同部位打招呼的方式，如"用你的膝盖打招呼"，"用你的头顶打招呼"等等。 **分享与讨论：** 你觉得用哪个部位打招呼最困难？ 你最喜欢别人用哪个身体部位与你打招呼？为什么？	5分钟
角色体会："我是雕塑家"	通过想象和挖掘身体的部位，用塑性的方式改变别人的肢体动作来进行雕塑，练习对肢体的控制能力，通过分别担任雕塑家和被雕塑者换位体验不同角色的感受，并尝试与团队通力完成作品。	（1）每个小组中选出一名同学假扮成志愿者，扮演可以被他人任一雕塑的黏土； （2）各组的其他五个同学排成一队，依次走到"黏土"身边，每名同学每次只可以改变黏土一个身体部位的形态，如"抬高黏土人的胳膊"，"使黏土人单脚站立"等，但雕塑的过程中小组成员之间不可以相互交流； （3）待本组内每位同学都给黏土雕塑过一次之后，游戏结束，请本组成员依次为大家解释：自己为何要这么雕塑黏土人？你觉得自己组雕塑的形象是什么？ **思考与分享：** 担任雕塑家的同学：你为何要改变黏土人的这个动作？在你改变动作前是否思考过在你之前进行雕塑的同学想要展示一个什么角色？你觉得你给黏土人设计的动作舒适吗？ 担任黏土人的同学：你喜欢被同学这样雕塑吗？为什么？在被别人雕塑和雕塑别人的过程中，你的感受有什么变化？	12分钟

续表

教学过程			
活动名称	活动设计目的	活动内容	活动时间
团队配合："放烟火"	培养学生通过观察他人采择他人观点，并为了团队的共同目标，合作完成一个相对完整的戏剧场面、情节的能力。	（1）教师通过动态视频或图片进行情境引入，如要过年了，放烟花使我们常做的庆祝活动，请大家仔细观察，烟花从开始被点燃到绽放的过程以及周围人的表现； （2）教师引导学生想象，自己心目中理想的烟花是什么样子的？ （3）请组内同学通力合作完成烟花造型，听到老师喊"放"时，1号同学要做出放的动作，"烟"时，2号同学要做出烟花刚刚被点燃，即将绽放时的形态，"花"时3号同学要表现出绽放的烟花的姿态，而4、5号同学要分别扮演看烟花的人，突出自己看到烟花时的神情；6号同学则要扮烟花绽放之后掉落直至消失的形态。 （4）教师可提醒学生，自己的表演要与他人相互配合，在演绎中要关注他人的状态，如"放烟花的人动作力度大，可能花火绽放的程度更大，看烟花的人随之表现的可能也就越欣喜"。 **分享与思考：** 你觉得你们小组放出的烟花是怎样的？你喜欢这样的烟花吗？在活动中，你是如何根据他人的表现调整自己的动作的？	20分钟

教育戏剧干预课程教学设计

（第3课时）

基本信息				
课程名称	感官与情绪的知觉			
课程类别	教育戏剧课程	学段/年级	小学一、二年级	班级：教育戏剧实验班
指导教师	张桢（"淘星网"教育戏剧总监）	上课时间	2016年9月23日 8:00—8:45	人数：30人

续表

教学目标
1.锻炼感官敏感性，使学生能够将自己的感官感受的信息用语言表达出来； 2.通过游戏中环节的设计，使学生能够通过他人的肢体语言采择他人感受； 3.通过第三个环节的合作游戏，构建小组成员间的共同目标，使成员间通力协作，为了共同的目的寻找对策，锻炼合作能力。

教学准备
1.道具类：音响，装好风油精、洗衣粉、大蒜、糖果、柠檬的小瓶子； 2.场地布置：活动教室

教学过程			
活动名称	活动设计目的	活动内容	活动时间
暖身活动："我用眼睛告诉他"	通过眼神传递的方式练习学生的视觉敏感性，通过他人眼神察觉他人的心理变化，进而采择他人感受和想法。	（1）课前请全班学生先通过报数分组，每6人为一组，围成一个圆圈； （2）听到音乐响起时，大家共同围着圆圈以自己舒适的姿势行走，当音乐停止时，选择一个身边的同学，跟他进行眼神接触，并用目光与他打招呼，听到音乐再响起时，本轮打招呼结束，小组成员继续围绕圆圈行走； （3）教师要提醒学生每轮尽量与不同的伙伴用目光语打招呼；教师可在两到三轮之后引导学生在目光中加入自己近期的如"悲伤""喜悦"的情绪。 **分享与讨论：** 在接收到他人的目光信息时，你觉得你能体会他的感受吗？ 在你刚刚接触的目光中，那一次目光交流时最温馨的？	5分钟

续表

活动名称	活动设计目的	活动内容	活动时间
角色体会："闻一闻"	锻炼嗅觉的感官经验，并将这种经验用肢体动作，结合其他感官表现出来，传递给别人；通过观察他人的感官信息传递，体会他人的感受，使团队合作，顺利完成游戏。	（1）活动准备：教师在活动前准备好五个外形完全相同的小药瓶，里面分别装好风油精、洗衣粉、大蒜、糖果、柠檬五样东西，并做好五个标签，上面写好瓶子里盛装的物品名称； （2）在活动开始前教师先引导学生在小组中讨论：如果你闻到酸的东西会做出哪些反应？辣的东西呢？ （3）每组选出五名组员分别走上前闻五样东西闻物品时需蒙住眼睛，教师打开瓶盖将物品放到学生的鼻前，闻好后该同学根据闻到的东西作出相应的动作； （4）待本组内五个同学都做完动作后，剩下的一名学生需走到前面将标签对号入座，教师给每组进行计时，看哪组完成得最快，且准确率最高。 **思考与分享：** 做动作的学生：你是怎样做到尽可能让他人明白自己想要表达的物品名称的？ 猜测的同学：你觉得哪位同学的动作使你最容易确定他所闻到的物品？你在猜测的过程中出现错误的原因是什么？	12分钟
团队配合："吃冰激淋"	培养学生通过调动感官和肢体动作传递剧情，并在团队内根据组员的特点，分工合作表演的能力。	（1）教师通过活动前提问，引导同学说出自己在吃冰激淋时有什么感受；如表情、动作、感觉等，牙齿酸，冰过头，甜甜的，练习用肢体做出相应的动作； （2）教师担任旁白，口述剧情，请学生在原地尝试根据剧情做动作，剧情如下：A. 一天，××同学刚刚上完体育课，快要热死了，口渴得要命；B. 正在这时，他发现课桌上有一支香草和柠檬混合口味的冰激淋，他飞一般的走上前去，迅速拨开了冰激淋的包装；C. 他一下子吃了一大口，哎哟！好冰，牙齿受不了了，于是赶紧把含到嘴里的冰激淋移到舌头上，用嘴巴吸气、吐气……D. 冰激淋慢慢融化了，好甜啊，真好吃！他一边旋转着冰激淋，一边用舌头舔，整个舌头越来越冰，好像麻了…… （4）在集体表演清洁后，请每组选出一位导演，一位旁白，剩下四位同学都作为剧中的主人公，分别演绎四个场景，组成一段完整的剧情，看哪个组表演的最连贯，生动。 **分享与思考：** 你觉得哪位同学的表演最好？你觉得哪个组的成员间配合最默契，表演最连贯，为什么？	20分钟

教育戏剧干预课程教学设计

（第4课时）

基本信息					
课程名称		创造力培养			
课程类别	教育戏剧课程	学段／年级	小学一、二年级	班级	教育戏剧实验班
指导教师	张桢（"淘星网"教育戏剧总监）	上课时间	2016年9月30日 8:00—8:45	人数	30人

教学目标
1. 锻炼学生从自己已有的经验中获得灵感，创造性地建构场景中的人物、道具等； 2. 通过第三个环节的合作游戏，构建小组成员间的共同目标，使成员间通力协作，为了共同的目的寻找对策，锻炼合作能力。

教学准备
1. 道具类：音响，魔力球，报纸 2. 场地布置：活动教室

教学过程			
活动名称	活动设计目的	活动内容	活动时间
角色体会："我用雕像讲故事"	通过复习之前三次课程的所学知识，将一定的故事情节用肢体动作诠释出来，在这一过程中，可锻炼学生创造性地把剧情概括为某个形象及其动作，这种呈现故事的方式有助于调动学生对角色和情节的体会能力，也可以考验观众们的观察能力和站在角色立场体会故事的能力。	（1）在课前用报数的形式将学生分为六组，先给每组五分钟时间，每个人讲述一个最近发生在自己身上或自己身边的简短的故事，在组内选出一个最佳故事； （2）自己的故事被选中的同学将成为本组的导演，负责雕塑其他四个人物，使四个雕塑组成一个完整的故事情节，将自己的故事利用这些人物的造型表现给全班同学； （3）各组的导演带着自己小组的四个雕塑依次上台给全班同学展示，先请其他组同学看着雕塑猜测故事情节，如A同学扮演的可能是什么角色？他正在做什么？接下来即将发生什么？A雕塑与B雕塑之间可能有怎样的关系？然后再由导演将完整的故事讲给大家听。 **思考与分享：** 导演：你在用雕塑诠释情节的时候遇到了哪些困难？你的雕塑是否配你的指令呢？ 雕塑同学：你觉得你表演的这个故事有趣吗？你对角色的思考与导演想要表达的意思一致吗？ 观众同学：你认为哪个组的故事最有趣？你认为哪个组的表演最生动？请尝试说明理由。	20分钟

续表

教学过程			
活动名称	活动设计目的	活动内容	活动时间
团队配合："造型游乐园"	发觉身体部位，表现肢体创意，练习身体的自我控制，引导学生与他人合作表现游乐园里的常见景物和人物。	（1）讨论游乐园里常见的景色、人物或公共设施等，如花草、卡通雕塑等景色，长椅、垃圾桶、快餐亭等公共设施，摩天轮、碰碰车等娱乐设施；并让学生尝试用肢体语言去表现他们； （2）教师组织全班学生为做成一个正方形，教师手中拿着魔力球，口述游乐园中的场景、人物及其动作，每出现一个景物或人物，教师便将魔力球随机传给一位同学，接到球的同学进入圈中（即假想的"游乐场"）中扮演相应的景物或人物，摆好姿势后老师拿回球，开始准备找同学扮演下一个角色。 教师口述场景：现在游乐场里空空的，我们先把垃圾桶放进去，想象一下，垃圾桶应该放在哪里比较合适呢？（说完将球传给一位同学，请他来扮演垃圾桶）离垃圾桶不远处有一个长椅，上面有两个年轻的女生在休息。长椅的右手边有一个快餐亭，天气真热，老板一边收拾餐盒一边不停挥动着手里的扇子。这时，一位老奶奶带着他的孙子进入了游乐园，孙子想要买冰糕，老奶奶不同意，强把孙子按在了长椅上，孙子一边反抗一边开始大哭。一不小心把坐在旁边的女生手里的饮料碰洒了，女生生气地站起来，将没喝完的饮料扔进了垃圾桶里（扮演垃圾桶的同学需要配合做出打开盖子的动作）。 **分享与思考：** 扮演老奶奶和孙子的同学：你觉得故事中老奶奶/孙子的情绪是怎样的？ 剧情中被碰洒饮料的女生与垃圾桶的配合是否默契？你是否能看出女生生气地情绪？ 你认为整个剧情中哪部分的表演最洒位，配合最默契？为什么？	20分钟

第八章　美术类课程研究

——美术类课程对小学生创意自我效能和创造性倾向的影响

21 世纪以来，创造能力和创新素质的培养被提上日程，而培养这种能力要从小学生开始。长期以来，理论界较为重视智育对学生创造力的培养，而美育对创造力的促进作用却未引起足够的重视和研究。事实上，美育在促进个体审美能力发展的同时，也在促进着个体创造力的发展，而且这种发展还会有助于精神创造力的成长。众所周知，美术教育和创新能力一直以来都有着密切的联系，美术教育有利于开发学生大脑，为学生提供发展创新性潜能的机会和途径，促使学生成为创意人才（Creative talent），为我们国家的经济发展和文化繁荣作出突出贡献。

自 20 世纪 50 年代吉尔福特提出应该注重创造力的培养以来，随着时间的推进，对创造力培养研究的深入，创造力已经成为当今教育研究的重要课题，而创意自我效能（Creative self-efficacy）是国内外学术界近些年来的一个热点研究话题，对于创意自我效能感的研究发现，创意自我效能感对个体的创新行为具有显著预测作用，创意效能感影响个体对创造性行为的选择、进行创造性行为的心向及为之付出的努力，创意效能感水平越高的个体越具有创新能力，更能充满信心地去做出创新的行为；创造力倾向（Creative tendency）的发展滞后于创造性思维，因此培养创造力有必要重点培养创造性倾向，儿童时期是个性形成的关键时期。因此，培养和发展创造力倾向值得研究者关注。个体具备良好的创造性心理特征是创造力发展必不可少的心理保障。

通过阅读文献发现近些年来关于创造力培养方面大都集中在对创造性思维的培养方面，而创意自我效能和创造性倾向的培养则是个体具有创造力的前提和基础。创意自我效能感和创造性倾向是自我效能（Self-efficacy）和人格特质（Personality traits）两个概念在创新领域深度上的延伸和广度上的拓展，那么小学生的创意效能感和创造力倾向水平究竟怎么样？它们之间又是存在着怎样的联系？"高参小"美术类课程对于培养小学生在创意自我效能和创造性倾向方面能不能起到一定的影响，多大影响？

因此本研究就想探究"高参小"美术教育对于培养小学生创意自我效能感和创造性倾向的影响，从而为培养时代需要的创新型人才奠定一定的基础。

一、文献综述

（一）创意自我效能感

1. 创意自我效能感概念的界定

创意自我效能感（Creative self-efficacy）也可以被称为创新自我效能感、创造力自我效能感以及创造性自我效能感。它是自我效能感（Self-efficacy）理论在创新领域 (Innovation field) 的具体应用（拓展和延伸）。1977 年美国著名的心理学家班杜拉（Bandura）提出了自我效能感的概念，此概念是在对人的动机和行为进行深入研究后提出的，定义为"个体对自己有没有能力完成某一行为的信念"。而创意自我效能感的产生是需要一股内在的持续的动力和自信心去激励个体坚持完成自己的某一创新行为，特别是当个体遇到阻碍时，个体的这样的内在动机就更加强大，从而促使个体去努力完成这一行为。所以说创意自我效能感相对于自我效能感，是在创新领域的拓展延伸和具体应用。

创意自我效能提出的时间不是太久，还是一个比较新的概念。该效能是在 2002 年由 Tierney & Farmer 提出的，他们认为创意自我效能感是"个体（individuality）在自己所从事的某个特定任务中能不能取得创造性成果的自信心或信念（self-belief）"。Choi 在 2004 年的研究中认为创意自我效能感实质上就是每个个体对我们自身是否具有创新能力的一种认知和觉察，这将直接影响到个体能否做出创造性行为以及结果的好坏。Shin & Zhou 在 2007 年通过研究个体层面的创意自我效能基础之上，继而又提出了团队自我效能感（Team self-efficacy）的概念。团队效能感就像整体要大于部分之和一样，并不是 1 + 1 = 2 的简单相加，它是在团队层面上特有的一种属性特征，并随团队进程的发展而不断变化，可能对团队的创新活动产生影响。张景焕在 2011 年认为与创造力相关的自我效能感表现为创造力自我效能感，是指个体在日常生活及学习中，对自己具不具有创造力的一种内在自信心与自我评价。洪素萍 & 林珊如在 2004 年对学生群体的创意自我效能感进行了研究和讨论，认为个体的创意自我效能指的是其对自身是否有能力产生创造性产品的信念。

综合以上对创意自我效能感的定义不难看出不同的学者都是从创造性在自我效能感领域的某一个层面去进行总结深化从而提出不同含义的，本研究认为创意自我效能作为一种特殊的自我效能，是个体创意行为中的一个重要激励因子，能够持续不断地激励生命个体坚守创意工作的信念，对创造力的发展具有显著影响。因此本研究是在前人研究的基础上结合本研究的研究视角来探究美术类课程对小学生创意自我效能的影响。

2. 创意自我效能感测量方法的研究

关于创意自我效能感的测量目前可分为个体领域和团体领域两种。

个体层面：一种方式是量表直接测量，另一种方式是访谈加量表同时进行。最早的是 2002 年 Tiernery & Farmer 设计的量表，分为制造业量表和运营业量表，采用里克特 7 点计分的方式，主要用于测量员工在平时工作中是否具有完成创造性任务的自信心。量表具有较高的信度。2007 年新加坡学者陈爱月等对高中生的创意自我效能感进行了测查，量表也同样具有较高的信度。国内研究者在编订关于创意自我效能感量表方面也有一些成果。例如：王楠、张立艳、王洋编定的《创新自我效能感对创新行为的影响：多重中介效应分析》，2011 年顾远东和彭纪生编订的《创新自我效能感对员工创新行为的影响机制研究》。他们都是对过往的经典量表做了一些改良，从而得到新的量表，适合国内人群使用。但是施用的广泛性不够。从国内研究来看，由台湾学者洪素萍和林姗如在 2004 年所编订的创意自我效能感量表使用较多，此量表共有 17 题，分为三个维度，分别是：创意思考策略、创造性成品信念以及抗负面评价信念。此量表的内部一致性信度在 0.66—0.82 之间，再测信度达到 0.88。该量表的维度划分符合本研究中对创造性自我效能的定义，并在国内的相关研究中多次使用，并取得了良好的效果，所以本研究决定采用此量表对小学 4—6 年级学生的创造性自我效能进行测量。

团体层面：对于评价团队效能感，主要有以下三种方法：第一，将每个成员的创意自我效能感的值累计相加，最终得到一个总值，即是团队自我效能感的值。第二，通过对团队成员对团队能够产生创意产品信念的评价相加再平均而得到最终的团队的创意自我效能感水平。第三，团队成员对在一起通过谈论协商最后得到一个一致性的评价，即最终的团队创意自我效能感水平。这三种方法各有利弊，对于不同团体，可以采用不同的方法。此外，我国学者隋杨在2012编制了团队创意自我效能感量表。

3. 创意自我效能感的影响因素的研究

影响创意自我效能感和影响自我效能感的因素大致相同。

过去的成败经验，过去的成败经验可以很明确的指向个体的自我效能，每个个体都可以真实地感受到自己的成就，所以个体过去的成败经验是影响个体创意自我效能的最重要的因素之一。个体成功的经验与个体的创意自我效能成正比。如果个体的创意效能感很高，那么，即使偶尔的失败经验也不会对个体的创意效能产生直接的影响。

替代性经验，一种间接经验，是个体通过观察或感受榜样的行为后而获得的体验，从而对自身产生间接的影响。个体看到一个和自己水平差不多的示范者成功，会提升个体的创意自我效能，反之，会降低创意自我效能感。

言语说服，是一种微弱且短暂的影响因素。如果说服者所说的是否符合实际，那么，个体就会认为自己具备达到任务所需的能力。由此可见，说服者说话得当会提升个体创意自我效能。

生理和情绪状态，指的是个体的生理和心理状态会影响到个体的效能感，当个体身体不舒适时或出现焦虑抑郁等情绪时，会降低个体的创意自我效能感。

除此之外，还有一些因素会影响个体的创意自我效能感，例如：个体的努力程度、工作难度、外在环境等。

4. 创意自我效能感的其他相关研究

国外关于创意自我效能的研究比较全面，研究的影响因素也比较广，主要涉及了例如教师的支持行为和不同的课堂氛围对学生自我效能感的影响；社会经济地位对个体创意自我效能感的影响；自身的角色认同对人体在所从事创造性工作中所获得的自我效能感的影响；以及关于时间规划，创造力内隐度（Implicit creativity），生活满意度等对自我效能感的影响等。相对于国外较为广泛的研究而言，国内的研究就比较单一，主要影响因素方面比较少，主要关注的是人口学变量（Demographic variables）对创意自我效能感的影响。例如：性别，年龄，年级对创意自我效能感的影响。创意自我效能感在性别和年龄方面存在分歧，有些研究认为不存在性别差异，有些研究认为存在性别年龄及年级的差异。于是国内的学者也提出了许多关于创意自我效能的影响因素，例如，王晓玲，张景焕在 2008 年在就提出了过去的成败经验，言语说服，工作难度，成败归因等对创意自我效能存在影响。

关于创意自我效能研究的领域，最开始研究此概念大多集中在企业，研究企业中管理者，员工的创新能力（陈晓，2006）；后来推及学校，林碧芳研究中小学教师的创意自我效能，2009 年黄春燕研究研究生，2008 年洪素萍和林珊如研究大学生，2006 年 Beghetto 研究初中生，高中生，2008 年王晓玲研究小学高年级学生，由此可知关于创意自我效能的研究领域越来广泛。关于研究方式也由单一变得多样，但主要还是以问卷调查为主，现在已经扩散到跨文化研究和准实验研究的领域；关于创意自我效能的研究内容方面大多集中在了创造性活动与创造性自我效能的关系方面；从研究的地域来看，关于对创意自我效能的研究主要集中在国外和我国台湾地区，通过文献搜索和已有研究成果分析可看出。

由此我们可以看出，对创意自我效能感的研究还相对不完善，缺乏在大陆适用的量表之外还缺乏大量的量性数据分析，因为关于现存的创意自我效能的研究结果不是很一致，还有很大争议，而且关于创意自我效能感的影响因素研究还有很大的拓展空间，所以，对创意自我效能开展研究还具有很大的现实意义。综上，本研究想对小学生的创意自我效能感的水平及影响因素进行研究和探讨，从而为后续的创意自我效能感研究提供更多的实证依据。

（二）创造性倾向文献综述

1.创造性倾向概念的界定

早在 20 世纪中叶，吉尔福特（Guiford）就发表了关于创造性的演说，主张心理学家们应该重视对创造性的研究。小学生创造力的培养一直备受教育者的重视，在大力研究创造力的同时发现，很多研究都是围绕着创造性思维进行的，而创造性倾向（Creative tendency）则是创造性思维发展的前提和基础，小学时期是一个转折期，思维发展的关键年龄是在 9—10 岁。然而关于创造性倾向的研究是最近才几年涉及的一个方向，主要基于人格特质（Personality traits）理论的在创造性方面的延伸，即个体在日常生活中有无创造性行为的性格。对创造性倾向的研究比较一致的定义是：个体对自身所具有的能否完成创造性活动积极的心理倾向。

2.创造性倾向测量方法的研究

创造性倾向测量的工具主要包括的发散思维测验与创造性思维测验和自陈

量表，而从人格视角考量的研究多采用创造倾向性测验，比如创造性人格最表、发现才能团体问卷等。

（1）小学生社会创造性倾向问卷

该问卷是由谷传华等人编制的，是用来考察小学生社会创造性倾向的问卷，总共包括威信、出众性、交往能力、问题解决特质、坚毅进取性、主动尽责性六个维度，问卷具有较高信度，它的效标关联效度是根据班主任对学生在其社会创造性的综合评价作为效标，班主任从学生人际交往的有效性、主动性、冒险性、挑战性、适当性和学生在解决社会性问题的过程中所表现出来的独特性、变通性、流畅性、精致性等九个方面，该量表采用"总是""经常""有时""很少""从不"五个等级的计分方法。

（2）青少年创造性倾向问卷

此问卷是由北京师范大学教师申继亮等人所编制而成的，是针对青少年这个群体编制的。问卷采用里克特五点计分的方法，共 37 个题目，共包括五个维度分别是冒险性、自信心、好奇心、挑战性和意志力。五个维度的分数相加得分越高说明青少年创造性倾向发展越好。此问卷具有较好的信度和效度。

（3）威廉斯创造性倾向问卷

通过测查人的性格特点来测量人的创造性倾向。此量表应用比较广泛。包括四个因子分别是：冒险性、好奇性、想象力、挑战性。以三点计分的方法：1（一点也不像）、2（有点像你）、3（非常像你）来计分，共包括 50 个题目。每个因子得分相加后得分越高表明个体创造性倾向越强。量表各项分数 α 系数介于 0.4—0.7，总分的 α 系数介于 0.77—0.81 之间，具有较好的信效度。

3. 创造性倾向的影响因素研究

影响创造性倾向的因素有很多，主要有人格，动机，创造性思维，学业成绩，心理健康，认知风格等方面。

人格，是个体具有创造能力不可缺的部分之一。创造力和人格的关系既不是独立的关系，而是一种包含和被包含的关系，也就是说，特定的人格特征或者创造人格是系统的创造力的必要组成部分，有研究表明开放、有雄心、具有好奇心、坚持不懈的人具有更高的创造性。

心理健康，是指个体能适应环境的发展。有研究表明适应性强的学生、总是能处于愉快情绪状态下的学生具有更高的创造性。

动机，是指促使个体取得成功的一种内部动力。对创造性而言，内部动机强的人相对于外部动机强的人具有更高的创造性能力。

学业成绩与智力，有两种不同的观点，一种观点认为学习成绩与创造性无相关，托兰斯以创造性思维和各种智力测验为测量工具，对随意抽取的小学儿童进行创造力和智力关系的考察。结果发现所测得的两组儿童的相关都很低。另一种观点认为是有较高的相关，王纬虹等发现，小学生的学业成绩与创造性思维显著相关，创造性倾向仅与数学成绩显著相关。

4.创造性倾向的其他相关研究

主要涉及创造性倾向与情绪状态、人格特质、学习动机、心理自身因素等的研究。林崇德认为，个体早期创造性倾向发展的好坏会直接影响个体创造力一生的发展。李西营的研究发现具有高创造性人格的人通常比普通人更加外向，灵活和有雄心。那么，笔者从过去研究情况分析来看，以往研究，很多都在研究人格和创造性的关系，结论认为创造性人格也和人格一样具有稳定性持久性等特征。在学者申继亮的研究中发现，"创造性倾向对个体的心理过程起着调节的作用，为个体创造力的发挥提供着心理状态和背景"。"创造性倾向通过引发、促进、调节和监控来对创造力发挥作用。卢家楣等学者利用实验法，对学生的教学现场进行实验，研究了情绪状态对学生创造力的影响，发现学生在愉快的情绪状态下创造力水平更高"。

由此，我们可以看出青少年时期正是个体一生发展的重要时期，无论是在生理、认知还是在社会性等方面都发生了重大变化，是创造性倾向发展的关键时期。所以，本课题想探究关于小学生的创造力倾向。

（三）小学美术教育、创意自我效能感、创造性倾向的关系

1.小学美术教育与创意自我效能和创造性倾向的关系

小学美术教育不同于专门的美术教育，其取向是以教育为主，培养目的不是使儿童将来都成为专业美术家，而是以美术学科为手段，培养出对社会有用的，感性与理性相协调的，具有完整人格的人。而创造性倾向则是创造性在人格特质方面的延伸。在现代学校美术教育出现之前，美术教育的价值取向倾向美术本身，学习美术的直接目的是将美术作为一种职业选择和生存手段。然而，随着社会的进一步发展，技术单一型人才已不能适应时代要求而向"多元复合型人才"转变，美术教育的教育功能逐渐为人们所认识，随之将其作为儿童基础素质教育中不可缺少的一部分，整合基础教育的重要因子走进课堂。多元智能理论证明：单一智能的发展不利于创造性的培养。在秉承全脑开发理念的今

天，人们更加重视右脑，因为左右脑的协调运作才能产生高水平的创造。艺术的学习有助于开发右脑，已成为一种共识。人的右脑与发散思维、直觉、灵感、视觉、空间、情绪、态度、身体协调和创造性关系密切，学校现有的课程大多数以发展逻辑思维为主，而美术课程能提高学生的形象思维能力，从而弥补课程体系的不足，提高学生的综合思维水平。因为形象思维和视觉感受力、观察力、视觉记忆力及形象想象力的发展密切相关。美国杰出的艺术家、艺术教师玛琳·加博·林德曼这样阐释美术的目标："美术是创造性思维、新构想、新发明，原创性、出人意料的反应，独立性、发现性、实验性、开放的态度，交流、想象力、灵活性、自我表达、冒险、考验和错误、自我评价、下结论以及对结论作出评判的平台。"美术教育的目标是造就富于创造力的身心健康的人，而创造性是每个儿童都具有的潜能。儿童无拘无束地进行创作，运用自己的感官去感受和体验生活，这就是发挥创造力的最佳途径。中国正处于应试教育向素质教育转型时期，对创造力培养的研究也刚刚起步。中国美术教育经历由过去的注重基础知识和基本技能，到将培养创造力作为美术教育的目标之一的转变过程，中国的美术教育研究者们较为推崇的是培养创造力与技能的结合。但是不可否认，中国国内关于创造力培养的研究还处于较为浅薄的阶段，仍需要深入而系统的理论研究和大量的实践研究。

2. 创意自我效能与创造性倾向的关系

贾绪计，林崇德，李艳玲的研究表明：创意自我效能感、创造性倾向有着密不可分关系。创意自我效能感较高的个体，也就是说个体为了达到个体的个人目标（新的创意产品），会为之付出不断的努力，而这样的个体会选择有挑战性，有成就感，自己比较倾向目标去行动，从而满足自身的好奇心和求知欲。李西营，刘小先，申继亮的研究表明：创造性人格会影响创意自我效能感。也就是说具有较高创造性人格水平的个体（有雄心、有挑战性、比较开放、独立、善于表达自我）会比具有较低创造性人格（温顺、比较内向，有依赖性，不灵活）水平的个体展现出更高的创造力。创造性倾向（Creative tendency）和创意自我效能感（Creative self-efficacy）是人格特质和自我效能感两个概念在创新领域的延伸或拓展，也就是说这两个概念都是由创造性概念延伸出来的更为具体更为明确的概念。所以，由此预期，创意自我效能与创造性倾向正向相关；创意自我效能能够预测创造性倾向；创造性倾向也会对创意自我效能感有促进作用。

二、问题提出与研究假设

（一）以往研究的不足

经过对文献的分析，可以发现创意自我效能感能够推动个体目标的达成。创造性倾向能够引发、促进和调节创造活动的进行，这两个因素都是创造力中十分重要的因素。近些年来关于创造力培养方面大都集中在对创造性思维的培养方面，而创意自我效能和创造性倾向的培养则是个体具有创造力的前提和基础。创意自我效能感和创造性倾向是自我效能（Self-efficacy）和人格特质（Personality traits）两个概念在创新领域深度上的延伸和广度上的拓展，但用美术类课程对小学生创造性进行培养，提高小学生创造性能力的研究却很少，尤其关于实证研究，由于实施难度大、过程耗时长，研究者更是极少涉及。那么小学生的创意效能感和创造力倾向水平究竟怎么样？它们之间又是存在着怎样的联系？"高参小"美术类课程对于培养小学生在创意自我效能和创造性倾向方面能不能起到一定的影响，多大影响？

因此本研究就想探究"高参小"美术教育对于培养小学生创意自我效能感和创造性倾向的影响，从而为培养时代需要的创新型人才奠定一定的基础。

（二）研究背景

1. 政策支持

2001 年教育部颁布的《基础教育课程改革纲要（试行）》里面明确指出课程改革的目标包括："学生要具有初步的创新精神，实践能力，具有健壮的体魄和良好的心理素质"。由此可以看出基础教育课程改革很重视对学生创新能力的培养。

2002 年 7 月 25 日发布的《中华人民共和国教育部令第 13 号学校艺术教育工作规程》指出："课外艺术教育活动是学校艺术教育的重要组成部分"。由此，可以看出教育部对艺术教育的重视。2010 年 7 月颁布的《国家中长期教育改革和发展规划纲要（2010—2020 年）》要求"坚持全面发展，全面加强和改进德育、智育、体育、美育"，"促进德育、智育、体育、美育有机融合"，"提高学生综合素质，使学生成为德智体美全面发展的社会主义建设者和接班人"。由此可见，美育也站在了很重要的位置。

2015 年 9 月 28 日，国务院办公厅印发《关于全面加强和改进学校美育工作的意见》指出，美育仍然是整个教育事业中的薄弱环节，针对存在的突出问题，义务教育阶段应该开足开齐美育课程。由此可以看出国家对学校美育的重视。

2. 项目支持

根据《北京市教育委员会关于高等学校、社会力量支持中小学体育、美育特色发展工作的通知》，简称"高参小"。北京联合大学也是参与校之一。而且联大开展的课程之一就是美术类课程，其包括三大部分：儿童画—中国画—创意手工。由此本研究想探讨美术类课程对小学生创造力方面（创意自我效能和创造性倾向）的影响。

（三）研究意义

国务院办公厅《关于全面加强和改进学校美育工作的意见》标志着从国家层面开始重视美育在基础教育中的重要地位，摒弃了对美育狭隘偏颇的功利性理解，认识到美育是提升国民综合素质的重要途径。本研究聚焦了国家大力发展美育教育的热点问题，具体价值在于：

1. 理论意义

首先，通过美术类课程对小学生在创意自我效能和创造力倾向两个方面的量化分析，客观的揭示出美术类课程在小学生创造力方面的影响。从而有利于丰富对小学生创造力的研究。

其次，对小学生建立美术课程体系提供依据。

最后，本研究想从实证的角度探讨美术类课程对小学生创造性倾向和创意自我效能的实效性，以期为小学生创造力实证研究提供一些佐证。

2. 实践意义

首先，有利于加强美育综合改革，统筹学校美育发展，促进德智体美有机融合，共同发展。从而推动学校美育的发展。

其次，为北京市深化实施"高参小"提供参考依据。

最后，为促进学生的创造力发展方面提供有效的数据和建议，这不仅对小学生的创新精神具有重大意义，更是为教育实践提供参考和意见。

（四）研究问题

问题一、美术类课程对小学生创意自我效能和创造性倾向的影响。

问题二、小学生创意自我效能感和创造力倾向在性别、年级、是否是学生干部等方面的差异研究。

问题三、小学生创意自我效能感和创造力倾向的相关研究。

问题四、小学生创意自我效能感和创造力倾向的回归研究。

（五）研究假设

假设一：美术类课程的学习对小学生创意自我效能感的提升有显著影响。

假设二：美术类课程的学习对小学生创造性倾向的提升有显著影响。

假设三：小学生创意自我效能感和创造力倾向在性别，年级，是否是学生干部等方面存在显著差异。

假设四：小学生创意自我效能感和创造性倾向各个维度具有高度的正向相关。

假设五：小学生创意自我效能感对创造性倾向各个维度有正向预测作用。

（六）研究思路

本研究的基本思路是：分析文献—参与"高参小"美术类课程实践—实施前测—进行干预—实施后测—得出结论—总结展望。

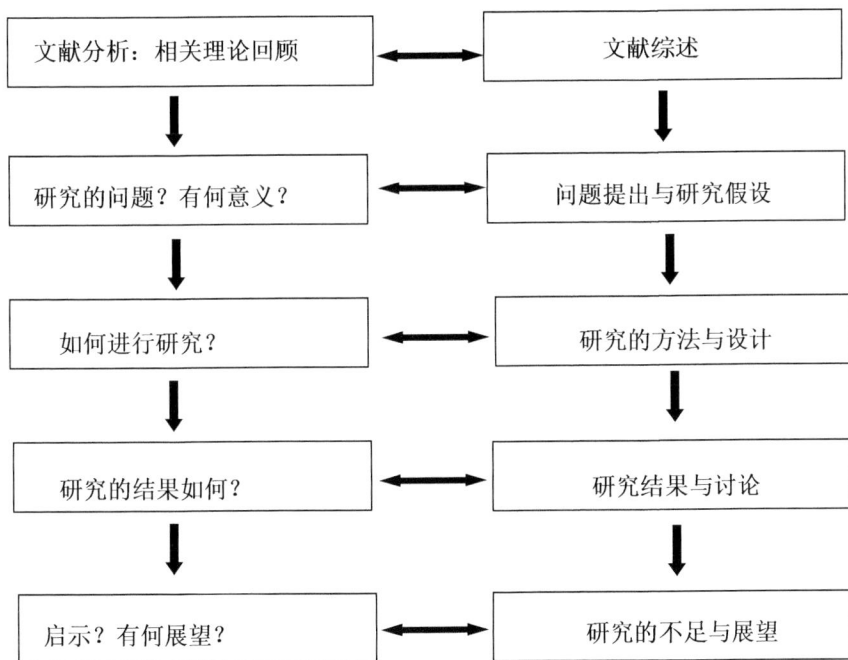

图 8-1　研究思路

三、实证研究

（一）研究方法与工具

1. 研究方法

行动研究法：根据已开发好的课程（基于美术类课程对小学生创造性的影响），在教授美术类课程的过程当中，综合运用多种研究方法，以提升小学生创意自我效能和创造性倾向为目的。

调查问卷法：把创意效能感量表、威廉创造性倾向量表合并成一个创新行为量表对学生进行测查。

观察法：教师通过听课，观察学生的表现。

访谈法：为了了解学生对美术类课程的看法，每个班抽出五名学生进行访谈，具体探讨学习这门课程之后你觉得自己在哪些方面有进步。

2. 研究工具

（1）威廉斯创造性倾向问卷（见附录一）

本研究测量学生创造性倾向选用的是《威廉斯创造性倾向问卷》，此问卷是通过测量人的一些性格特点来测量个人的创造性倾向。共50题，三点计分的方式，包括冒险性、好奇性、想象力、挑战性四个因子。信度：各项分数内部一致性信度介于0.41—0.70，总分的 α 系数介于0.77—0.81之间，具有较好的信效度。

（2）创新自我效能量表（见附录一）

本研究测量学生创造性自我效能采用的测量工具是台湾学者洪素苹、林珊如于2004所编制的学生创意自我效能量表。共17个题目，四点计分的方式，其中正向计分14个项目，反向计分3个项目，共包括三个维度：分别为创意思考策略信念、创新成品信念和抗负面评价信念。信度：各分量表的 α 系数介于0.66—0.82，具有良好的内部一致性信度；重测信度为0.88；"在效度检验中，所有项目的 OUTFIT 介于0.78—1.14；INFIT 介于0.79—1.14"。说明该量表具有良好的信效度。

因以上两个量表的维度划分符合本研究的要求，并且在大陆的相关研究中使用多次，并取得了良好的效果，所以本研究决定采用此量表对小学4—6年级学生进行测量。

（3）访谈提纲

你喜欢上美术类教育的课嘛？

你觉得"高参小"美术类课程（儿童画、创意手工、中国画）和平时上的美术课一样吗？有什么区别？你更喜欢那一个？

你认为"高参小"美术类课程（儿童画、创意手工、中国画）老师讲课方式和平时老师讲课方式一样吗？有什么区别？你更喜欢那一种？

你觉得"高参小"美术类课程（儿童画、创意手工、中国画）培养的是你哪些方面的能力？你觉得你能力在哪些方面有所提高？

（二）研究被试

从北京联合大学项目牵手小学北京市第一七一中学附属青年湖小学（四年级：儿童画；五年级：创意手工；六年级：中国画）每个年级各四个班的学生作为被试学习美术类课程，共407人。由4—6年级的学生组成。其中四年级男生66人，女生68人；五年级男生67人，女生70人；六年级男生57人，女生70人。前测发放问卷407份，收回问卷403份，通过筛选有效问卷达398份，回收率达97.7%。后测同前测，没有一次性收齐后又找学生单独再测。

表8-1　研究被试分布表

性别		年级			是否担任过学生干部		平均年龄		
男	女	四年级	五年级	六年级	担任过	未担任过	四年级	五年级	六年级
190	208	134	137	127	203	195	9.5	10.6	11.8

（三）实测程序

将创意自我效能量表和创造性倾向量表汇总成一个完整的量表并起一个总体的名字（创新能力测试），再由受过良好训练的心理学的学生担任主试向被试发放问卷，并且要向被试说明调查的目的和告知被试问卷只供学术研究（匿名答题）。让被试知道的自己的隐私不会被泄露，以班级为单位，使用统一的书面指导语和口头指导语进行集体施测。

课程开发由北京联合大学艺术教育专业学生和心理健康教育专业的研究生共同讨论研发，经由艺术教育专业教师审定合格，授课教师参加培训后，最后走进课堂。一学期之后对小学生进行第二次问卷施测。

（四）统计方法

运用问卷测量法，对使用《威廉斯创造性倾向问卷》和《创新自我效能量表》采集的数据运用 spss17.0 统计软件对数据进行统计分析。在数据分析中得到小学生在创意自我效能和创造性倾向的整体数据以及各维度的整体状况，进行描述统计，方差分析，配对样本 T 检验，皮尔逊相关分析等。

（五）美术类课程介绍

为了使研究对象更加聚焦，更加具体，借助于北京市"通过高等学校、社会力量参与小学体育美育发展工作"（简称"高参小"）项目的支持，本研究选择了儿童画、中国画、创意手工这三门课程。

儿童画：四年级，主要以创设情境（故事、音乐、问题、想象），以多元的方式（画生活中熟悉的事物、提前告诉学生下次要画的内容让学生在日常生活中勤于观察、让学生学会临摹画作做微调）从而激发小学生对学习的热情，画出美的创作；我们都知道四年级的孩子处于小学阶段的中段，正是从幼儿期步入少年期的过渡时期。他们的认识水平有了一定的提高，不那么以自我为中心了，看问题不完全依赖于客观。这一阶段教师在指导创作美术作品时应以激发儿童的情感作为基本点，使学生在表现客观事物的同时，激发他们的好奇心和强烈的表现欲望。

创意手工：五年级，主要以立体构成的形式，以学生为中心，令孩子们发挥无限创意与培养孩子们的动手能力。有句老话说："孩子聪明的头脑里总是装着很多的新点子"，而此次"高参小"创意手工课程的目的基于此也是为了锻炼从而提高小学生的创新能力。在手工制作活动中，不仅要使学生明白物品的具体使用功能，更多地让学生懂得之所以这样表现的意义，从表现的用途、材质和用具等多方面加以思考，强调物品对生活的重要意义，这样做就会使学生带着思考去创作。创作完成后，学生在关注自己的作品时，更要关注他人的作品，并积极地领会他人的设计思想，创造性地加以吸收和借鉴，从而激发思维，扩大视野。

中国画：六年级，主要以"墨分五色"为概念基础突出"水"与"墨"在中国画中的核心地位与文化属性，以中华民族传统文化的传承为载体，根据儿童的特点设计适合儿童创作的事物（生活中的事物），从而提高小学生的综合素质并培养其以创造力为核心的审美能力，六年级的学生思想上更加成熟，不但对事物的外表有了一定的认识，而且能够发掘其内涵，对待事物也有独立的主体意识，因而这一阶段的美术教育应注重加深主观情感与客体对象之间的结合。在五、六年级这一阶段的教师，在指导学生创作美术作品时应激发学生的主体意识，将实用性和审美性有机结合，从而创作出独特的美。

儿童画—中国画—创意手工三门课程，是由动到静，再由静转动，路径转换节奏丰富，互动性体验性强，从而激发学生们对创意的热情，提高学生们的创新能力以及创造个性，区别于学生们平时在课堂中所学习的美术课程。

1.儿童画课程简介（四年级）

教学目标：以学生生活中的事物出发，了解更多的儿童画技法方面的知识，学会用多种表现形式来展示各种主题，培养其观察能力，激发学生的好奇心，拓宽想象空间，加深学生对美的理解和认知，增强自身的审美意识。从而提高学生的创造能力和创意个性。

表8-2 儿童画课程内容（四年级）

	课程主题	主要对应的创意品质		课程主题	主要对应的创意品质
1	器物 花盆	想象力	2	器物 闹钟	想象力
3	器物 自行车	挑战性 创新成品信念	4	器物 汽车	挑战性 创新成品信念 想象力
5	动物 鱼	想象力 创意思考策略	6	动物 蜗牛	想象力 创意思考策略
7	动物 小猫	好奇心 冒险性	8	动物 小狗	好奇心 冒险性
9	植物太阳花	创意思考策略 想象力	10	植物 竹子	创意思考策略 想象力
11	人物 我	抗负面评价信念 创意成品信念	12	人物 我的妈妈	抗负面评价信念 创意成品信念
13	景物 心中的房子（附件三）	好奇心 冒险性 创新成品信念	14	景物 海底世界	好奇心 冒险性 创新成品信念
15	儿童画组合圣诞节前夕	全面	16	儿童画组合欢乐的万圣节	全面
17	自由创作	全面	18	自由创作	全面
19	课堂展示	抗负面评价信念	20	课堂展示	抗负面评价信念

设计说明：儿童画由五个主题（器物、动物、植物、人物、景物）构成，充分遵循儿童的年龄特点，从儿童的生活实际出发，将培养儿童的创意自我效能和创造性倾向的设计理念贯穿始终，每个主题分别对应了不同的主要的创意品质。

课程实施：美术类课程在北京联合大学牵手学校北京市第一七一中学附属

青年湖小学开展，由四年级的两个班学生组成。每周两个课时，共十个教学周。课程设计由北京联合大学艺术教育专业学生和心理健康教育专业的研究生共同讨论研发，经由艺术教育专业教师审定合格，授课教师参加培训后，最后走进课堂。

课程评价：

（1）对学生进行评价（横向和纵向相结合的模式）

第一，及时评价（immediate evaluation）：通过课堂表现采用教师点评和学生互评。

第二，阶段评价（stage evaluation）：每个主题结束后采用授课教师评价和全体学生互评的方式。

第三，发展性评价（developmental evaluation）：学期末教师，同学，自己对自己进行评价。

（2）对课程本身进行评价

采用访谈学生的方法。

2.创意手工课程简介（五年级）

课程目标：从学生生活实际中的具体事物出发，让小学生真切感到手工制作的创意空间是无止境的，使儿童有强烈的学习和创作欲望。借助于动手制作，启发儿童学会发现生活中的美，用艺术美化其的心灵。使儿童养成独立思考的优良习惯，并通过创意过程培养学生的创造力，从而促进学生创意的个性化发展。

表8-3　创新手工课程内容（五年级）

	课程主题	主要对应的创意品质		课程主题	主要对应的创意品质
1	剪纸 蝴蝶	创新成品信念 挑战性	2	剪纸 "喜喜"	创新成品信念 挑战性
3	折纸 兔子	创新成品信念 好奇心	4	折纸 青蛙	创新成品信念 好奇心
5	实物利用 吸管作星星	想象力 创意思考策略	6	实物利用 乒乓球作卡通人物	想象力 创意思考策略
7	废物利用 易拉罐	创意思考策略 想象力 挑战性	8	废物利用 纸盒	创意思考策略 想象力 挑战性
9	粘贴画 手工豆子	想象力 好奇心 挑战性	10	粘贴画 树叶	想象力 好奇心 挑战性

	课程主题	主要对应的创意品质		课程主题	主要对应的创意品质
11	粘贴画 蛋壳	想象力 好奇心 挑战性	12	彩泥 动物（附件三）	好奇心 创新成品信念
13	彩泥 动物	好奇心 创新成品信念	14	彩泥 动物	好奇心 创新成品信念
15	自由创作	全部	16	自由创作	全部
17	自由创作	全部	18	自由创作	全部
19	展示	抗负面评价信念	20	展示	抗负面评价信念

设计说明：创意手工是由五个主题（剪纸、折纸、实物利用、粘贴画、彩泥）组成，充分考虑儿童的年龄发展特点，从儿童的切身生活出发，将培养儿童的创意自我效能和创造性倾向的设计理念贯穿始终，每个主题分别对应了不同的主要的创意品质。

课程实施：美术类课程在北京联合大学牵手学校北京市第一七一中学附属青年湖小学开展，由五年级的两个班的学生组成。每周两个课时，总共有十个教学周。课程设计由北京联合大学艺术教育专业学生和心理健康教育专业的研究生共同讨论研发，经由艺术教育专业教师审定合格，授课教师参加培训后，最后走进课堂。

课程评价：

（1）对学生进行评价（横向和纵向相结合的模式）

第一，及时评价（immediate evaluation）——通过课堂表现采用教师点评和学生互评；

第二，阶段评价（stage evaluation）——每个主题结束后通过教师评价和学生互评；

第三，发展性评价（developmental evaluation）——学期末教师，同学，自己对自己进行评价。

（2）对课程本身进行评价

采用访谈学生的方法。

3.中国画课程简介（六年级）

课程目标：通过中国画教学让学生了解中国传统绘画的悠久历史和伟大成就，懂得如何分辨和运用墨色，能够了解和掌握基本的用笔和用墨方法，掌握基本的绘画方法。通过临摹优秀的国画作品，掌握中国画的分类及其工具特点，能自如地表现所绘对象，启迪学生的创意热情，由此创作出独特、优秀的美术作品，推动学生创意个性化发展。

表8-4 中国画课程内容（六年级）

	课程主题	主要对应的创意品质		课程主题	主要对应的创意品质
1	练习握笔 用笔		2	练习握笔 用笔 研墨	
3	花鸟 牵牛花	好奇心 创意思考策略	4	花鸟 荷花	好奇心 创意思考策略
5	花鸟 金鱼	好奇心 创意思考策略	6	花鸟 麻雀	好奇心 创意思考策略
7	山石练习1	想象力 挑战性	8	山石练习2	想象力 挑战性
9	山石练习3	想象力 挑战性	10	山石练习4	想象力 挑战性
11	人物 武生	创新成品信念 好奇心	12	人物 花旦	创新成品信念 好奇心
13	人物 孩子	创新成品信念 好奇心	14	人物 小丑	创新成品信念 好奇心
15	书法 自己的名字	挑战性 创新成品信念	16	书法 古诗	挑战性 创新成品信念
17	自由创作 竹篮里的柿子（附件三）	全面	18	自由创作 圣诞前夕	全面
19	展示	全面 抗负面评价信念	20	展示	全面 抗负面评价信念

设计说明：中国画由四个主题（花鸟、山石、人物、书法）构成，充分遵循儿童的发展特点，从儿童的生活出发，将培养儿童的创意自我效能和创造性倾向的设计理念贯穿始终，每个主题分别对应了不同的主要的创意品质。

课程实施：美术类课程在北京联合大学牵手学校北京市第一七一中学附属青年湖小学开展，由六年级的两个班的学生组成。每周两课时，共十个教学周。课程设计由北京联合大学艺术教育专业学生和心理健康教育专业的研究生共同讨论研发，经由艺术教育专业教师审定合格，授课教师参加培训后，最后走进课堂。

课程评价：

（1）对学生进行评价（横向和纵向相结合的模式）

第一，及时评价（immediate evaluation）：通过课堂表现采用教师点评和学生互评。

第二，阶段评价（stage evaluation）：每个主题结束后采用教师评价和学生互评的方式。

第三，发展性评价（developmental evaluation）：学期末教师，同学，自己对自己进行评价。

（2）对课程本身进行评价

采用访谈学生的方法。

四、研究结果

（一）美术类课程对小学生创意自我效能的影响

1. 小学生创意自我效能的总体水平

首先对小学生的创意自我效能的总体水平进行了测试，结果见表8-5

表8-5　小学生创意自我效能的总体水平

	N	极小值	极大值	均值	标准误	标准差
创意思考策略	398	5.00	20.00	15.63	0.15	2.89
创新成品信念	398	6.00	24.00	17.39	0.16	3.15
抗负面评价信念	398	6.00	24.00	17.11	0.17	3.41
创新自我效能总分	398	22.00	65.00	50.19	0.39	7.51

根据表8-5，此次测试，创新自我效能总分的极大值为65分，平均值为50.19分，小学生创意自我效能的总体水平良好。

2. 小学生创意自我效能前后差异比较

对实施经过一学期时间美术类课程的培养，收集到前测和后测的数据后，对前后测的差值进行差异检验，发现学生创意自我效能感的总分和其各因子都存在着显著差异。

表8-6　小学生创意自我效能前后测差异检验

各因子前后测差值	儿童画（N=134） （M ± SD，t，p）	创意手工（N=137） （M ± SD，t，p）	中国画（N=127） （M ± SD，t，p）
创意思考策略	0.67 ± 0.08；8.12；0.00	0.65 ± 0.08；8.43；0.00	1.11 ± 0.97；11.52；0.00

各因子前后测差值	儿童画（N=134） （M±SD，t，p）	创意手工（N=137） （M±SD，t，p）	中国画（N=127） （M±SD，t，p）
创新成品信念	0.46±0.09；5.15；0.00	0.77±0.09；8.57；0.00	0.64±0.12；5.46；0.00
抗负面评价信念	0.61±0.08；7.82；0.00	1.32±0.12；11.42；0.00	0.69±0.08；8.34；0.00
总分	1.14±0.24；4.86；0.00	1.73±0.17；10.29；0.00	1.60±0.17；9.48；0.00

注：.** .01 水平上显著　* .05 水平上显著。

由表8-6可知，经过一学期时间美术类课程的培养，无论是儿童画，创意手工还是中国画在创意自我效能各个因子方面，都存在着显著性差异。儿童画，P < 0.01，(T= 4.86，P=0.000)；创意手工，P < 0.01，(T= 10.29，P=0.000)；中国画，P < 0.01，(T= 9.48，P=0.000)。说明经过一个学期的学习，小学生创意自我效能无论是各个因子还是总分都存在着显著性的差异。

本研究将各部分差异用图体现，更加直观的表现了各部分差异。

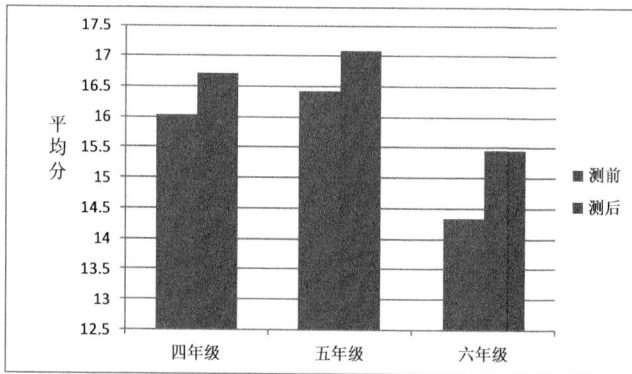

图8-2　创意思考策略分数前后测差异

图8-2为被试创意思考策略因子的平均分对比，如图所示，可以看出无论是前侧还是后测，五年级在创意思考策略上的平均分都是最高的，六年级则是最低的，四年级居中。后测的平均分均比前侧的平均分高。说明经过一学期时间美术类课程的培养，无论是儿童画，创意手工还是中国画在创意思考策略因子方面，存在着显著性差异，美术类课程对提升小学生创意自我效能效果显著。

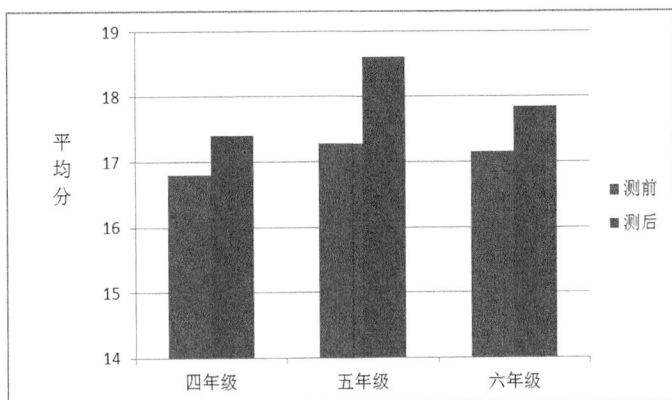

图 8-3　创新成品信念分数前后测差异

图 8-3 为被试创新成品信念因子的平均分对比，如图所示，可以看出无论是前测还是后测四年级在创新成品信念因子的平均分都是最低的，五年级最高，六年级居中。但后测的平均分均比前侧的平均分高。说明经过一学期时间美术类课程的培养，无论是儿童画，创意手工还是中国画在创新成品信念因子方面，存在着显著性差异，美术类课程对提升小学生创意自我效能效果显著。

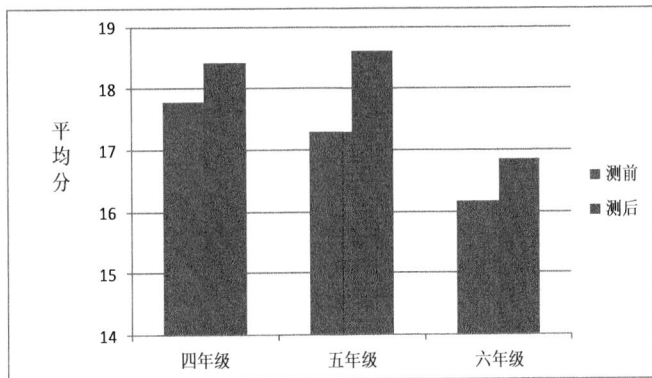

.
图 8-4　抗负面评价信念分数前后测差异

图 8-4 为被试抗负面评价因子的平均分对比，如图所示，可以看出前测随着年级的增高学生在抗负面评价维度上呈现逐渐降低的趋势，在后测方面平均分均有提升，五年级的提升的最多。后测的平均分均比前侧的平均分高。说明经过一学期时间美术类课程的培养，无论是儿童画，创意手工还是中国画在抗负面评价因子方面，存在着显著性差异，美术类课程对提升小学生创意自我效

能效果显著。

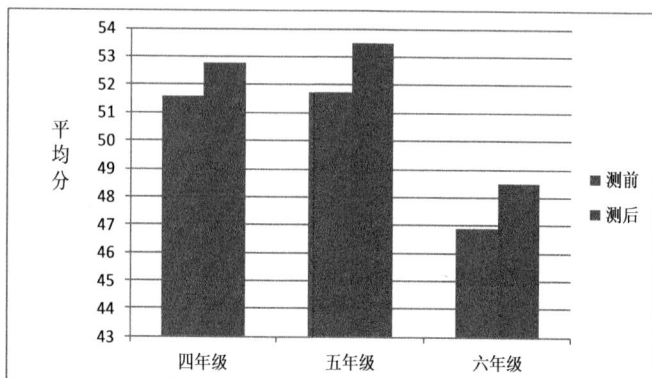

图 8-5　创意自我效能总分前后测差异

图 8-5 为被试创意自我效能总分的平均分对比，如图所示，说明经过一学期时间美术类课程的培养，无论是儿童画，创意手工还是中国画在创意自我效能总分方面，存在着显著性差异，美术类课程效果显著。五年级学生的创意效能感水平最高，四年级居中，六年级最低。

（二）美术类课程对小学生创造性倾向的影响

1.小学生创造性倾向的总体水平

首先对小学生的创造性倾向的总体水平进行了测试，结果见下表 8-7。

表 8-7　小学生创造性倾向的总体水平

	N	极小值	极大值	均值	标准误	标准差
冒险性	398	15.00	32.00	24.03	0.16	3.19
好奇心	398	18.00	58.00	32.53	0.26	5.09
想象力	398	15.00	44.00	27.59	0.24	4.67
挑战性	398	17.00	36.00	28.11	0.17	3.36
创造性倾向总分	398	68.00	147.00	112.33	0.71	13.14

根据表格 8-7，此次测试，创造性倾向总分的极大值为 147.00 分，平均分为 112.33 分，小学生创造性倾向的总体水平良好。

2.小学生创造性倾向前后差异检验

对实施经过一学期时间美术类课程的培养，收集到前测和后测的数据后，对前后测的差值进行差异检验，发现学生创造性倾向的总分和各因子都存在着显著差异。

表 8-8　小学生创造性倾向前后测差异检验

各因子前后测差值	儿童画 N=134 （M ± SD, *t*, *p*）	创意手工 N=137 （M ± SD, *t*, *p*）	中国画 N=127 （M ± SD, *t*, *p*）
冒险性	0.30 ± 0.11；6.15；0.00	0.23 ± 0.14；4.61；0.00	0.26 ± 0.10；7.77；0.00
好奇心	0.58 ± 0.17；3.38；0.01	0.59 ± 0.08；7.51；0.00	0.42 ± 0.06；5.46；0.00
想象力	0.54 ± 0.12；4.58；0.00	0.66 ± 0.08；8.08；0.00	0.50 ± 0.08；8.34；0.00
挑战性	0.46 ± 0.14；3.42；0.01	0.46 ± 0.07；6.83；0.00	0.54 ± 0.66；9.48；0.00
总分	0.63 ± 0.36；1.73；0.09	0.97 ± 0.17；5.80；0.00	1.02 ± 0.14；11.52；0.00

注：.** .01 水平上显著　* .05 水平上显著。

由表 8-8 可知，经过一学期时间美术类课程的培养，无论是儿童画，创意手工还是中国画在创造性倾向各个因子方面，都存在着显著性差异。儿童画：P < 0.01，(T= 1.73，P=0.00)；创意手工：P < 0.01，(T= 5.80，P=0.00)；中国画：P < 0.01，(T= 11.52，P=0.000)。说明经过一个学期的学习，小学生创造性倾向无论是各个因子还是总分都存在着显著性的差异。

本研究将各部分差异用图体现，更加直观的表现了各部分差异。

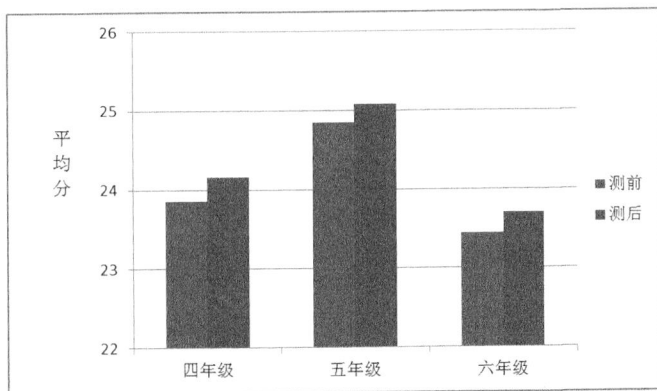

图 8-6　冒险性分数前后测差异

图 8-6 为被试冒险性因子的平均分对比，如图所示，可以看出四年级、五年级和六年级的学生在冒险性因子上得分后测比前测均有一定程度的提高，但

是前后差异都不大。五年级学生在冒险性因子上前后测都是得分最高的，四年级居中，六年级最低。说明经过一学期时间美术类课程的培养，无论是儿童画，创意手工还是中国画在冒险性因子方面美术类课程有效果。

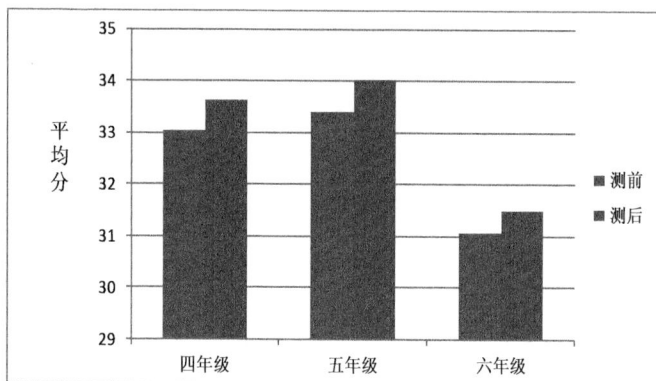

图 8-7　好奇心分数前后测差异

图 8-7 为被试好奇心因子的平均分对比，如图所示，可以看出四年级、五年级和六年级的学生在好奇心因子上得分后测比前测均有一定程度的提高，但是前后差异都不显著。五年级学生在好奇心因子上前后测都是得分最高的，四年级居中，六年级最低。说明经过一学期时间美术类课程的培养，无论是儿童画，创意手工还是中国画在冒险性因子方面美术类课程有效果。

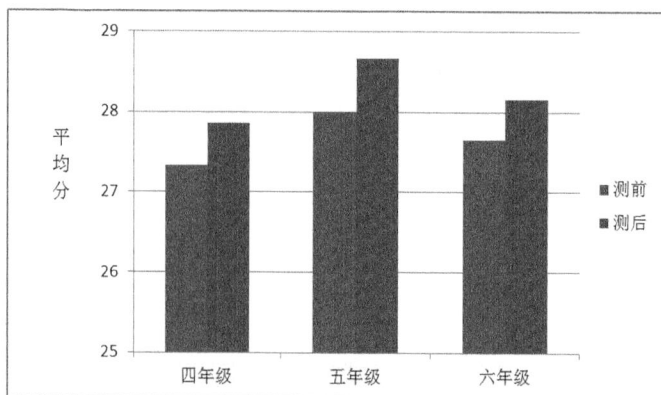

图 8-8　想象力分数前后测差异

图 8-8 为被试想象力因子的平均分对比，如图所示，可以看出四年级、五年级和六年级的学生在好奇心因子上得分后测比前测均有一定程度的提高；五

年级学生在想象力因子上前后测均分都是最高的，四年级居中，六年级最低。说明经过一学期时间美术类课程的培养，无论是儿童画，创意手工还是中国画在想象力因子方面，存在着显著性差异，美术类课程对提升小学生创造性倾向效果显著。

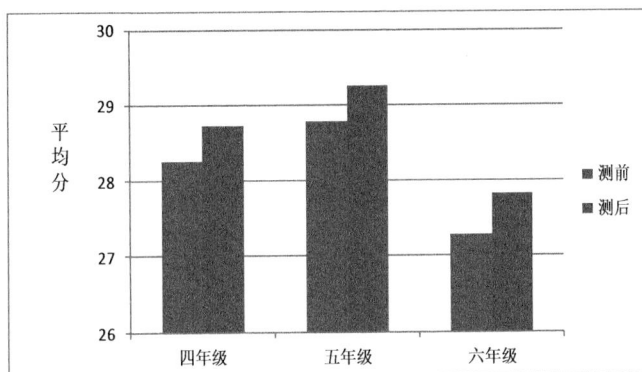

图 8-9　挑战性分数前后测差异

图 8-9 为被试挑战性因子的平均分对比，如图所示，可以看出四年级、五年级和六年级的学生在挑战性因子上得分后测比前测均有一定程度的提高，说明经过一学期时间美术类课程的培养，无论是儿童画，创意手工还是中国画在挑战性因子方面，存在着显著性差异，美术类课程对提升小学生创造性倾向效果显著。五年级学生在挑战性因子上前后测均分都是最高的，四年级居中，六年级最低。

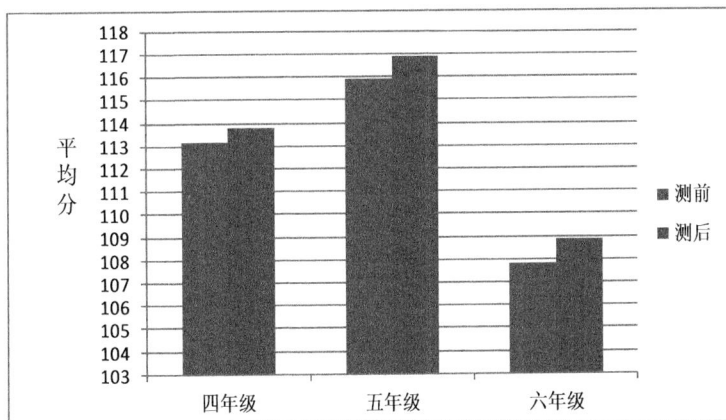

图 8-10　创造性倾向总分前后测差异

图 8-10 为被试创造性倾向总分的平均分对比，如图所示，说明经过一学期时间美术类课程的培养，无论是儿童画，创意手工还是中国画在创造性倾向总分方面，存在着显著性差异，美术类课程对提升小学生创造性倾向效果显著。

（三）小学生创意自我效能感的特点

1. 小学生创意自我效能感性别差异

为了考察小学生创意自我效能感在性别方面的差异，以小学生创意自我效能感的三个维度作为因变量，以人口学变量性别作为自变量进行独立样本 t 检验，见表 8-9。

表 8-9　小学生创意自我效能感在性别方面的差异

	性别	N	M ± SD	t	p
创意思考策略	男	190	15.48 ± 3.03	-0.91	0.204
	女	208	15.75 ± 2.76		
创新成品信念	男	190	17.46 ± 3.27	0.43	0.351
	女	208	17.32 ± 3.57		
抗负面评价信念	男	190	17.17 ± 3.65	0.39	0.089
	女	208	17.32 ± 3.06		
创意自我效能总分	男	190	50.35 ± 8.04	0.43	0.205
	女	208	50.03 ± 6.97		

注：.** .01 水平上显著　* .05 水平上显著

结果显示，小学生创意自我效能和创造性倾向在不同性别方面不存在显著的差异（$p > 0.05$）。

2. 小学生创意自我效能感年级差异

以小学生创意自我效能 3 个维度作为因变量，以年级为自变量进行单因素方差分析，统计结果分别见表 8-10。

表 8-10 小学生创意自我效能感在年级方面的差异

因子	年级	N	M ± SD	F	显著性
创意思考策略	4.00	134	16.03 ± 2.71	20.82	0.000
	5.00	137	16.42 ± 3.08		
	6.00	127	14.34 ± 2.41		
	总数	398	15.63 ± 2.89		
创新成品信念	4.00	134	17.56 ± 2.66	9.12	0.000
	5.00	137	18.08 ± 3.49		
	6.00	127	16.45 ± 3.02		
	总数	398	17.39 ± 3.14		
抗负面评价信念	4.00	134	17.79 ± 3.31	7.90	0.000
	5.00	137	17.28 ± 3.57		
	6.00	127	16.15 ± 3.14		
	总数	398	17.11 ± 3.42		

注：.** .01 水平上显著　* .05 水平上显著

结果显示，在创意思考策略、创新成品信念和抗负面评价信念这三个维度上，不同年级之间差异显著。对于创意思考策略和创新成品信念，五年级 > 四年级 > 六年级；对于抗负面评价信念，四年级 > 五年级 > 六年级。

3. 小学生创意自我效能感在是否是学生干部方面的差异

为了考察小学生创意自我效能感方面的差异，以小学生创意自我效能各维度作为因变量，以性别作为自变量进行独立样本 t 检验，见表 8-11。

表 8-11 小学生创意自我效能感在是否是学生干部方面的差异

	是否是学生干部	N	M ± SD	t	p
创意思考策略	是	203	15.96 ± 2.95	2.29	0.03
	否	195	15.29 ± 2.79		
创新成品信念	是	203	17.79 ± 3.29	2.55	0.01
	否	195	16.97 ± 2.95		

续表

	是否是学生干部	N	M ± SD	t	p
抗负面评价信念	是	203	17.04 ± 3.26	-0.21	0.34
	否	195	17.11 ± 3.54		
创意自我效能总分	是	203	50.70 ± 7.84	1.39	0.28
	否	195	49.61 ± 7.15		

注：.** .01 水平上显著 * .05 水平上显著

结果显示，小学生创意自我效能和创造性倾向在是否当过班干部方面同样有以下维度差异显著：创意思考策略（p=0.03）、创新成品信念（p=0.01），而且当过班干部的学生在创意思考策略、创新成品信念方面分数高于没当过班干部的学生。

（四）小学生创造性倾向的特点

1.小学生创造力倾向在性别方面的差异分析

为了考察小学生创造性倾向方面的差异，以小学生创造性倾向各维度作为因变量，以性别作为自变量进行独立样本 t 检验，见表 8-12。

表 8-12：小学生创造性倾向在性别方面的差异

	性别	N	M ± SD	t	p
冒险性	男	190	23.80 ± 3.07	-1.35	0.098
	女	208	24.24 ± 3.28		
好奇心	男	190	32.69 ± 5.21	0.58	0.521
	女	208	32.39 ± 4.97		
想象力	男	190	27.52 ± 4.87	-0.27	0.390
	女	208	27.65 ± 4.49		
挑战性	男	190	27.89 ± 3.49	-1.22	0.641
	女	208	28.31 ± 3.24		
创造性倾向总分	男	190	112.09 ± 13.81	-0.31	0.394
	女	208	112.53 ± 12.55		

注：.** .01 水平上显著 * .05 水平上显著

结果显示，小学生创造性倾向在不同性别方面不存在显著的差异（p >0.05）。

2. 小学生创造力倾向在年级方面的差异分析

以小学生创造力倾向四个维度作为因变量，以年级为自变量进行单因素方差分析，统计结果分别见表4-9。

表 8-13：小学生创造性倾向在年级方面的差异

因子	年级	N	M ± SD	F	显著性
冒险性	4.00	134	23.85 ± 2.89	6.471	0.002
	5.00	137	24.84 ± 3.02		
	6.00	127	23.44 ± 3.49		
	总数	398	24.03 ± 3.18		
好奇心	4.00	134	33.04 ± 3.83	7.524	0.001
	5.00	137	33.41 ± 5.13		
	6.00	127	31.06 ± 5.94		
	总数	398	32.53 ± 5.08		
想象力	4.00	134	26.72 ± 4.91	2.743	0.066
	5.00	137	28.20 ± 4.51		
	6.00	127	24.82 ± 4.41		
	总数	398	27.59 ± 4.66		
挑战性	4.00	134	28.25 ± 2.97	6.610	0.002
	5.00	137	28.79 ± 3.10		
	6.00	127	27.27 ± 3.83		
	总数	398	28.11 ± 3.36		

注：.** .01 水平上显著 * .05 水平上显著。

结果显示，在冒险性、好奇心和挑战性这三个维度上，不同年级之间差异显著。在想象力维度上，不同年级之间差异不显著（P >0.05）。对于不同维度均是，五年级 > 四年级 > 六年级。

3. 小学生创造力倾向在是否是学生干部方面的差异分析

以小学生创造力倾向四个维度作为因变量，以是否当过班干部为自变量进行独立样本 t 检验，统计结果分别见表 8-14。

表 8-14：小学生创造性倾向在是否是学生干部方面的差异

	是否是学生干部	N	M ± SD	t	p
冒险性	是	203	24.13 ± 3.12	0.64	0.98
	否	195	23.92 ± 3.25		
好奇心	是	203	32.99 ± 5.73	1.71	0.27
	否	195	32.09 ± 4.34		
想象力	是	203	27.22 ± 4.69	-1.43	0.77
	否	195	27.91 ± 4.60		
挑战性	是	203	28.59 ± 3.57	2.85	0.05
	否	195	27.61 ± 3.01		
创造性倾向总分	是	203	113.06 ± 14.01	1.09	0.10
	否	195	111.51 ± 12.18		

注：** .01 水平上显著 * .05 水平上显著。

结果显示，小学生创造性倾向在是否当过班干部方面在挑战性（p=0.05）方面差异显著，而且当过班干部的学生，冒险性、好奇心等方面分数高于没当过班干部的学生。

（五）小学生创意自我效能和创造性倾向的相关分析

为了考察创意自我效能和创造性倾向两方面各维度之间的相关关系，采用双变量相关法进行相关分析，结果见表 8-15。

表 8-15：小学生创意自我效能与创造性倾向的 person 相关分析（N=398）

	冒险性	好奇心	想象力	挑战性	创造性倾向总分
创意思考策略	0.331**	0.289**	0.244**	0.404**	0.356**
创新成品信念	0.272**	0.307**	0.240**	0.400**	0.381**
抗负面评价信念	0.302**	0.302**	0.313**	0.344**	0.387**
创意自我效能感总分	0.365**	0.377**	0.339**	0.454**	0.465**

注：** .01 水平上显著 * .05 水平上显著。

结果显示：创意自我效能各维度和创造性倾向各维度之间均存在显著的相关关系。小学生创意思考策略和冒险性、好奇心、想象力、挑战性显著相关，相关系数分别为 0.331、0.289、0.244、0.404。小学生创新成品信念与冒险性、好奇心、想象力、挑战性显著相关，相关系数是 0.272、0.307、0.240、0.400。小学生抗负面评价和冒险性、好奇心、想象力、挑战性显著相关，相关系数分别为 0.302、0.302、0.313、0.344。整体来看，创意自我效能感总分和创造性倾向总分显著相关，且相关系数较大，为 0.465。在各因素中，挑战性与创意自我效能各维度的相关系数较大，高于冒险性、好奇心和想象力与创意自我效能各维度的相关系数。

（六）小学生创意自我效能对创造性倾向的预测

为进一步考察创意自我效能各维度和创造性倾向各维度之间的相互关系。分别对各变量进行了回归分析。

首先以创造性倾向各维度为自变量，以创意思考策略为因变量，采用 enter 方法进行回归分析，考察了冒险性、好奇心、想象力、挑战性等对创意思考策略的作用。结果见表 8-16。

表 8-16：创意思考策略和创造性倾向的回归分析（N=398）

因变量	自变量	R^2	调整后的 R^2	t	β	p
创意思考策略	冒险性	0.184	0.174	2.17	0.13	0.03
	好奇心			1.52	0.06	0.13
	想象力			-0.43	-0.017	0.66
	挑战性			4.23	0.24	0.00

注：** .01 水平上显著　* .05 水平上显著。

经过回归分析可知，整体的调整后决定系数 R^2 为 0.174，表示创造性倾向各维度可以解释创意思考策略的 17.4% 的变化量。进一步对每个自变量进行分析，可以发现冒险性与挑战性对创意思考策略的预测作用显著（$P<0.05$），回归系数分别为 0.03 和 0.24。好奇心和想象力对创意思考策略的预测作用不显著（$P>0.05$）。表明，冒险性和挑战性越强，创意思考策略水平越高。

然后以创造性倾向各维度为自变量，以创新成品信念为因变量，采用 enter 方法进行逐步回归，结果见表 8-17。

表 8-17 创新成品信念和创造性倾向的回归分析（N=398）

因变量	自变量	R^2	调整后的 R^2	t	β	p
创新成品信念	冒险性	0.189	0.179	0.96	0.061	0.336
	好奇心			1.69	0.068	0.091
	想象力			-0.35	-0.015	0.726
	挑战性			5.01	0.32	0.000

注：**.01 水平上显著 *.05 水平上显著。

经过回归分析可知，整体的调整后决定系数 R^2 为 0.179，表示创造性倾向各维度可以解释创新成品信念的 17.9% 的变化量。进一步对每个自变量进行分析，可以发现挑战性对创新成品信念的预测作用显著（P<0.05），回归系数为 0.32。其余冒险性、好奇心和想象力对创意思考策略的预测作用不显著（P>0.05）。表明，挑战性越强，创新成品信念水平越高。

最后以创造性倾向各维度为自变量，以创新成品信念为因变量，采用 enter 方法进行逐步回归，结果见表 8-18。

表 8-18 抗负面评价信念和创造性倾向回归分析（N=398）

因变量	自变量	R^2	调整后的 R^2	t	β	p
抗负面评价信念	冒险性	0.185	0.175	1.85	-0.127	0.064
	好奇心			1.07	-0.046	0.281
	想象力			1.75	-0.082	0.08
	挑战性			3.16	0.216	0.002

注：**.01 水平上显著 *.05 水平上显著。

经过回归分析可知，整体的调整后决定系数 R^2 为 0.175，表示创造性倾向各维度可以解释抗负面评价信念的 17.5% 的变化量。进一步对每个自变量进行分析，可以发现挑战性对抗负面评价信念的预测作用显著（P<0.05），回归系数为 0.216。其余冒险性、好奇心和想象力对创意思考策略的预测作用不显著（P>0.05）。表明，挑战性越强，抗负面评价信念水平越高。

综上，挑战性对创意自我效能的三个维度均有显著的正面预测作用，冒险性对创意思考策略具有显著的正面预测作用。好奇心和想象力对创意自我效能的三个维度的预测作用不显著。

（七）学生访谈的结果

为了了解学生对美术类课程的认识，笔者采用个别访谈的方法，从四到六年级每个班的学生中抽取 5 名学生，共 60 名学生进行访谈并录音。

以下是学生具有代表性的回答：

我更喜欢上课后一小时的儿童画课程，因为上课比较放松，老师也会用放视频图画的方法，平常上美术课画画总是怕画不好被老师批评被同学笑话，但是课后一小时的美术课就不一样。我觉得我更喜欢美术课了，能力方面我觉得我更大胆了，因为老师并不会批评我。

我比较喜欢上晚上的创意手工课，觉得有意思，有很多有趣的东西可以玩，之前都没见过，就比如粘豆子那个我就特喜欢，完成了之后拿回家我妈妈还夸我手巧有创意。平时的美术课也挺好，学的更多的是怎么画，但是我总是担心会画不好，晚上的课就不会，因为无论怎样我觉得都挺好的，也没有什么太多的标准，挺好。我觉得我有成就了，因为差不多每次学完回家都能拿回去一个小作品。

相比较平时的美术课我喜欢课后一小时的中国画课程，因为老师会给我们准备纸笔墨，这样就不会因为没带而不让上课，还有就是画错了老师还能再给我一张纸。这样一来担心的程度就小了。还有就是上课方式，因为没有美术书，老师一般也都是带着我们画，之后再让我们自己画，老师还会给我们放音乐我觉得挺好。

根据对学生访谈的内容及学生的回答，从总体上看，学生还是比较倾向于课后一小时的美术类课程。

五、讨论

（一）美术类课程对小学生创意自我效能感的影响

美术类课提出让学生在愉快的情境中掌握绘画与动手的基本方式与技巧，培养学生的创造力，提高学生思考能力，创新能力及对抗负面评价的能力。本研究发现，学习一学期后的小学生的创意自我效能水平显著高于没学习时的创意效能感水平，在创意思考策略、创新成品信念、抗负面评价信念各因子以及总量表中前后测的创意效能感水平均存在着显著的差异（见 8-6）。究其原因可以概括为以下几点：

1. 为学生创设情境，从生活入手，促使学生进行创意思考

美术类课程，儿童画主要以创设情境（故事、音乐、问题、想象），以多元的方式从而激发小学生对学习的热情，画出美的创作；创意手工主要以立体构成的形式，以学生为中心，令孩子们发挥无限创意与培养孩子们的动手能力；中国画以中华民族传统文化的传承为载体，根据儿童的特点设计适合儿童创作的事物（生活中的事物），从而促进小学生综合素质的提高以及培养小学生的以创造力为核心的审美能力。

2. 学生在创作完作品后都会有作品展示的机会

作品展示有利于学生们完成创意性创作，同时有利于激发学生创作出更有创意的产品。

3. 教师的鼓励与评价

学生在做作品时，由于个体差异及每个人的创意风格不同，产品可能各式各样，这时有些学生可能就会认为自己做得不好抑或是其他同学可能会嘲笑有些同学的作品。例如：有些同学在画人的时候，并没有画一个头，两只胳膊，而是画了三个头，十个胳膊。这时教师并没有批评这个学生，反而告知他很有创意。

（二）美术类课程对小学生创造性倾向的影响

美术类课提出让学生在愉快的情境中掌握绘画与动手的基本方式与技巧，培养学生的创新能力，提高学生思维能力、审美能力及具体的动手操作能力。本研究发现，学习一学期后的小学生的创造性倾向水平显著高于没学习时的水平，在冒险性、好奇心、想象力、挑战性各因子以及总量表中前后测的创造性倾向水平均存在着显著的差异（见表8-8）。究其原因可以概括为以下几点：

1. 为学生创设情境，从生活入手，激发学生强烈的好奇心

小学时期是儿童心理发展的重要时期，学习活动逐渐取代了游戏而成为儿童的主要活动。学生接触的事物更广泛了，无论是学生的学习活动还是集体活动，都会对学生的思维发展提出新的要求。相对的，学生的求知欲和好奇心就更加强烈。在日常的美术课程中，教师往往为了完成美术课的教学安排及任务，往往会对学生的好奇心有所限制。从（8-6）可以清晰地看到，四年级、五年级和六年级的学生在好奇心因子上得分后测比前测均有一定程度的提高。苏霍姆林斯基曾说过："在儿童的精神世界中，好奇心的需求特别强烈。但如果不向这种需求提供养料，即不积极接触事实和现象，缺乏认识的乐趣，这种需求就会逐渐消失"。在"高参小"美术类课程的学习中儿童画主要以创设情境（故事、

音乐、问题、想象），以多元的方式（画生活中熟悉的事物、提前告诉学生下次要画的内容让学生在日常生活中勤于观察、让学生学会临摹画作做微调）从而激发小学生对学习的热情，画出美的创作；创意手工主要以立体构成的形式，以学生为中心，令孩子们发挥无限创意与培养孩子们的动手能力。中国画以中华民族传统文化的传承为载体，根据儿童的特点设计适合儿童创作的事物（生活中的事物），从而促进小学生综合素质的提高以及培养小学生的以创造力为核心的审美能力；激发了儿童的好奇心。实验结果表明，四年级、五年级和六年级的学生在好奇心因子上得分后测比前测均有一定程度的提高，说明此课程激发了了儿童的好奇心。

2. 尊重学生独特的创造个性

本研究的结果表明，四年级、五年级和六年级的学生在冒险性和挑战性因子上得分后测比前测均有一定程度的提高。俞国良（1996）指出，创造型的儿童应是有以下个性特征：兴趣广泛，有强烈的好奇心；目标专一，有毅力；独立性强；自信心强，身心自己的所作所为是值得的；情感丰富，富于创造欲望，感情容易冲动；一丝不苟，锲而不舍的探索未知世界。在"高参小"美术类课程的学习中，老师不以学生成绩为先导去观察学生，而是关注那些有奇思妙想，兴趣广泛，目标专一的学生。鼓励学生有不同的想法，鼓励学生创作出不同的新点子。

3. 关注学生想象力的培养

王振宇（2000）提出，对于认知过程，想象比记忆更重要，在人的整个认知过程中，从直觉到思维都包含着想象，在人的整个个性行为中，从情感到直觉都包含着想象。在"高参小"美术类课程的学习中，教师总是试图让学生通过各种方法去想象，从而创作出画作或制作出创意的手工。例如：观察生活中的事物（不同的豆子），去想象，进行创作。或是利用废旧的饮料瓶子，去想象创作等。因此，取得了很好的效果。

（三）小学生创意自我效能和创造性倾向的特点

本研究发现，在创意自我效能的各维度及总分上，在性别方面均无显著性差异见（8-9）。这与王晓玲、李金德的研究结果不一致。在王晓玲的研究中出现了性别的主效应，女生的创意效能感明显高于男生。本研究与王芳的研究结论一致，王芳的研究结论是流动儿童在创意效能感方面不存在显著的性别差异。在创造性倾向的各维度及总分上，性别差异结果显示：创造性倾向在不同性别方面不存在显著的差异（p >0.05），见（8-12）。这朱晓红的研究结论一致，她的研究中并未发现3—5年级学生有性别差异。与师玮玮、王晓玲的的研究结论不一致；本研究也未出现性别差异分析原因可归纳为三点；一是男女平等逐渐被强调，不像过去社会重男轻女现象普遍存在。二是在新时期课堂教学中，教师大多能因材施教，根据男女生个体差异采取不同的引导方式。三是由于获取信息的途径日益广泛，虽然男女生在生理上存在差异，但是对社会的认知基本上是同步的。

在是否是学生干部方面的差异分析：是否担任班干部的学生在创意思考策略、创新成品信念因子上差异显著，见（8-11）；分析原因：担任过学生干部的学生，自尊心好胜心相对来说都比较强，同时也具有相对较高的问题解决能力，当他们遇到困难时，就会主动思考怎样解决，而且通常情况下，他们都会让家长老师觉得满意，于是他们就会很好地完成作业，以此得到教师家长的表扬。抗负面评价因子不显著，分析原因可能是由于担任学生干部，经常得到表扬，自尊心比较强，不希望也不想要受到批评或否定。在创造性倾向方面是否是学生干部差异结果显示：小学生在挑战性方面差异显著，且冒险性、好奇心等方面分数高于没当过班干部的学生，见（8-14）。分析原因：由于担任学生干部，较早的帮助老师处理各种任务，遇到困难他们更倾向于去挑战完成。在想象力方面，当过班干部的学生分数低于没当过班干部的。分析原因：因为需要妥善处理各种师生关系，他们更遵守既成的规则。

在年级方面的差异分析：在创意自我效能感三个因子创意思考策略、创新成品信念和抗负面评价信念上，不同年级之间差异显著，见（8-10）。且主效应显著。这与王晓玲的研究结果一致，王晓玲的研究结果是创新成品信念和创意效能感总分主效应显著。对于创意思考策略和创新成品信念，五年级＞四年级＞六年级；对于抗负面评价信念，四年级＞五年级＞六年级。这与王芳的研究结果不一致，分析原因：可能是学生群体不同的原因，王芳的研究群体是流动儿童。与黄春艳的结论也不一致。分析原因：随着学生年龄的增长，学生的自尊心不断提高，慢慢的有了自己的意识和认知，受成人思维模式的影响越来越大，越来越不希望别人对自己给予否定。在过往的研究中分析小学生创意自我效能年级差异的研究很少，大多都集中在了初中和大学阶段，这可能是由于在小学阶段学生的测量有些难度，他们的识字量、理解力都不够。在创造性倾向方面年级差异结果显示，见表（8-13）：在冒险性、好奇心和挑战性这三个维度上，不同年级之间差异显著。在想象力维度上，不同年级之间差异不显著（P>0.05）。对于不同维度均是，五年级＞四年级＞六年级。这与朱晓红、王晓玲的研究结论不一致，她们的结论是六年级学生的创造性倾向更强。分析原因：这可能与所选学校有关，青年湖小学近几年与北京市第一七一中学集团办学，生源变好加之学生数量也变多，由原来的四个班变成现在的八个班。

（四）小学生创意自我效能感和创造性倾向的相关及预测性分析

本研究结果显示，小学生创意自我效能感和创造性倾向呈现显著的正相关。这与2016年贾绪计、林崇德、李艳玲的研究结果一致。他们认为创意自我效能感是自我效能在创造力方面的延伸和拓展，而创造性倾向是人格在创造力方面的具体应用。这两者呈现显著的正相关也无可厚非。李西营、刘小先、申继亮认为创意自我效能感会影响个体的创造性倾向，相反的，创造性人格也会影响创意效能感水平。也有许多类似的结论：例如：2004 Choi，2012 张丽华，认为具有高创意效能感的人通常也具有较高的创造力。2006年 Beghetto 认为具有高创意自我效能感的学生对自己有更积极地评价。本研究的结论与过往的研究结论一致，小学生的创意效能感对创造性倾向具有正项预测作用，反之亦成立。

六、研究结论

（1）小学生创意自我效能感水平以及创造性倾向水平良好；美术类课程对小学生创意自我效能和创造性倾向的提升有显著影响。

（2）在性别方面，小学生创意自我效能和创造性倾向均不存在显著差异；在是否是学生干部方面，小学生创意自我效能在创意思考策略和创新成品信念因子上存在着显著差异，小学生创造性倾向在挑战性因子上存在着显著的差异；在年级方面，小学生创意自我效能和创造性倾向均存在显著差异。

（3）小学生创造性自我效能和创造性倾向具有显著的正向相关关系。

（4）小学生创造性自我效能能够部分预测小学生的创造性倾向。创意思考策略能够正向预测冒险性和挑战性；创新成品信念能够正向预测挑战性；抗负面评价也能够正向预测挑战性。

七、反思及未来展望

（一）反思

（1）在研究方式上。本研究不是因果研究，没有具体的控制变量，所以要想得出确切的结论，还需要进一步的实验研究。

（2）在样本的选择上。学校跨度不够，想要了解小学生的创新自我效能感总体水平和创造性倾向水平，还需要更大样本。

（3）在研究的设计上。研究设计不是很完美，缺乏实验研究。

（4）在干预方案和实施过程上，首先是此研究只跟踪了半学期课程，并没有做长期的课程跟踪；第二是对于课程的内容安排（不同的年级学的课程不一样），是否合适。此外如何让美术类课程发挥出它真正的效果，达到提升学生的创意能力，还需要在今后的教育教学中进一步探索。

（二）未来展望

随着创意自我效能和创造力倾向研究的不断深入，不断完善，期望关于创意自我效能和创造性倾向的实证研究更多一些。在两个变量上都可以做到年龄上的有效衔接（从三年级到研究生），跨领域（教师，主管，员工等），跨文化（亚洲，美洲等）的研究。

附录一

小学生创新能力问卷

指导语： 这是一份帮助你了解自己创造力的测试。在下列句子中，如果你发现某些句子所描述的情形很适合你，就请你在答案纸上画对号。

基本信息：

性别：男 女 年龄： 年级：三 四 五 六 是否是班干部：是 否

题目	完全不符合	比较不符合	比较符合	完全符合
1. 当我面对新问题时，我相信我能很快联想到很多个解决方案。	1	2	3	4
2. 当我遇到难解的问题时，我相信我能尝试新方法来解决。	1	2	3	4
3. 面对困难的问题，我相信我不会用固定的方法解决。	1	2	3	4
4. 没看过的问题，我也找不到方法解决。	1	2	3	4
5. 当我面对具有挑战性的任务时，我深信我能联想到许多相关的知识。	1	2	3	4
6. 面对难解的问题时，我相信我总是能想到别人意想不到的答案。	1	2	3	4
7. 我相信我能写出新颖独特的作文。	1	2	3	4
8. 与其他人相比，我相信我做出来的作业更别出心裁。	1	2	3	4
9. 我能用巧妙、有趣、不寻常的方法改进一些东西，使它们更实用、更好玩。	1	2	3	4
10. 我认为我所做出来的作业，与他人相同。	1	2	3	4
11. 我觉得我想不出其他的方法，使我的作业更具创新性。	1	2	3	4
12. 需要思考新的解决方法时，我相信我能忍受他人的异样眼光，自由想象。	1	2	3	4
13. 就算老师不鼓励创新的观点，我还是会用不同的方法解决问题。	1	2	3	4
14. 就算家人不欣赏我的独特观点，我还是会尽情地想象。	1	2	3	4
15. 当家人批评我的创新作品时，我就会放弃	1	2	3	4

续表

题目	完全不符合	比较不符合	比较符合	完全符合
16. 如果同学无法接纳我的创新点子，我会想办法说服他们。	1	2	3	4
17. 当老师不接受我的创新作品时，我想我仍会坚持自己的理想。	1	2	3	4

题目	一点也不像你	有点像你	非常像你
1 在学校里，我喜欢试着对事情或问题作猜测，即使不一定都猜对也无所谓。			
2 我喜欢仔细观察我没有看过的东西，以了解详细的情形。			
3 我喜欢听变化多端和富有想象力的故事。			
4 画图时我喜欢临摹别人的作品。			
5 我喜欢利用旧报纸、旧日历及旧罐头盒等废物来做成各种好玩的东西。			
6 我喜欢幻想一些我想知道或想做的事情。			
7 如果事情不能一次完成，我会继续尝试，直到成功为止。			
8 做功课时我喜欢参考各种不同的资料，以便得到多方面的了解。			
9 我喜欢用相同的方法做事情，不喜欢去找其他的方法。			
10 我喜欢探究事情的真假。			
11 我喜欢做许多新鲜的事			
12 我不喜欢交新朋友。			
13 我喜欢想一些不会在我身上发生的事情。			
14 我喜欢想象有一天能成为艺术家、音乐家或诗人。			
15 我会因为一些令人兴奋的念头而忘记了其他的事。			
16 我宁愿生活在太空站，也不喜欢住在地球上。			
17 我认为所有的问题都有固定的答案。			
18 我喜欢与众不同的事情。			
19 我常想要知道别人正在想什么。			

续表

题目	完全不符合	比较不符合	比较符合	完全符合
20 我喜欢故事或电视节目所描写的事				
21 我喜欢和朋友在一起，和他们分享我的想法。				
22 如果一本故事书的最后一页被撕掉了，我就自己编造一个故事，把结局补上去。				
23 我想做一些别人从来没想过的事情。				
24 尝试新的游戏和活动，是一件有趣的事。				
25 我不喜欢太多的规则限制。				
26 我喜欢解决问题，即使没有正确答案也没有关系。				
27 有许多事情我都很想亲自去尝试。				
28 我喜欢唱没有人知道的新歌。				
29 我不喜欢在他人面前发表意见。				
30 当我读小说或看电视时，我喜欢把自己想成故事中的人物。				
31 我喜欢幻想 200 年前人类生活的情形。				

题目	一点也不像你	有点像你	非常像你
32 我常想自己编一首新歌。			
33 我喜欢翻箱倒柜，看看有些什么东西在里面。			
34 画图时，我很喜欢改变各种东西的颜色和形状。			
35 我不能确定我对事情的看法都是对的			
36 对于一件事情先猜猜看，然后再看是不是猜对了，这种方法很有趣。			
37 玩猜谜之类的游戏很有趣，因为我想要知道结果如何。			
38 我对机器有兴趣，也很想知道它里面是什么样子，以及它是怎样转动的。			
39 我喜欢可以拆开来玩的玩具。			
40 我喜欢想一些新点子，即使用不着也无所谓。			
41 一篇好的文章应该包含不同的意见或观点。			

题目	完全不符合	比较不符合	比较符合	完全符合
42 为将来可能发生的问题找答案，是一件令人兴奋的事。				
43 我喜欢尝试新的事情，目的只是为了想知道会有什么结果。				
44 玩游戏时，我通常是有兴趣参加，而不在于输赢。				
45 我喜欢想一些别人常常谈过的事情。				
46 当我看到一张陌生人的照片时，我喜欢去猜测他是怎么样一个人。				
47 我喜欢翻阅书籍及杂志，但只想知道它的内容是什么。				
48 我不喜欢探寻事情发生的各种原因。				
49 我喜欢问一些别人没想到的问题。				
50 无论在家里或在学校，我总是喜欢做许多有趣的事。				

答题结束，谢谢你的合作!

附录二

四年级儿童画《心中的房子》教学案例

设计意图	
房子很贴近生活，在日常生活中随处可见，对此也不会感到陌生。选择《心中的房子》一课，借助这种常见的事物，引导学生学会细心观察身边的事物，善于发现生活，激发学生的创造力。	
辅导目标	·**知识与能力目标**：知道房子的结构，运用生活熟悉的事物通过夸张变化设计漂亮的房子。 ·**过程与方法目标**：培养学生想象和动手能力，学会欣赏别人的画。 ·**情感、态度、价值观目标**：通过美术学习培养学生的学习兴趣，激发学生的创造力。
辅导重点	运用生活中的事物，通过夸张变形创作一栋漂亮的房子。
辅导难点	房子结构的组合。
辅导材料	经验准备：观察过房子。 物质准备：画纸、彩笔、蜡笔。
教学方法	讲解、分析、启发的教学法。
教学流程示意	
组织课堂—设立规则（2分钟） 1. 激发兴趣—图片导入（10分钟） 2. 创设情境—激发想象（18分钟） 3. 制作环节—自由创作（20分钟） 4. 展示环节—师生互评（10分钟）	

教学过程			
教学环节	时间	活动内容	活动目的
组织课堂	2分钟	教师组织课堂，提出课堂要求	转移学生注意力到课堂上

教学过程			
教学环节	时间	活动内容	活动目的
一 课堂导入	10分钟	（一）激发兴趣 图片导入 （1）看图片 教师把准备好的PPT打开，请同学们认真观看。 欣赏：今天同学们带来了许多你们找到的观察过的房子的照片，请你们介绍一下。 　交流：请你介绍一下你看到的房子是怎么样的？给你什么样的感觉？【好奇心】 　梳理：原来房子有不同的形状，有圆形的、三角形的，还有不同的颜色、不同的高度、不同的风格给我们带来了不一样的感受。 教师小结：一栋栋漂亮的房子花费了设计师们的心血，正因为设计师们的创造，使我们生活增添许许多多美丽的风景线。你们想不想成为一名小设计师，设计属于自己的房子呢？ 师：那我们今天就一起来设计漂亮的房子。 （2）点明课题 今天我们上《心中的房子》这一课，点明主题。	【设计意图】 由图片开始导入，由视觉开始，引发了学生浓厚的兴趣，激发学生的好奇心，在教学过程中还采用了提问式方法促进故事情节的持续引入。
二 激发想象	18分钟	创设情境 激发想象【想象力】 老师：同学们请认真观看图片里出现的房子，看看它是由哪几部分组成的？有什么特点呢？ 学生：两部分，三部分……样式比较多，都是方方正正的…… 老师：你们看到了什么颜色的房子呢？ 学生：白色、红色、黄色…… 师：你们以前是怎么画房子的呢？请个别学生上台画房子。 师：你们喜欢这样的房子吗？你们可以保留自己的意见，下面我们一起来看看老师画的房子。 展示教师作品。 让学生通过对比说一说你更喜欢哪一幅？为什么？ 教师指导学生欣赏作品。 小结：其实日常生活中许许多多我们熟悉的事物都是我们创作的素材，只要我们善于发现和大胆地运用，都可以创造出许多漂亮的作品。 提问：如果让你来做小小设计师，你会为自己设计一座怎么样特别的房子呢 梳理：原来在你们心目中房子可以这么先进，不仅美观、实用，还有那么多先进的用途。	【设计意图】 用提问的方式，引发学生无限的思考，从而激发学生的想象力。

		教学过程	
教学环节	时间	活动内容	活动目的
三	自由创作	30分钟	（三）制作环节 自由创作 学生绘制作品（教师作指导） 此阶段，教师似乎没有太多的工作要做，但这就不对了，此阶段非常能反映教师的教学素养，比如，因材施教的教学，班级人数较多，所以留给学生动手实践的时间同时也给了老师最好的机会去辅导个体。 【挑战性】【创新成品信念】【冒险性】	【设计意图】 在这个时候，教师不能干扰学生的创造，但可以恰当的促进学生的创造，如对学生想法创意的促进，把学生引入到更丰富的层面思考，给学生灵机一动的创意思绪。
四	师生互评	10分钟	（四）展示环节 师生互评 展示评价阶段，此活动让学生彼此欣赏对方的作品，提出自我的看法，教师适度地从各个角度提出合理而恰当的引导。 1.学生自由地相互欣赏交流。 2.个别交流：请你说说你设计的房子。 3.你们真棒，设计的房子不仅美观、实用，还有那么多先进的用途。因为有了你们这些小小设计师，未来的城市会变得更加的美丽、先进。 【抗负面评价信念】	【设计意图】 评价需要智慧，恰当合理的评价能够更好地促进学习能力， 如果评价不到位很有可能打击学习的主动性。 评价的尺度在也在老师，老师这把尺度量的不好会带来课程教学的消极影响。

学生作品展示

五年级创意手工《彩泥》教学案例

设计意图	
本课目的是激发学生利用彩泥捏、揉、搓等方法表现生活中有趣的事物，体验彩泥形、色带来的美感。在教学活动中，学生尝试把生活中原有的物体形象加以变形、夸张或改变，打破原有的色彩定势，通过彩泥的捏、搓、团、压、堆塑等制作方法大胆、自由地把所见所闻、所感所想的事物表现出来，体验彩泥造型活动的乐趣。促进创新意识、审美能力的提高。	
辅导目标	·知识与能力目标：通过彩泥等材料引导学生运用揉、团、搓、捏、接等方法自由地改变形体，从而激发其探索塑造新方法的浓厚兴趣。 ·过程与方法目标：了解基本的泥塑语言表达方法，从而使学生对事物的观察力、空间的想象力、形象的创造力等方面得到综合性的锻炼。 ·情感、态度、价值观目标：在学习过程中，激发创造精神，发展实践能力，形成基本的审美素养，陶冶高尚的审美情操，完美人格。
辅导重点	使学生对事物的观察力、空间的想象力、形象的创造力等方面得到综合性的锻炼，学习彩泥制作方法及其运用。
辅导难点	利用揉、团、搓、捏、接等方法，制作各种手工艺品。
辅导材料	彩泥、彩泥作品、图片、牙签、常用工具等。
教学方法	直观演示法、探究法、启发法、讲授法、情境导入等，随着教学进程不断变换教学手法，并采用了视频、图像、实物等教学手段使整个教学形式层次丰富。
教学流程示意	
组织课堂—设立规则（2分钟） 1. 激发兴趣—谈话导入（10分钟） 2. 创设情境—激发好奇心（18分钟） 3. 制作环节—自由创作（20分钟） 4. 展示环节—师生互评（10分钟）	

教学过程				
教学环节		时间	活动内容	活动目的
	组织课堂	2分钟	教师组织课堂，提出课堂要求	转移学生注意力到课堂上
一	课课堂导入	10分钟	（一）激发兴趣 谈话导入【好奇心】 简介与彩泥有关的民间艺术（出示相关图片） 师：小朋友都喜欢玩泥巴吧！中国许多民间工艺美术作品都是由泥巴制作的。下面我们一起来欣赏吧。 1.（出示泥人作品）：泥巴可以做成不同的形状，看看这些用泥巴捏成的小玩偶、泥人。 2.（出示陶艺作品）：这是陶艺作品（点击"陶艺"）它们都是用黏土为材料，制作成各种进造型，再经烧制，就成了我们看到的陶艺作品。 3.（出示面塑作品）：中国人很聪明，把泥巴换成面粉、糯米，又创造了另一种形式的民间艺术——面塑。这种材料调成不同色彩，用手和简单工具，塑造各种栩栩如生的形象，俗称面花、礼馍、花糕、捏面人。 点明课题：这节课我们来学习创意彩泥。	【设计意图】 由图片开始导入，由视觉开始，引发了学生浓厚的兴趣，激发学生的好奇心。

教学过程			
教学环节	时间	活动内容	活动目的
二 激激发好奇心	18分钟	（二）创设情境 激发好奇心【好奇心】 现在为了方便小朋友制作，有人制作了一种新的材料——太空泥。（出示彩泥）。也叫超轻黏土、弹跳泥、创意泥。是一种无毒、无味、无刺激性新型环保工艺材料。该材料可塑性强、色彩艳丽，可自由揉捏、随意创作。是一种集陶土、纸黏土、雕塑油泥、橡皮泥等优点集于——身的最新手工创作材料，它可与木头、金属片、亮片、玻璃等材质完美结合使用，由弹跳泥制作的作品不需要烧烤，在24—48小时内可自然风干且有弹性、不碎裂，不变形，可以永久保存。这些彩泥色彩多样，彩泥干了以后加适量的水可以恢复柔软，可以重复使用多次，很环保，可以随心所欲地捏你想捏的东西。 学一首歌谣，运动一下我们的小手指。 （课件出示歌谣） · 一二三四五，五个手指头， · 分工各不同，握紧是拳头。 · 大拇指爱说我最棒，伸出食指向前走， · 中指最长不骄傲，无名指紧跟不落后， · 弯弯小指拉拉钩，团结协作好朋友。 请同学们伸出你们的双手跟老师一起来边唱边做。 （红辣椒：先将红色彩泥搓成一头尖一头园的长条，再用绿色彩泥捏出辣椒柄，最后将辣椒柄粘在辣椒的圆的那头，一只活灵活现的红辣椒就出来了。）	【设计意图】 介绍彩泥，带着学生做手指操并且带领学生做一个案例，从而激发学生的好奇心。

续表

教学过程			
教学环节	时间	活动内容	活动目的
三　自由创作	20分钟	（三）制作环节 自由创作 学生绘制作品（教师作指导） 此阶段，教师似乎没有太多的工作要做，但这就不对了，此阶段非常能反映教师的教学素养，比如，因材施教的教学，班级人数较多，所以留给学生动手实践的时间同时也给了老师最好的机会去辅导个体。 【挑战性】【创新成品信念】【冒险性】 【创意思考策略】	【设计意图】 在这个时候，教师不能干扰学生的创造，但可以恰当的促进学生的创造，如对学生想法创意的促进，把学生引入到更丰富的层面思考，给学生灵机一动的创意思绪。
四　师生互评	10分钟	（四）展示环节 师生互评 展示评价阶段，此活动让学生彼此欣赏对方的作品，提出自我的看法，教师适度地从各个角度提出合理而恰当的引导。将学生的作品放在各自桌上，学生自由参观，集体选出较突出作品，请作者上台展示并介绍其制作步骤。 【抗负面评价信念】	【设计意图】 评价需要智慧。恰当合理的评价能够更好的促进学习能力， 如果评价不到位很有可能打击学习的主动性。评价的尺度在也在老师，老师这把尺度量的不好会带来课程教学的消极影响。

学生作品展示

六年级中国画《竹篮里的柿子》教学案例

	设计意图
	柿子很贴近生活，在日常生活中随处可见，对此也不会感到陌生。选择《竹篮里的柿子》一课，借助这种常见的物体，引导学生学会细心观察身边的小事物，善于发现生活。
辅导目标	·知识与能力目标：使学生了解有关柿子的知识，学习中国画写意柿子的简单画法，技巧特点，用写意国画表现竹篮里面的柿子。 ·过程与方法目标：培养学生的国画创意能力及动手能力等其他能力。培养学生的发散思维能力、动手能力之外、想象能力、创新创造能力、观察分析能力等一些显性能力和隐性能力，并建立在学生的动手实践体验。 ·情感、态度、价值观目标：学会欣赏中国画作品，并从中领会到画的意境，激发学生热爱祖国，珍惜今天幸福生活的情感和任务。
辅导重点	掌握柿子的制作步骤及方法，柿子摆放的构图设计体验美术创作的快乐。
辅导难点	整体的布局，柿子的构图、布局、外形制作能体现学生的个性审美和创造性。
辅导材料	学生用具：中国画颜料、墨汁、毛笔若干支（一支为狼毫小笔用于勾勒线条，一支为羊毫用于点、染色、调色盘、水罐、毛毡、八开生宣纸）。 教师用具：绘画工具一套、放大的柿子范画一张、分步步骤图一张、空白生宣纸1张。
教学方法	本课教学运用了情境导入、演示法等，随着教学进程不断变换教学手法，并采用了视频、图像、实物等教学手段使整个教学形式层次丰富。

教学流程示意

组织课堂—设立规则（2分钟）
1. 激发兴趣—视频导入（10分钟）
2. 创设情境—创造想象（8分钟）
3. 制作环节—自由创作（30分钟）
4. 展示环节—师生互评（10分钟）

教学过程			
教学环节	时间	活动内容	活动目的
组织课堂	2分钟	教师组织课堂，提出课堂要求	转移学生注意力到课堂上
一 课堂导入	10分钟	（一）激发兴趣　视频导入 同学们放松一下，我们看段视频： （1）放录像。教师把准备好的 PPT 打开，请同学们认真观看。录像里，成熟的柿子，各个角度的柿子，还有形态不一的，以及名家白石老人的《柿子图》…… （注意同学们观看的同时并讲解引导观察如柿子什么形状？特点等）【创意思考策略】 （2）点明课题。今天的主题就是学习画我们喜欢的水果柿子，今天我们上《我爱吃柿子》这一课，点明主题。 老师：同学们请认真观看视频里出现的水果，看看它是由哪几部分组成的？有什么特点呢？ 学生：我看到了好多柿子，有叶子和树枝，柿子都是挂在树上的。 老师：你们看到了什么颜色的柿子呢？把你们看到的颜色，用同色卡纸选出来。 学生：我看到了青色、黄色、橙色、带一点点黑色…… 老师：为什么柿子会有这么多的颜色呢？它不是只有橙色吗？【好奇心】 学生：因为熟了颜色就变黑了，青色的还没熟，橙色的已经熟透了。 老师：同学们观察的真仔细！葡萄的颜色有青色、紫色、和深紫偏黑色。 那它的外形呢？像什么？ 学生：像房子，椭圆的。还很像帽子…… 老师：你们的想象力真丰富，既然我们知道了葡萄的颜色，形状。那么我们就来试试自己画画。	【设计意图】 由视频图片开始导入，由听觉开始，再到视觉，再到动手描绘，调动了学生的各种感官，引发了学生浓厚的兴趣。从视听到体验融合了较先进的教学手段，改变了单一的应试情境教学法，是对现代教学手段的有效利用。 在教学过程中还采用了提问式方法促进故事情节的持续引入。

续表

教学过程			
教学环节	时间	活动内容	活动目的
二 激发想象	8分钟	（二）创设情境 激发想象 刚才大家看的视频有没有激发你的想象呢？ 如果你来画柿子你会如何安排它们的位置呢？（构图）又会画什么颜色呢？教师根据学生的回答，（此处教师开始采用引导法） 教师提问：同学们看，这是齐白石老爷爷画的柿子（图片展示环节）如果让你来制作，你会怎么做？ 老师：完成了剪纸制作的柿子，同学们想知道用水墨、毛笔表现得柿子会是什么样子呢？首先我们欣赏国画大师齐白石老爷爷的作品《柿子图》。看看你发现了什么？ 学生：颜色很丰富，特别漂亮。 老师：同学们我们也来用毛笔、水墨表现柿子，看谁画的颜色最丰富更漂亮。但是注意圆形的用笔，我们可以分两笔完成，注意水分的量，不宜太干也不宜太湿。注意柿子是不是大小也不一样？ 学生：有大的，有小的，还有的被挡住了，只看得到一点点。 老师：同学们真棒！因为柿子生长速度不一样，所以有大有小；有前有后，前面的挡住了后面的，所以有些柿子我们只看得到一点点，所以同学们画的时候要注意这一点。 老师：这么多柿子怎么拿可好呢？我们是否可以画个篮子呢？看看谁的篮子最精致？可以自由选择线条表现。 学生：我要用 S 形的线条、圆形的线条、直线条……（同学们积极表达自己的想法） 让我们一起说说篮子和葡萄的形状，圆圆的身子，细细的藤条，U 形的篮子…… 教师做小结，并进入制作环节。【想象力】	【设计意图】 教师利用提问的方式，激发学生的想象力。

教学环节	时间	活动内容	活动目的
		教学过程	
三 自由创作	30分钟	（三）制作环节 自由创作 作画步骤： 1. 画出篮子。 2. 花篮子里的葡萄。 3. 根据画面需要，添加篮子外的葡萄。 4. 贴上剪纸制作的葡萄。 5. 题名、落款。【创新成品信念】【创意思考策略】	【设计意图】 在这个时候，教师不能干扰学生的创造，但可以恰当的促进学生的创造，如对学生想法创意的促进，把学生引入到更丰富的层面思考，给学生灵机一动的创意思绪。
四 师生互评	10分钟	（四）展示环节 师生互评 展示评价阶段，此活动让学生彼此欣赏对方的作品，提出自我的看法，教师适度地从各个角度提出合理而恰当的引导。 教师要观察学生的反映，有些学生由于觉得自己的不够漂亮而有点害羞，但是基本上孩子们都特别诚实，敢于承认他人比自己画得好的地方，教师要鼓励暂时出现失误的学生。可以让学生看实物，让学生真实的感受物体，再顺势鼓励学生大胆表现自我。【挑战性】 柿子绘制及制作阶段，有的画的较大或是剪的偏小，有的整体较小，这与其自身的性格有决定性的关系，性格内向谨慎点的小朋友会画的较小，而活跃大胆的往往大的出乎意料。这个时候教师适当引导，让明白如何把握画面布局。教师并加以鼓励式评价。【抗负面评价信念】	【设计意图】 评价需要智慧。恰当合理的评价能够更好的促进学习能力， 如果评价不到位很有可能打击学习的主动性。评价的尺度在也在老师，老师这把尺度量的不好会带来课程教学的消极影响。

学生作品展示

第九章　诵读类课程研究

——经典诵读类课程对小学生口语表达能力的影响

在中国文化的熏陶下，教育越来越重视诵读的重要，诵读是语文教学中不可或缺的一部分，表达能力凸显着小学生在集体的表现，表达能力更是对于小学生将来的发展、交往也是不可或缺的。小学生正处于口语表达的高速发展期，我们更应该重视诵读的实用性和应用性，着重培养小学生运用口语表达的能力。口语表达能力与小学生心理健康、情绪、学业是联系在一起。也就是说，如果没有较好的口语表达能力，可能会影响小学生的生理发育、学业发展、情感状态等。如何提高小学生口语表达能力、提高口语表达水平成为一个亟待解决的问题。而实际上，因为网络发展、手机的广泛应用，小学生的口语表达能力基础越来越差。绝大部分的学生并不喜欢表达，在写作文时也显得较为困难，学生们的语言累积方面也一直不足。其中，诵读教学作为提升表达能力形式之一，是累积语言素材的好方法，常常运用于课堂，也是经常被忽略的一块领略。

关于小学生诵读的研究很多，但是大多都是关于诵读现有情况的调查，或者是关于经典诵读与教学方法、策略研究，很少有实证的研究关于小学口语表达能力提升的关系。本研究想从实证的角度探讨诵读类活动对小学生提升口语表达能力的实效性，以期为小学生诵读类活动和口语表达能力的实证研究提供一些佐证。而研究诵读与口语表达能力之间的心理机制，有利于加强教育综合改革，促进德智体美有机融合，形成全社会关心支持学生全面成长的氛围。从而真正使学校的诵读落到实处，看到诵读的强大作用，从而推动诵读在学校教学的发展，具有针对性。2017 年 7 月"高参小"经典诵读项目开始筹建，抽样均会来自北京市小学生的调研，为促进学生的诵读类活动和口语表达能力方面提供有效的数据和建议，这不仅对小学生的口语表达能力的提升具有重大意义，更是为诵读类活动美育教育实践提供参考和意见。

因此，笔者选择了本研究课题，试图联系诵读心理表达机制和口语表达心理机制的异同，研究小学生口语表达能力的现状以为诵读对口语表达对影响。将期待通过诵读的方法推动小学生口语表达的能力的提升。也希望通过对这篇报告的撰写，对小学生的诵读教学有更深更广的探索。

一、文献综述

（一）诵读

1. 诵读的内涵

叶圣陶先生对"诵读"理解是："熟读""成通"。这是简单的下定义，其实很早学者就对诵读有着自己的理解：许慎的《说文解字》提道："诵，讽也。从言，雨声。""讽，诵也。从言，风声。"（许慎，1992）可见，"诵"和"读"是有明显区别的。邓美娟归纳总结出："诵"是指一种具有节奏并富有感情的吟咏，"读"则不仅仅只是包括"诵"，并且还特别注意内容的理解和分析。

而许嘉璐任总主编在《高中语文学习词典》中所认为的"诵读"为：心、眼、口、耳并用的出声阅读。通过诵读的方式，可以一边诵读一边想象文章所传达的情境，然后再用语言把想象中的画面表达出来。"

梳理和分析各个学者对诵读的解释后，笔者认为"诵读"其意思应包括两层：第一层面"诵"，即声吟诵并熟读，第二层面"读"，即心里阅读、大声朗读、重复精读，但诵和读是相辅相成。读者又基于自身的阅历体验、审美感悟对文本进行二次创作式、个性化的诵读。

2. 诵读的心理机制

每个人都需要接受语言信息来不管扩充自己的语料和思维，来实现语言能力的提升，这就需要诵读。诵读通过咀嚼，理解而内化为读者的积累。累积的过程就是内化的过程。当积累到一定程度才能为表达和写作增彩，这就是言语能力提升的外化表现。从各个角度看诵读其实是内化到外化的心理过程。在《叶圣陶语文教育论集》以及《语文言意论》提到"言语作品分为两个层面，一是外层，即语言层；一是深层，是内蕴层，而将两层之间的过渡层面省略但保留对三境（物境、意境、情境）的领略。"

在《试论听说机敏的心理要素》中古生化先生论述诵读从信息加工论来看，

是语言信息传递和反馈的过程。可图式为诵读人：

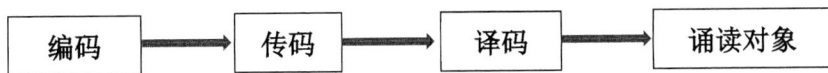

| 编码 | → | 传码 | → | 译码 | → | 诵读对象 |

图 9-1　诵读语言信息传递和反馈过程

　　在此过程中，从诵读人传递到诵读对象，首先是以书面语言形式呈现的：诵读人一句所诵读诗文的内容和自己对其的理解，选择适当的情感态度等把诗文诵读出来（编码、传码），书面语言转化为有声信息，这些信息传递到大脑语言听觉区，诵读对象理解并欣赏了诵读人所诵读的内容（接码、译码）。他认为在此过程中诵读的心理机制的过程是单向的，诵读人和诵读对象的角色是固定不变的。

　　丁建伟在《诗文诵读与口语交际心理机制比较及启示》总结出诗文诵读有思维敏捷性、思维的选择和加工性、情绪的反馈和自控性。通过诵读书面表达转化为发音规范的有声语言的再创造，对于诵读内容有自己的理解和欣赏，对其进行思维加工，再通过情绪反馈出来。张燕同学在硕士学位论文中分析：诵读是读者运用视觉系统将受到刺激的言语信息载入大脑，经过脑加工再通过口变成声音，再刺激耳膜作用于耳的不断循环往返的过程。在这个过程中，每个系统都参与其中。文章也强调虽然诵读的心理过程实在瞬间完成，但整个过程包含由外而内（言语信息作用于大脑）和由内而外（语言信息通过视觉感知进入大脑并进一步深化）的两个过程。诵读的心理机制从工作记忆模型的方向也给了我们启示。Baddeley A 和 Hitch 在 1974 年提出的工作记忆模型，他们将工作记忆认作一个系统，分为三种成分：包括中央执行系统（Central Executive）、语音回路（the Phonological Loop）和视觉空间模型板（Visual – Spatial Sketch-pad）。工作记忆模型中的核心中央执行系统负责各子系统之间的联系以及他们与长时记忆之间的联系；语音回路是专门负责以声音为基础的信息存储与控制的装置，它由两个次级组成部分构成：语音库（Phonological Store）和发音回音（Articulatory Loop）；视觉空间模型板处理视觉空间信息。Baddeley 的记忆模型实验表明，语音回路不仅可以保持前面信息，还可以加工含有大量单词的句子，并且语音对理解句子起着不可忽视的作用。

　　顾红格总结到，诵读是信息在大脑进行短时性的存储与加工的过程。首先，通过眼睛来感知文章看到的语言文字符号，然后反映到大脑，其次大脑里的中央执行系统对书面言语进行思考和分析，在保持信息的同时对信息进行再加工创造并想象，伴随产生情感反馈。这时，视觉器官到思维器官再到语音回路传达到发音器官。语音回路再借助嘴巴将文字信息符号有感情的转化成有声语言。同时，语音回路的默声语音回路负责感知有声言语的声音符号和听觉形象，再由大脑里的中央执行系统判别诵读信息发出传达正确与否，并由听觉形象得到情感体验和升华。在此过程中，发音器官、听觉器官、大脑中央执行系统加入一同完成诵读。

在各位学者研究的基础上，我认为诵读过程是一个自我言语信息传递和反馈的过程。首先，诵读的过程是将书面语言进而转化为发音规范的有声有情语言重建活动，在此过程中，诵读人需要选择适合的情绪状态和语调有规律地读出来，这就需要诵读人快速储存诵读内容用适合的表达方法诵读，这个过程是不缓慢的，持续循环的过程。第二，在进行诵读的准备时，诵读人必须初步研究自己的诵读材料，然后选出适合自己的情感状态和语调讲内容变成有声，对表达过程的选择就是思维的选择和加工。第三，诵读人要沉浸在自己所创设的意境之中，所以要有想象能力和空间，把控自己的情感，得到更好的启迪和享受。

3. 诵读的研究现状

国内外对诵读的研究和关注比较多，国外学者更多注重诵读内容对学生的感悟有何区别，以及诵读时应该选择何种内容较好。而国内研究大都聚集在诵读相关教学，从小学、初中到高中都有涉猎到。总的来说，比较多的研究聚焦在教学策略、现状分析、评价策略、以及实施策略，包括诗文、文言文等。通过查阅文献，分析总结得到以下主要时间线：在 2004 年由作者蒋庆编撰出版了《中华文化基础教育诵本》，教育部语言管理司于 2007 年启动了"亲近，承续传统"为主题的中华诵活动。再到 2008 年的《论诵读》和《古文学的欣赏》的出版，集中叙述了诵读是分析、了解语言的工具；提高文学鉴赏能力的基本方式。教育部在 2010 年召开"中华诵·经典诵读行动"试点工作，全国各地积极响应，纷纷展开"诵读经典，传承中华文化"活动，再到 2017 年提出要"在各级各类学校开展中华经典诵读行动，组织举办经典诵读宣传、展示和赛事活动。"希望能用诵读传播传统文化，升华中华精神。即使社会各界渐渐开始关注诵读，但执行起来仍存在不少问题，也有不少学者对诵读教学的现状进行分析研究，黄璐等人调查研究表明，即使全国各地展开了很多诵读的活动，并且成效显著，但不少活动形式单一，诵读的内容也少得可怜。（黄璐，2016）陈株指出通读仍然存在教学形式单一、教师素质不高等问题，而曾宁认为诵读现在的问题是不能保证诵读时间充足，教师对学生示范作用没有到位。

4. 诵读的重要性

2001 年颁布的《全日制义务教育语文课程标准（实验稿）》在"实施建议"："有些诗文应要求学生诵读，以利用学生诵读，以利用积累、体验、培养语感。"

王财贵指出从儿童时代起就诵读是意义深远的美育教育，教育过程也是非常轻松愉快的，这在理论上肯定了诵读的重要性，对于青少年来说，诵读是遵循发展规律的教育。诵读可以将文化中的精华部分，作为经典著作通过诵读的方式延续和发扬。林助雄指出网络信息时代的来临，给我们的社会环境、学习生活带来极大便利，但也影响了广大青少年的思想，这对于部分青少年世界观、人生观和价值观的塑造十分不利。所以教育部副部长刘利民在 2015 年提倡学校开展经典诵读活动，加强文化感染和美育作用，从而通过诵读提高审美能力。

小学语文课堂又大多为重在"诵读"，更是小学生奠定审美观的关键时期。家长、教师需要创设各种情境、创造多种机会让孩子们在儿童时期大量诵读千古美文，激发学生的诵读热情，才能充分感受到古诗词的美，感受文化的滋润，从而提升对美的鉴赏能力。早在 1998 年，夏友杰在文章《诵读的美育功能》中提到诵读教学具备了美育功能。强调充分发挥诵读教学的这一功能，不仅有益于学生语感能力的培养，还开发学生的审美能力，是提高学生审美素质的重要手段。经典诵读作为推进高校美育建设的形式之一，帮助学生追求美好的人生趣味和理想人格。在《初中语文诵读教学的研究》中，黄静提到诵读五点现实意义：一是正音识字、规范语文的工具；二是培养语感、提高语文的素养；三是陶冶情操、唤起审美情趣。四是师生互动、增进课堂和谐；五是传承美德、弘扬优秀文化。（黄静，2016）由于幼儿词汇量不够丰富，导致没有自信和人交流，而诵读是对语言的感悟，是培养幼儿口语表达能力的最佳方法。（伍弟红，2018）

于 20 世纪 40 年代的朱自清先生到 80 年代的叶圣陶先生等专家学者，再到国务院副总理刘延东强调将诵读作为宣传文化的重要形式，整个社会都开始注意到诵读的重要性。各地也逐渐出现诵读学堂和私塾，都说明了诵读显得格外重要。

（二）口语表达能力

1. 口语表达能力的内涵

郭弘认为口语表达能力主要指讲话、谈话、讲演和论述四个方面的能力。（郭弘，1996）张红明对口语表达能力下的定义为：选择一定的言语形式及语言使用方法讲自己的文字内容、个人观点表达出来的能力，这也是学习语言表现形式之一。（张红明，1998）张利在《谈大学生口语能力的培养》中指出口语表达能力是指人们运用语言进行表情达意、传递信息的一种口头语言的表达能力。（张利，1999）

陈凤琴在文章《略谈口语交际的定位与训练》这样解释口语表达能力：在各种情境下，无论准备与否，都能把要传达的内容正确、清楚地表达出来的能力。（陈凤琴，2001）而宋瑞祥认为口语表达能力是指一种有声音的说和听为形式的口头语言表达能力，是一个人与其他人交流信息和情感的主要工具和最重要的渠道。（宋瑞祥，2003）在百度百科里面，口语表达能力指用口头语言来表达自己的思想、情感，以达到与人交流一种能力。

因此，在本研究中，口语表达能力定义为学生通过语言传递信息，表达出自己的想法和看法达到交流感情的能力。

2. 口语表达能力的心理机制

在众多学者中，古生化先生给笔者的启示最多，他认为口语交际的心理机制应该从信息加工论出发，将口语交际看作言语信息传递及反馈的过程。在这一过程中，自己和对方首先以极简单的内部语言程序，然后再用现代汉语规范和现在社会用语习惯表达出来，这一过程被称为编码和传码，对方将接收信息为接码，并通过思考过后听懂内容为译码。

丁建伟在古先生的研究基础上，总结出在这过程中，有思维的敏捷性、思维的凌乱疏漏性、情绪反馈和自控性。当我们在口语表达中表达思想内容时，必须在众多词语、句式和语气中选择那个最适合自己特点和内容的那一个，做到准确而有个性地表达，这就是思维的选择性。在选择之后，还要将他们用语法组织起来，这就是思维选择加工性。当我们在倾听表达时通过自己喜怒哀乐的即时反应，都会有意识或无意识地流露出某种感情，就是情绪的反馈性。表达对象再通过这种反馈对自己的表达进行自控。

李扬的《从语言表达的心理机制谈英语口语教学》文章中指出无论母语还是外语学习，学说前都要有听的先导。听是说的前提和基础，只有听的充分，说才能有质的飞跃。所以李扬整理了口语表达的心理机制为由听到说、由不由自主到自主、由想说到说清楚。顾华凤在《从培养语感着手——提高初中生口语表达能力的实证研究》中提到"语感形成的心理机制"。这种心理机制从皮亚杰的发生认识论中"建构学说"的理论类推而来的语感中介说，公示是"语言信息（S）=AT=语感生成（R）"。其中，S代表刺激，R代表反应，A是个体同化（即人在认识事物的过程中，运用已有知识结构去吸收和改造新知识），T是同化图式（代表主体的知识结构），A是依据知识结构T来进行，而同化A的结果沉淀于图式T中，AT构成S–R之间的动态中介系统。说明学生感受语言信息内容后，运用已有的知识结构去消化语言信息带来的刺激，并把它内化于已有的知识结构中。因此语感的形成过程是一个循环反复的过程。在语言材料中积累语感，再把语感运用于语言实际语感的生成是感性和理性的结合。其实和诵读产生语感并学会熟练运用语言的过程是一样的。

所以我认为在表达时，也必须有听话人需要用听觉适应这样的信息并通过大脑听懂和理解表达人所表达的信息并给予反馈。这个时候口语表达过程才算完成。口语表达对象分为说话人和听话人，也分为两个人以上或几个人一起交流的过程，所以需要表达对象快速组织自己内部语言，快速选择适当的词语和语句，表达方式清楚流畅。这个过程也是快速和持续循环的。对于听话人来说，不能靠录音或外在设备，也不能靠文字形式去回读。这个声音作用于听话人的听觉器官，所以要对信息加工并进行反馈，同样也需要思维的敏捷性。

3. 口语表达能力的研究现状

国外研究者对儿童语言发展研究中的设计语音和词法规则、句法结构规则的获得、语言结构的语义基础以及语言理解和语言产生之间的关系等方面进行了多种实验，并在1983年到1984年，Berman和slobin以frog story为材料研究了儿童表达能力的发展特征，文章认为3岁幼儿能够使用一些词语叙述单个事件，5岁儿童在语言组织能力以及联系事物之间的能力较好，9岁孩子则可以使用更多的语言表达形式，同时叙事也更具有结构和组织性，成人逻辑性更强，语言能更加连贯。杰里米·哈默（Jeremy Harmer, 2000）明确指出：口语活动旨在传授语言运用能力，而不是学习语言的特定部分。他认为学生应该能随机运用已掌握的语言来完成口语的任务，使得学生体验到口语表达所带来的真实感受；口语训练的活动能够帮助教师了解学生，从而为教学提供新的思路和方向。提升学生的口头表达能力，成为学者们所关注的话题，也是这个时代所需人才所具备的基本要求之一。

国内学者徐冰鸥口中的口语能力包括发音、表达和倾听能力等；向舒（2012）则从语言学出发，用语音、语法、语义和语用几个维度来评估口语表达能力，利用"图"和"字"的结合进行口语表达。章妍（2012）利用游戏、动手操活动提高儿童口语表达能力，可见对于每个年龄段要寻找适合年龄特点的方法去提高表达能力。

4. 口语表达能力的影响因素研究

对于口语表达能力一般受生理、心理的影响，生理层面包括智力、大脑、耳朵、嘴巴各个系统和器官的灵敏程度等；心理层面包括思维、逻辑能力的健康建成。在此基础上，很多研究者都做出了不同的解释。官泰然认为儿童气质和父母教养方式在陌生环境下对儿童口语表达有所影响。（2016，官泰然）也有学者认为语言能力与学习品质有关，尤其与语言中的解释与反思息息相关。

叶圣陶认为诵读著作是一种追求语言完美的一种方法。"无论从语体、文言来说都很重要，仅仅讨究，只是知识方面的事物，诵读却可以养成习惯，使语言不期而然近于完美。"（叶圣陶，1980）这说明通过诵读可以优化语言，使其增强表达能力。《初中语文诵读教学现状分析与应对策略》文章中作者就有提到在日常教学中如遇到不善于言谈的学生，可以通过一段时间的认真诵读和领悟后，可以相当程度提高学生语言表达能力。（唐凤娟，2016）从输出输入理论来说，学习者学习语言时，要给学生足够口语演练机会，才能确保学生拥有一定量的语言输出机会，如此才能使口语能力不断提高（陈影影，2018）。而诵读就是一种口语演练机会，每天在不断输出输入中，累积一定量的语言素材，有助于提高表达能力。

5. 小学生口语表达能力的测量

经过研究者查找有关儿童口语表达相关文献，国外已经开发出了大量的评定儿童口语表达能力的工具，主要有父母报告、标准化测验、韦氏幼儿智能量表（WPS1）中的言语测试分量表和语言样本分析技术，但这些测量方法适合小学低年级的学生。

国外学者对儿童语言表达能力评估工具的不断探索和更新，国内研究者在国外工具的基础上，根据国情和中国小学生心理状况进行了改编。目前有修订和翻译国外的语言测验量表，如华东师大心理系1990年修订的"皮博迪图片词汇测验"(ppvt-r)（桑标、缪小春，1990）；张厚粲老先生等人编制的"中国儿童发展量表（3-6 岁）"中的语言分测验（张厚粲、周荣，1994）；台湾编制的学前儿童语言测验；根据 Arthur – Bates Communicative Development Inventories 修订而成的"中文早期语言与沟通发展量表——普通话版"(CDDI)；我国现阶段使用的"语言听力理解测验"就是临床领域英文版的语言听力理解测验 (Test for Auditory Compretchension of Language ／ TACL）直接翻译过来的言语测试；学前儿童语言评定—第二版 (Preschool Language Assessment Instrument ／ PLA－2) 是将标准化测验和非标准化测验有机结合起来测验儿童口语表达能力的。但多数是针对口语表达有障碍的儿童进行设置的，无论从年龄还是实用性上来说，都不适合本研究。

从叙事能力来看，宏观上经常用到叙事连贯性、叙事顺序、叙事观点等指标（王娟等，2016）；其中故事结构中的语法使用也在宏观上使用最为广泛（杭玲莉，2015）。微观上结构包括叙事产生性、词汇广度、词汇密度等指标，其中使用广泛的有三项指标：平均句子长度、叙事长度、词汇丰富性。（王娟，2017）

语言样本技术分析（LSA）是指在自然环境中，对学生实时语言行为进行测量的方法。语言样本分析是通过自由游戏、诱导谈话、创编故事等引导学生进行讲述和表达来收集语言样本，并将其录音转化为文字的行为。研究者可以通过对语言字、内容等分析进行评分，这种方法可以全面的反应儿童的口语表达能力。（杨薇，2008）

（三）诵读与表达能力的相关研究

1. 诵读与口语表达心理机制的比较

（1）诵读和口语表达的心理机制都有思维的敏捷性

口语表达和诵读过程中，都有思维逻辑的参与，并且需要具备一定的敏捷性。但有所不同的是，诵读过程中诵读材料中已经具备语言，诵读人不需要组织内在语言，也不需要筛选词语，只需选择合适的情感状态。（丁建伟，2013）

（2）口语表达心理机制和诵读的心理机制都有思维的创造性和情感反馈性

无论在口语表达还是诵读过程中，都要对言语和句式进行润色，以至于表达出来的内容没有偏差。口语表达时，你的情感状态会传达给被表达者，被表达者根据你的情感再给予你回应。但诵读的情感状态是自己和自己的交流引发的感悟，且这种情感反馈具有持续性甚至长期性。

（3）口语表达的心理机制比诵读的心理机制要复杂

与口语表达相比，诵读的心理机制可依托文本，只是情绪和语调需要选择和筛选，可以更专注于诵读本身而不是思考。

（4）从整个过程看，诵读的过程是单向的，但口语表达的过程是双向的

诵读是个人在诵读内化的过程，从某种意义上来看，诵读只是口语表达的一部分。但口语表达是双向的循环过程，对话人需要不停地变换角色，从我说你听到你说我听，思维加工也是不断循环。

2. 诵读与表达能力的相关研究

在如今的中国，越来越看重全面发展、综合素质高的多方位人才，口头表达能力不得不再次回到我们的视野。口头表达不仅仅是一个人能力的体现，也关乎着我们每一天的生活。如今教材新添了口语训练编排，但学校还未重视起来，虽然有关诵读教学的研究很多，大多都没有注意到与表达的相关性。通过中国期刊网，笔者检索到了很多关于口头表达能力的研究论文。其中涉及诵读与口头表达能力的论文有 52 篇，硕博论文 19 篇，而直接关于诵读提高小学生口头表达能力的实证影响研究少之又少。大多聚焦于之前提到的教学策略和实施建议，分析现状研究，没有关于诵读对表达能力的干预实验。

二、问题的提出

（一）选题缘由

诵读在语文课标中得到越来越多的重视，诵读不仅仅是书面语言的记录，更是一种精神面貌。叶圣陶先生曾说："文学是我国文化的一部分，我们要把它容纳下去，完全消化了，他为我们的营养料，以产生我们新血肉。"因此，诵读的推广及学习对于传承文化具有不可替代的作用。诵读对于正在发展中的学生意义重大。随着社会对全面发展的人才要求越来越高，口语表达能力的地位受到了更多的注意，全面发展又是我国一贯的教育方针，而人全面发展的基本素质之一就是口语表达能力。

2016 年 9 月份"部编本"语文教材增加了亲子共读、课外阅读、口语交际等项目，这体现了口语表达方面作为一个很重要的教学板块编排在教学中。小学阶段的儿童，好奇心茂盛，其语言习惯的形成来源于最初的模仿，所以更加容易受到其他同学、生活、社会的影响，使得现阶段的小学生方言俗语、网络用语较多、语言形式缺乏规范等特点。儿童发展心理学研究中指出，要把握 6

到 12 岁的儿童语言习得和发展的关键时期，只有抓住了这个关键期，引导和培养小学生学会表达和交流，会让小学生受益终身。

所以本研究考察诵读对学生口头表达能力的影响。

（二）研究意义

从理论层面来看，在多数关于表达能力的研究多数以策略和方法的探索为主。已有的大多数研究属于调查研究，很少研究者深入教学现场，采用实践的方法，探索诵读与表达能力之间的关系。因此，研究者愿通过深入小学探索和实践，寻求诵读与表达能力的关系以及促进表达能力的提升方法，为丰富诵读与表达能力的心理领域研究尽微薄之力。

从实践层面来看，深入小学进行教育实践，在现场进行教学并得以观察，是作为一名教育研究者的基本。这样不仅能提高自身研究能力和教学能力，也能在现场真切感受学生们的变化，对于研究的真实性有保障，还能和一起共事的教师们一起探索教学方法、商讨可行性的方法。

从教育层面来看，现阶段小学生的表达能力的问题日渐被老师家长们的重视，但苦于寻找对策。学校事务繁多，也不知如何着手培养表达能力，这就希望我们能够充分了解表达能力的心理机制，以及诵读的心理机制，并且明晰它是如何影响表达能力。运用科学的实验法探索有效方法进而提高小学生表达能力。从学生角度出发，寻求一个易于接受、实施并不额外增加学生学习负担的教学方法，为教师提供教学新思路，协助教师完成教育任务的方法。

（三）研究的具体问题

以北京市某小学两个班为例，探讨下列具体问题：

第一，研究小学生口语表达能力的基本情况，针对小学两个班进行口语表达能力的调查研究。

第二，探索诵读对小学生口语表达能力的影响。

第三，探索提升小学生口语表达能力的方法。

三、研究一：小学生口语表达能力现状研究

（一）研究目的

通过对两个班进行初步调查，分析小学生口语表达能力的性别差异的实际情况。以便设计诵读实践方案，有针对性地开展实施。

（二）研究对象

本研究采用北京市某小学五年级一班和五年级二班 71 名全体同学作为研究对象，其中五年级一班 36 人，五年级二班 35 人。被试中不包含非典型发展的同学。被试的性别与年级分布如表（9-1）所示。

表 9-1　被试性别与年级分布

	一班	二班	合计
男	21	19	40
女	16	17	33
合计	37	36	73

（三）研究工具

参照张雅俐在《口语表达能力调查研究——以运城市盐湖区某小学三、四、五年级小学生为例》中的测试指标编织了新量表，包括话题表达观测记录表和场景展示记录表。

话题表达观测记录表是给定学生一个常见的"热爱生命"的话题。构思 30 秒之后口头叙述出一个话题，根据学生的回答评分。评分项目包括发音标准、声音洪亮、语言正确性、生动性、表达流畅性、引经据典、逻辑通顺度、仪态自然 8 项。（附录 A）

场景展示记录表是给小学生两张图片（附录 B），并告知学生这是"春""冬"两个季节，小学生均为客观的"表述者"。给每个同学 3 分钟分享时间。小学生根据场景想象叙述出一个故事。根据学生的回答评分。评分项目包括主题突出、介绍详细、条理清楚、叙述完整、副词使用恰当、想象力丰富、表达流畅等 7 项。（附录 C）

评分标准是参照小学生表现情况给予相应分数：非常符合 5 分、基本符合 4 分、有点符合得 3 分、基本不符合得 2 分、完全不符合得 1 分。

（四）研究假设

小学生口语表达能力性别差异显著，女生口语表达能力整体比男生口语表达能力高。

（五）数据分析

根据评分标准结果计算得分，由于两类活动包含的评分标准一样，因此运用 spss19.0 统计软件进行数据分析，绘制图表。

（六）研究结果

1. 话题表达性别差异现状研究结果

表 9-2 话题表达总体情况分析

	Min	*Max*	*M*	*SD*
1. 发音标准	3	4	3.17	0.38
2. 声音洪亮	1	4	2.61	0.64
3. 语言正确	1	4	2.67	0.68
4. 语言生动	1	4	2.31	0.71
5. 表达流畅	1	4	2.39	0.69
6. 引经据典	1	3	1.58	0.73
7. 逻辑通顺	2	3	2.69	0.47
8. 仪态自然	1	4	2.56	0.84
话语表达	16	29	19.97	2.88

表 9-3 话题表达性别差异分析

	M±SD 男生（n=20）	*M±SD* 女生（n=16）	*t*	*p*
1. 发音标准	3.10 ± 0.31	3.25 ± 0.45	-1.143	0.264
2. 声音洪亮	2.60 ± 0.50	2.62 ± 0.81	-0.114	0.910
3. 语言正确	2.55 ± 0.69	2.81 ± 0.66	-1.163	0.253
4. 语言生动	2.20 ± 0.62	2.44 ± 0.81	-0.997	0.326
5. 表达流畅	2.30 ± 0.66	2.50 ± 0.73	-0.864	0.394
6. 引经据典	1.60 ± 0.82	1.56 ± 0.63	0.151	0.881
7. 逻辑通顺	2.70 ± 0.47	2.69 ± 0.48	0.079	0.938
8. 仪态自然	2.40 ± 0.68	2.75 ± 1.00	-1.247	0.221
话题表达	19.45 ± 1.61	20.63 ± 3.91	-1.224	0.230

由上表可知，男女组别在话题表达中性别差异不显著。

2.场景展示性别差异现状研究结果

表9-4 场景展示总体情况分析

	Min	*Max*	*M*	*SD*
1. 主题突出	2	5	2.86	0.90
2. 介绍详细	1	5	2.53	0.88
3. 条理清楚	1	4	2.64	0.76
4. 叙述完整	1	4	2.39	0.87
5. 副词使用恰当	2	4	3.00	0.59
6. 想象力丰富	1	5	2.22	1.05
7. 表达流畅	1	4	2.52	0.77
场景展示	10	31	18.17	4.09

表9-5 场景展示性别差异分析

	M±SD	*M±SD*	*t*	*p*
	男生（n=20）	女生（n=16）		
1. 主题突出	2.90 ± 0.91	2.81 ± 0.91	0.286	0.776
2. 介绍详细	2.50 ± 0.76	2.56 ± 1.03	-0.209	0.835
3. 条理清楚	2.70 ± 0.66	2.56 ± 0.89	-0.533	0.598
4. 叙述完整	2.35 ± 0.93	2.44 ± 0.81	-0.296	0.769
5. 副词使用恰当	2.90 ± 0.72	3.13 ± 0.34	-1.151	0.258
6. 想象力丰富	2.20 ± 1.01	2.25 ± 1.23	-0.141	0.889
7. 表达流畅	2.45 ± 0.83	2.63 ± 0.72	-0.669	0.508
场景展示	18.00 ± 3.70	18.38 ± 4.65	-0.270	0.789

由上表可知，男女组别在场景展示中性别差异不显著。

（七）讨论

在假设之前，研究者认为女生表达能力会比男生强，但在研究一中，话题表达和场景展示中并没有显著的性别差异。谈起原因，应该是两个班男女生在同一年龄在同一情境下，限制同一题目时，拥有相同知识储备的小学生口语表达能力性别之间是没有差异的。之前有研究也表明，口语表达能力只有随着年龄会有差异，但性别之间差异并不显著。（李甦，李文馥，周小彬，陈茜，孔瑞芬

2002）口语表达的训练，有助于激励学生的投入其中，使学生对自身充满自信。
（Jeremy Harmer，2000）

（八）小学生口语表达能力现状分析

很多研究者认为现阶段小学生的语言素养不够高，从而导致表达能力不够。结合本研究研究者在学校一段时间的调查来看，从几个方面论述小学生口语表达能力现状：

（1）逻辑不够成熟，口语组织能力欠佳

口语表达能力是人们通过语言组织传达信息、交流感情的一种行为，很多小学生以现在接触文学的时间和练习层面上说，经常会前言不搭后语，没有条理，讲话不能突显重点，这是他们口语组织能力欠佳的表现。在上课时和回家时也经常在倾听老师和父母的教诲，所以没有独自练习的时间，也很少参加这种类型的课程，所以组织能力普遍低下。

（2）网络语言的入侵，存在一些不良习惯

由于现在小学生接触比较多的是网络传媒，所以除了课堂，增加知识累积的来源是网络。但网络上充斥着很多语法不规范、经过改革的网络用语和流行语，比如"高大上""白富美"。也存在不够礼貌的说话方式，比如"老子""歇菜"等流行语会影响小学生对口语表达的认识。

（3）学校教育中对口语表达能力不够重视

自古以来，老师和父母教育我们"沉默是金"，所以在我们观念里不要多说话保持内敛是最好的。但随着社会发展，一个人的口语表达能力越来越被重视。但可惜的是，学校的教育和活动并没有很重视。现代社会很少人会出口成章、引经据典。所以在学校教育这块，对表达能力的培养仍存在大量提升空间。

四、研究二：小学生的诵读干预方案设计与实践研究

（一）研究目的

采用诵读干预的形式，对实验组进行干预，提高被试的口语表达能力。并通过独立 T 检验，验证诵读干预的成效，为教诵读学的调整和完善提供指导。

（二）研究对象

前测的一班 37 人作为实验组，其中男生 21 人，女生 16 人。二班 36 人作为对照组，其中男生 19 人，女生 17 人。实验组学生进行诵读干预，对照组不进行诵读干预。

（三）研究工具

同研究一相同。

（四）研究假设

诵读对小学生口语表达能力有积极的提升效果，实验前后测有显著差异。

（五）研究程序

本研究采用实验前测、后测设计。对参与研究的一班被试群体，进行前测比对。对实验组开展每天 30 分钟的精选教材诵读活动，共 8 周。对照组不开展诵读活动。在 8 周结束之后，再次对实验组和对照组进行施测，比较之间差异。

（六）实验设计

1. 被试选取

第一，本研究选取北京市某小学五年级一班和五年级二班的学生作为研究对象。该学校多年来在不断深化"彰书法精髓、显文化底蕴"的特色办学理念的基础上，在书法精神、书法文化的传承、修炼、积淀及"管理转型、品质提升"的过程中，努力培养学生做一名"习文律己、爱人乐群、健康智慧"的具有中国文化特质的阳光少年。此项目属于"高参小"经典诵读项目，学生们学在其中、趣在其中。项目深受学生的欢迎，取得了良好的课堂效果，学生们表现优异，老师们也都在教育方面有良好的理论基础及实践经验。另外，学校非常重视小学生表达能力的培养，每学期都会举行锻炼表达能力的活动，比如诗歌朗诵、话剧、讲故事等比赛。为了让学生根据自己的兴趣爱好激发自主探索欲，还开设了各种兴趣班。

第二，小学生到了五年级都是 10 到 12 岁阶段，基本认得诵读材料里的字，平时上课时经常接触，熟悉并了解诵读的特点。五年级的小学生即将进入紧张的六年级毕业阶段，他们更希望在口头表达方面有所提升，合作意愿较强。

第三，两个班级从人数、教学环境、知识储备量、学习成绩，以及初始成绩和状态来说，处在基本相同的层面。因此口语表达水平也处于相同层面上，具有可比性。

基于以上三点，本研究将北京市某五年级一班和二班作为研究对象具有普遍性和代表性，增强了这次实验研究的效度和信度，老师和学生的支持并协助在一定程度上。

2. 诵读材料的选取

为了让研究更加有针对性，要注重诵读内容的选择（附录 D）。针对研究一中的研究工具话题是"热爱生命"，场景展示中是"春""冬"两个季节，在诵读材料的选取上，也是选取关于"热爱生命""春""冬"的经典文章或经典片段，比如汪国真的《热爱生命》。但不限于题材，比如古诗《奉和令公绿野堂种花》，也有散文朱自清的《春》等。让诵读美好文章变成一种心理享受，在学习知识的同时，能够愉悦身心。通过作者美好的篇章、词句，让学生体验美的情景。根据学生进度和诵读水平，适时选用不同的诵读方式。每天诵读材料顺序安排为关于"春"或"冬"的诵读和有关"热爱生命"的诵读这两个部分，但根据进度和内容难度可以有所调整。每天根据内容会将诵读材料发到每个学生手里，内容除了一些复杂字体的标音外，也会标注重音、停顿、情感态度等，结尾处也补充作者信息和文章背景，便于学生了解文章，体会情感。

3. 实施原则

如前所述，五年级的小学生在平时教学中经常接触诵读，也是小学生基本语言能力较完善的阶段。本研究主要带领小学生通过诵读的形式把语言材料中的内容表达出来，换句话说，就是让学生把文章清晰响亮有韵律地准确念出来。这种教学方法可以促进和提高学生的表达能力。在具体实施过程中，研究者主要注意把握以下原则：

（1）内容要有针对性

诵读材料题材广泛、体裁各样、语言知识丰富等特征，不仅在语文学习中是经常使用的教学方法，也是培养学生理解和贴近文章的主要渠道。研究者在诵读过程中，选择合适的诵读教材作为内容显得尤为重要。选择内容要经典、精要，并要规定在一周时间内达到熟练的程度，有价值的语句要反复诵读，最好能在熟练的基础上背诵。日积月累、持之以恒，在学习者在诵读过程中，了解经典语录的意义，同时吸收诵读内容的精华。每天选择一篇作为诵读内容，每次不少于30分钟，要求一个文章至少诵读三遍以上，这样不仅使得学生贴近内容了解背景，更进一步增加了学生诵读的兴趣和积极性。

（2）方法要合适得当

在诵读教学过程中老师要注重诵读技巧的训练，所谓"授人以鱼不如授人以渔"，在实际教学中，优先采用理解并感知全文的方法。以默读入手让学生把握文章大意，然后了解作者、和文章背景，遇到需要讲解的内容分析交流，再一句一句熟读，遇到难点集中突破。不得让过程流于形式，不得机械、粗暴的进行教学，要让每个学生真正享受到诵读的快乐，沉浸于美好文章的诵读。

（3）学生要持之以恒

诵读是语言内化的一个过程。通过诵读教学，小学生可以将文章里所运用到的词汇、句型、写作手法吸收到自己的知识库里，再将这些知识存于大脑，必要时候进行表达。所谓"观千剑而后识器，操千曲而后知音"，学生先有一定的文章诵读量之后，要适当的增加量，这样学生对同一种类型的文章熟悉度增加之后，诵读速度自然就会提高。其中，坚持占领诵读过程中不可忽视的地位，想要提高表达能力，一定要先适应诵读过程，熟练应用每个环节，语言的内化和语言材料的积累也不是短期内可以达成。只有长期有规则有固定时间的诵读对学生表达能力的提高才会有不可估量的促进作用。

（七）数据处理

运用SPSS19.0进行前测和后测上的配对样本T检验分析，并绘制图表。

（八）结果分析

1.话题表达前后测结果分析

表9-6是实验组（班级1）话题表达得分在前测和后测上的配对样本T检验分析，结果显示，未进行诵读干预前，学生发音标准平均得分为3.167，干预后的发音标准平均得分为4.556，均值差为1.389，前测和后测得分存在显著差异（t=-12.992，p＜0.01），说明诵读干预对学生发音标准产生了显著影响，会明显提高学生发音标准得分；在发音洪亮题目上，前测得分均值为2.611，后测得分均值为4.194，均值差为1.583，前测和后测得分存在显著差异（t=-11.297，p<0.01），说明诵读干预对学生声音洪亮产生了显著影响，会明显提高学生声音洪亮得分；在语言准确题目上，前测得分均值为2.667，后测得分均值为4.389，均值差为1.722，前测和后测得分存在显著差异（t=-12.686，p＜0.01），说明诵读干预对学生语言准确产生了显著影响，会明显提高学生语言准确得分；在语言生动题目上，前测得分均值为2.306，后测得分均值为4.028，均值差为1.722，前测和后测得分存在显著差异（t=-10.301，p＜0.01），说明诵读干预会明显提高学生语言准确得分；在表达流畅题目上，前测得分均值为2.389，后测得分均值为4.028，均值差为1.639，前测和后测得分存在显著差异（t=-10.235，p＜0.01），说明诵读干预会明显提高学生表达流畅得分；在引经据典题目上，前测得分均值为1.583，后测得分均值为3.750，均值差为2.167，前测和后测得分存在显著差异（t=-11.465，p＜0.01），说明诵读干预会明显

提高学生引经据典得分；在逻辑顺序题目上，前测得分均值为 2.694，后测得分均值为 3.889，均值差为 1.194，前测和后测得分存在显著差异（t = - 8.373，p < 0.01），说明诵读干预会明显提高学生逻辑顺序得分；在仪态自然题目上，前测得分均值为 2.556，后测得分均值为 4.250，均值差为 1.694，前测和后测得分存在显著差异（t = - 10.37，p < 0.01），说明诵读干预会明显提高学生仪态自然得分。

表 9-6　实验组（班级 1）话题表达得分在前测和后测上的配对样本 T 检验（n=36）

检验变量	前测得分		后测得分		均值差（前测—后测）	均值的标准误	t	p
	均值	标准差	均值	标准差				
发音标准	3.167	0.378	4.556	0.504	-1.389	0.107	-12.922	0.000
声音洪亮	2.611	0.645	4.194	0.624	-1.583	0.140	-11.297	0.000
语言准确	2.667	0.676	4.389	0.549	-1.722	0.136	-12.686	0.000
语言生动	2.306	0.710	4.028	0.736	-1.722	0.167	-10.301	0.000
表达流畅	2.389	0.688	4.028	0.736	-1.639	0.160	-10.235	0.000
引经据典	1.583	0.732	3.750	0.806	-2.167	0.189	-11.465	0.000
逻辑顺序	2.694	0.467	3.889	0.622	-1.194	0.143	-8.373	0.000
仪态自然	2.556	0.843	4.250	0.649	-1.694	0.163	-10.370	0.000

表 9-7 是控制组（班级 2）话题表达得分在前测和后测上的配对样本 T 检验分析，结果显示，学生发音标准前测平均得分为 3.229，发音标准后测的平均得分为 3.571，均值差为 0.343，前测和后测得分存在显著差异（t = -2.652，p < 0.05），说明间隔三个月学生发音标准有了显著提高；在声音洪亮题目上，前测得分均值为 2.600，后测得分均值为 2.400，均值差为 0.200，前测和后测得分没有显著差异（t= -1.364，ns），说明学生声音洪亮没有明显的提高；在语言准确题目上，前测得分均值为 2.711，后测得分均值为 3.086，均值差为 0.314，前测和后测得分有显著差异（t= -2.234，p<0.05），说明学生语言准确有明显的提高；在语言生动题目上，前测得分均值为 2.400，后测得分均值为 2.114，均值差为 0.286，前测和后测得分没有显著差异（t=1.537，ns），说明学生语言生动没有明显的变化；在表达流畅题目上，前测得分均值为 2.629，后测得分均值为 2.229，均值差为 0.400，前测和后测得分有显著差异（t=2.287，p < 0.05），说明学生表达流畅有明显的下降；在引经据典题目上，前测得分均值为 2.171，后测得分均值为 1.886，均值差为 0.286，前测和后测得分没有显著差异（t=1.537， ns ），说明学生引经据典没有明显的变化；在逻辑顺序题目上，前测得分均值为 2.743，后测得分均值为 2.743，均值差为 0.000，前测和后测得分没有显著差异（t = 0.000，ns），说明学生引经据典没有变化；在仪态自然题目上，前测得分均值为 2.429，后测得分均值为 2.457，均值差为 0.029，前测和后测得分没有显著差异（t = -0.029，ns），说明学生仪态自然没有明显的变化。

表 9-7　控制组（班级 2）话题表达得分在前测和后测上的配对样本 T 检验（n=35）

检验变量	前测得分		后测得分		均值差（前测—后测）	均值的标准误	t	p
	均值	标准差	均值	标准差				
发音标准	3.229	0.547	3.571	0.558	-0.343	0.129	-2.652	0.012
声音洪亮	2.600	0.497	2.400	0.604	0.200	0.147	1.364	0.182
语言准确	2.771	0.547	3.086	0.562	-0.314	0.141	-2.234	0.032
语言生动	2.400	0.497	2.114	0.900	0.286	0.186	1.537	0.134
表达流畅	2.629	0.598	2.229	0.808	0.400	0.175	2.287	0.029
引经据典	2.171	0.514	1.886	0.963	0.286	0.186	1.537	0.134
逻辑顺序	2.743	0.611	2.743	0.657	0.000	0.148	0.000	1.000
仪态自然	2.429	0.608	2.457	0.611	-0.029	0.139	-0.206	0.838

2. 讨论

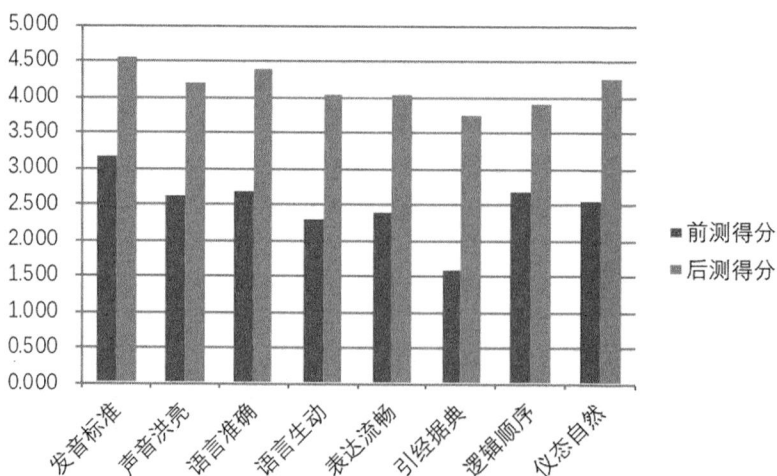

图 9-2　实验组（班级 1）话题表达得分在前测和后测上的折线图

图 9-2 是实验组（班级 1）话题表达的 8 个方面得分在前测和后测上的折线图，从折线图可以清晰地看出，诵读干预对学生话题表达的 8 个方面均有明显的促进作用，干预后的得分显著高于干预前的得分，进一步说明了诵读干预对学生话题表达的重要影响。

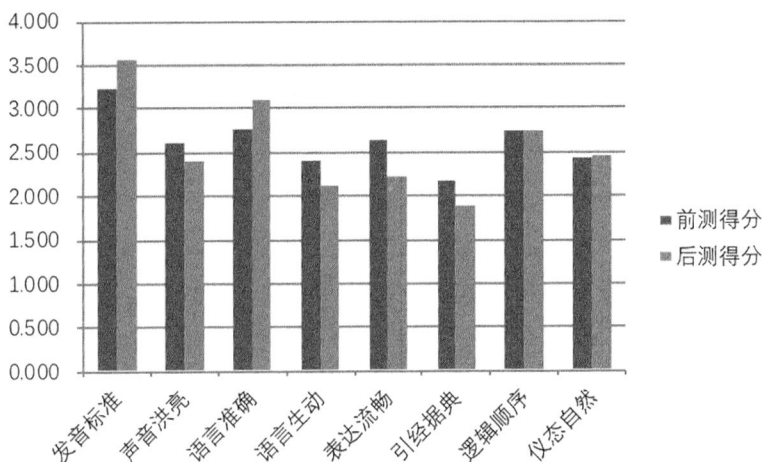

图 9-3　控制组（班级 2）话题表达得分在前测和后测上的折线图

图 9-3 是控制组（班级 2）话题表达的 8 个题目分别在前测和后测得分上的折线图，从折线图可以清晰地看出，诵读干预对学生话题表达没有明显的促进作用，除了发音标准、语言准确和表达流畅三个题目外，干预后的得分和干预前的得分没有明显的差别。

研究发现有针对性的诵读干预对实验组中的小学生口语表达能力"热爱生命"话题表达结果是显著的。实验组的发音标准和声音洪亮、语言正确、语言生动、表达流畅、引经据典、逻辑顺利、仪态自然等方面均有大幅度的提高，在引经据典方面尤为显著。因为诵读过程符合少年儿童机械记忆先于理解记忆的认识发展规律，即使对于学习热情不高、理解能力并没有很强的学生，通过不断的诵读的过程将知识储存在脑海中，将积累的大量语言材料转化为表达能力的工具。（蒋云霞，2000）美国教育者 Kathleen M.Bailey 经过大量对学习中针对所给题材或话题进行相应的口语演练的实验，也验证了可以形成相关思维并促进口语表达的发展。（Kathleen M.Bailey，2007）

3.场景展示前后测结果分析

表 9-8 是实验组（班级 1）场景展示得分在前测和后测上的配对样本 T 检

验分析，结果显示，未进行诵读干预前，学生主题突出平均得分为 2.861，干预后的主题突出平均得分为 4.361，均值差为 1.500，前测和后测得分存在显著差异（t = - 9.000，p < 0.01），说明诵读干预对学生主题突出产生了显著影响，会明显提高学生主题突出得分；在介绍详细题目上，前测得分均值为 2.528，后测得分均值为 3.750，均值差为 1.222，前测和后测得分存在显著差异（t = - 6.677，p < 0.01），说明诵读干预对学生介绍详细产生了显著影响，会明显提高学生介绍详细得分；在条理清楚题目上，前测得分均值为 2.639，后测得分均值为 4.056，均值差为 1.417，前测和后测得分存在显著差异（t = - 8.787，p < 0.01），说明诵读干预对学生介绍详细产生了显著影响，会明显提高学生条理清楚得分；在叙述完整题目上，前测得分均值为 2.389，后测得分均值为 3.778，均值差为 1.389，前测和后测得分存在显著差异（t = - 8.641，p < 0.01），说明诵读干预对学生介绍详细产生了显著影响，会明显提高学生叙述完整得分；在副词使用恰当题目上，前测得分均值为 3.000，后测得分均值为 4.222，均值差为 1.222，前测和后测得分存在显著差异（t=-8.815，p<0.01），说明诵读干预对学生介绍详细产生了显著影响，会明显提高学生副词使用恰当得分；在想象力丰富题目上，前测得分均值为 2.222，后测得分均值为 4.250，均值差为 2.028，前测和后测得分存在显著差异（t = - 9.536，p < 0.01），说明诵读干预对学生介绍详细产生了显著影响，会明显提高学生想象力丰富得分；在表达流畅题目上，前测得分均值为 2.528，后测得分均值为 4.028，均值差为 1.500，前测和后测得分存在显著差异（t=- 9.000，p<0.01），说明诵读干预对学生介绍详细产生了显著影响，会明显提高学生表达流畅得分。

表 9-8 实验组（班级 1）场景展示得分在前测和后测上的配对样本 T 检验（n=36）

检验变量	前测得分		后测得分		均值差（前测—后测）	均值的标准误	t	p
	均值	标准差	均值	标准差				
主题突出	2.861	0.899	4.361	0.593	-1.500	0.167	-9.000	0.000
介绍详细	2.528	0.878	3.750	0.692	-1.222	0.183	-6.677	0.000
条理清楚	2.639	0.762	4.056	0.630	-1.417	0.161	-8.787	0.000
叙述完整	2.389	0.871	3.778	0.722	-1.389	0.161	-8.641	0.000
副词使用恰当	3.000	0.586	4.222	0.485	-1.222	0.139	-8.815	0.000

续表

检验变量	前测得分		后测得分		均值差（前测—后测）	均值的标准误	t	p
	均值	标准差	均值	标准差				
想象力丰富	2.222	1.045	4.250	0.692	-2.028	0.213	-9.536	0.000
表达流畅	2.528	0.774	4.028	0.696	-1.500	0.167	-9.000	0.000

　　表9-9是控制组（班级2）场景展示得分在前测和后测上的配对样本T检验分析，结果显示，学生主题突出前测平均得分为2.257，主题突出后测的平均得分为2.800，均值差为0.543，前测和后测得分存在显著差异（t = -2.801，p < 0.01），说明间隔三个月学生主题突出有了显著提高；在介绍详细题目上，前测得分均值为2.171，后测得分均值为2.200，均值差为0.029，前测和后测得分没有显著差异（t = -0.162，ns），说明学生介绍详细没有明显的提高；在条理清楚题目上，前测得分均值为2.514，后测得分均值为2.457，均值差为0.057，前测和后测得分没有显著差异（t=0.387，ns），说明学生条理清楚没有明显的提高；在叙述完整题目上，前测得分均值为2.257，后测得分均值为2.286，均值差为0.029，前测和后测得分没有显著差异（t= -0.154，ns），说明学生叙述完整没有明显的变化；在副词使用恰当题目上，前测得分均值为2.857，后测得分均值为3.143，均值差为0.286，前测和后测得分没有显著差异（t = -1.663，ns），说明学生没有明显的变化；在想象力丰富题目上，前测得分均值为2.229，后测得分均值为2.371，均值差为0.143，前测和后测得分没有显著差异（t = -0.842，ns），说明学生想象力丰富没有明显提高；在表达流畅题目上，前测得分均值为2.457，后测得分均值为2.229，均值差为0.229，前测和后测得分没有显著差异（t=1.604，ns），说明学生表达流畅没有明显的变化。

表9-9　控制组（班级2）场景展示得分在前测和后测上的配对样本T检验（n=35）

检验变量	前测得分		后测得分		均值差（前测—后测）	均值的标准误	t	p
	均值	标准差	均值	标准差				
主题突出	2.257	0.919	2.800	0.833	-0.543	0.194	-2.801	0.008
介绍详细	2.171	0.747	2.200	0.797	-0.029	0.176	-0.162	0.872
条理清楚	2.514	0.612	2.457	0.741	0.057	0.147	0.387	0.701
叙述完整	2.257	0.741	2.286	0.860	-0.029	0.186	-0.154	0.879

检验变量	前测得分		后测得分		均值差（前测—后测）	均值的标准误	t	p
	均值	标准差	均值	标准差				
副词使用恰当	2.857	0.430	3.143	0.845	-0.286	0.172	-1.663	0.106
想象力丰富	2.229	0.690	2.371	0.843	-0.143	0.170	-0.842	0.406
表达流畅	2.457	0.741	2.229	0.646	0.229	0.143	1.604	0.118

4. 讨论

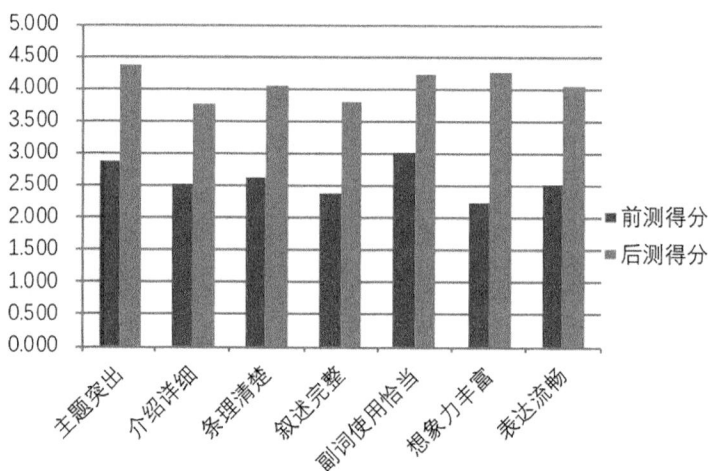

图 4-4　实验组（班级 1）场景展示得分在前测和后测的折线图

图 4-4 是实验组（班级 1）场景展示的 7 个题目分别在前测和后测得分上的折线图，从折线图可以清晰地看出，诵读干预对学生场景展示的 7 个方面均有明显的促进作用，干预后的得分显著高于干预前的得分，进一步说明了诵读干预对学生场景展示的重要影响。

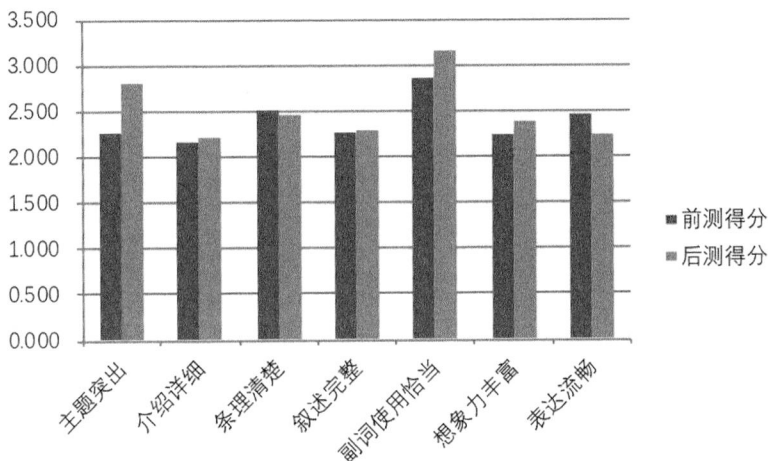

图 4-5　控制组（班级 2）场景展示得分在前测和后测上的折线图

图 4-5 是控制组（班级 2）场景展示的 7 个题目分别在前测和后测得分上的折线图，从折线图可以清晰地看出，诵读干预对学生场景得分没有明显的促进作用，除了发音标准有明显的提高以外，其他 7 个方面在干预前后的得分并没有明显的差别。

从图中可以看到经过诵读干预后，实验组的主题突出、介绍详细、条理清楚、叙述完整、副词使用恰当、想象力丰富、表达流畅均有提高。尤其在表达时候想象力更加丰富，这和之前研究结论一样。在诵读时，可以积累很多言语素材，在看到相关话题时，利用通过诵读储备的知识来表述。赫钦斯认为诵读可以刺激左右大脑，从而增强学生记忆力、注意力、理解力、创造力。（罗伯特·M.赫钦斯，2001）在研究中，实验组学生不仅可以紧扣主题，也能叙述的较全面，可以发现通过大声诵读的方式，不仅可以锻炼听力，还有益于增强口语表达能力。

五、教育建议

（1）加强课程建设，提高学生整体表达水平

"经典诵读最好有专门的课程，由专门的教师在专门的时空内完成，如此才能更好地确保经典诵读的有效性"。（温小军，2012）现阶段，很多学校老师的意识中，认为诵读只是语文教学中的一部分，但这样的意识不能让诵读受益于

学生，只有为诵读专门建立课程，专门安排时间安排教材给诵读，才能有步骤有计划的提高学生口语表达能力。也能解决现阶段诵读教学观念薄弱、诵读时间少、方法粗浅等窘境。

（2）加强师资队伍建设，指导学生正确方法

"经典诵读，教师是关键，要加强经典诵读教师队伍建设，建设高水平、专业化、职业化的教师队伍 。"（展明锋，2012）有了诵读专门的课程，就需要专业的老师根据学生表达情况教学任务来教授诵读技巧、布置合理的诵读任务等。现在的学生更加喜欢活跃、有趣的课堂，有一定的文学功底，这也要求老师要提高自身教学素养，懂得将诵读教学变得有趣，能够引导学生诵读，鼓励学生将知识储备内化为语言素材。与此同时，应该懂得根据新课改的诵读计划，帮家长学生摆正诵读意识，强化诵读的使用，在过程中不流于形式，保证诵读顺利展开。并且有一个专业的诵读老师，可以做好学生的榜样，对学生的影响更加深远。在讲到相关内容，能够积极回应学生，引导学生理解，不仅仅教授知识层面，还有情感层面的培养。旁征博引的诵读不仅可以利用自己广博的知识进行熏陶，还可以激发学生养成诵读的习惯，从而提高学生表达能力。

（3）培养学生诵读习惯，强化学生语文素养

著名的教育学家亚里士多德说过"习惯实际上已成为天性的一部分。"培养学生诵读的好习惯，将诵读融入学生的每一天，变成和吃饭睡觉一样平常的事件，学生出口成章的那一天也会更快到来。若是循环往复的重复诵读的过程，学生更快适应诵读的诵读心理机制；学生才能做到拿到一篇文章，马上能选择正确的情感，体会作者感情，将它读出，并记忆这个过程。下次拿到相同文章时，这个过程会更快地执行。在遇到相关表达需求时，快速在大脑寻找素材，来抒发自己的情感。培养学生习惯，可以让学生作为学习主体，从根本上转变诵读意识，给予学生自主诵读的时间，提高学生诵读能力。长期坚持下去，学生能够养成这习惯，从而强化语文素养。

六、本研究的创新与不足之处

（一）创新

（1）本研究试图从诵读与口语表达能力心理机制之间的异同入手，分析诵读和口语表达能力之间的联系，使诵读研究范畴更加深入。

（2）本研究选取选取小学高年级学生作为被试，深入小学中进行研究。并

且通过调查，对诵读教学的推广提供新的思路、指导、帮助，有助于提高小学生口语表达能力。

（二）不足之处

（1）本研究在被试选取上比较有限，只选择了两个班进行前后测，被试取样范围小，并不能全面、精确的反映出小学生口语表达能力的现状。在之后的样本数量和范围可以适当扩充。

（2）本研究主要采用了自制的口语表达能力记录表，虽有参考，但仍有局限性。记录表前后测均为笔者作为测评人进行评价，尽力排除了客观影响因素，但仍需要不断改进，深入对小学生口语表达能力评价的研究。

（3）本研究主要针对五年级小学生，诵读内容也均为笔者自己挑选，对别的年级不一定依然适用，存在应用局限。今后可以将研究方式更加多样化。

七、未来研究方向

（1）在今后的研究中可继续深入研究诵读与口语表达能力之间的关系，进一步扩大被试取样范围，采取更多样的研究方法，使研究结论更精确，适用范围更广。

（2）更进一步探讨诵读对口语表达能力的影响，并深入研究诵读心理机制与口语表达心理机制的异同。

结论

通过研究一和研究二的调查研究，发现：

（1）诵读对小学生口语表达能力有影响。

（2）诵读可以提升小学生口语表达能力。

附录

附录 A

话题表达

	非常符合	基本符合	有点符合	基本不符合	完全不符合
1. 发音标准					
2. 声音洪亮					
3. 语言正确					
4. 语言生动					
5. 表达流畅					
6. 引经据典					
7. 逻辑通顺					
8. 仪态自然					

附录 B

春

冬

附录 C

场景展示

	非常符合	基本符合	有点符合	基本不符合	完全不符合
1. 主题突出					
2. 介绍详细					
3. 条理清楚					
4. 叙述完整					
5. 副词使用恰当					
6. 想象力丰富					
7. 表达流畅					

附录 D

实验总共分为 8 周，每次进行 30—40 分钟，内容涵盖古诗词、散文等国内外经典著作或节选。内容和时间安排为：

第一周

　　《白梅》　　　　　　　　王冕

　　《早冬》　　　　　　　　白居易

　　《北方的冬天是冬天》　　徐志摩

　　《生活》　　　　　　　　汪国真

　　《生活的教诲》　　　　　（俄罗斯）巴尔蒙特

　　《双调·蟾宫曲·送春》　贯云石

　　《笑的演说》　　　　　　选自《复兴国语教科书》

第二周

　　《日》　　　　　　　　　巴金

　　《天净沙·冬》　　　　　白朴

　　《枫树诗》

　　《写给理想》　　　　　　徐鲁

　　《假如生活重新开头》　　邵燕祥

　　《青春》　　　　　　　　（德）塞缪尔·乌尔曼

　　《谈生命》　　　　　　　冰心（第二段节选）

第三周

　　《人生的境界》　　　　　冯友兰

　　《山中》　　　　　　　　徐志摩

　　《三棵银杏树》　　　　　选自《少年国语读本》

　　《做一个战士》　　　　　巴金

　　《海燕之歌》　　　　　　高尔基

　　《应付环境》　　　　　　胡适

　　《富兰克林自述——磨斧》　富兰克林

第四周

　　《塞纳河岸的早晨》　　　安纳托尔·法朗士

《一剪梅·舟过吴江》　　　　蒋捷

《如果我是一片雪花》　　　　金波

《这不是一切》　　　　　　　舒婷

《悬崖边的树》　　　　　　　曾卓

《冬日漫步》　　　　　　　（美）梭罗

《最苦与最乐》　　　　　　　梁启超

第五周

　　【双调】《殿前欢·对菊自叹》　张养浩

　　《大德歌·冬景》　　　　　关汉卿

　　《一切》　　　　　　　　　北岛

　　《山园小梅·其一》　　　　林通

　　《橡树和芦苇》　　　　　（法）让·德·拉·封丹

　　《与朱元思书》　　　　　　吴均

　　《傅雷家书》　　　　　　　傅雷

　　《蝶恋花》　　　　　　　　晏殊

　　《松坊溪的冬天》　　　　　郭风

第六周

　　《绝句》　　　　　　　　　志南

　　《酬乐天扬州初逢席上见赠》　刘禹锡

　　《春日》　　　　　　　　　朱熹

　　《西江月·平山堂》　　　　苏轼

　　《杂树林》　　　　　　　选自《四季的乐趣》

　　《临江仙》　　　　　　　　晏几道

　　《短歌行》　　　　　　　　曹操

　　《谈读书》　　　　　　　　培根

第七周

　　《从军行》　　　　　　　　杨炯

　　《野草》　　　　　　　　　夏衍

　　《英雄》　　　　　　　　　泰戈尔

　　《对雪》　　　　　　　　　高妍

　　《歌声》　　　　　　　　　老舍

　　《在海边的一个冬日》　　　　　　惠特曼

第八周

　　《面朝大海春暖花开》　　　　　　海子

　　《奉和令公绿野堂种花》　　　　　白居易

　　《热爱生命》　　　　　　　　　　汪国真

　　《假如生活欺骗了你》　　　　　　普希金

　　《童趣》　　　　　　　　　　　　沈复

　　《冬和春》　　　　　　　　选自《小学北新文选》

　　《生活的格言》　　　　　（俄罗斯）巴尔蒙特

　　《卜算子·咏梅》　　　　　　　　毛泽东

附　件

附件 1：北京市小学生家长对美育的 功能性认知及参与度调查问卷

亲爱的家长：

您好！感谢参加我们的研究工作。我们特此开展此次调查了解目前家长对美育的认识现状，促进美育教育发展。该调查采取不记名方式，您所填写的内容仅用于学术研究，无对错之分，请根据您的真实想法如实填写。问题如无标注，均为单项选择，请在您认为符合的选项上划"√"，完成整个问卷大致需要5分钟，感谢您的合作！

第一部分　基本情况

1. 性别:（1）男（2）女

2. 年级:（1）1　（2）2　（3）3　（4）4　（5）5　（6）6

3. 政治面貌:（1）中共党员（预备党员）（2）团员（3）民主党派（4）群众

4. 是否学生干部:（1）是　（2）否

5. 家庭经济情况:（1）家庭经济困难（2）一般（3）良好

6. 生源地:（1）大城市（2）中小城市（3）城镇（4）农村

第二部分　基本问题

1. 您认为美育具有思想品德教育的功能吗？

　　A. 非常重要 B. 比较重要 C. 不太重要　D. 不重要，毫无关系

2. 您觉得美育对孩子未来的生活重要吗？

　　A. 非常重要 B. 比较重要 B. 不太重要 D. 不重要，毫无关系

3. 您觉得美育对孩子的同伴交往影响大吗？

　　A. 影响很大 B. 影响一般 C. 有点影响 D. 毫无影响

4. 您会让孩子主动接触文学、美术、音乐作品吗？

　　A. 主动创造机会 B. 偶尔创造机会 C. 看学校安排 D. 完全没必要

5. 您觉得美育与孩子的学业成绩有关系吗？

　　A. 很大的促进作用 B. 较小的促进作用 C. 阻碍作用 D. 毫无关系

6. 您觉得美育会影响孩子的幸福生活吗？

　　A. 影响重大 B. 影响较大 C. 仅有一点影响 D. 完全不影响

7. 您的孩子是否在课外学习美育课程（如音乐、美术、书法等）？

　　A. 是 B. 否

8. 您给孩子报课外美育课程是因为：

　　A. 想让孩子有一技之长 B. 想让孩子有健康的人格 C. 孩子自己的选择

9. 您的孩子一周参加多长时间的美育教育？

　　A. 2 小时以内 B. 2—4 小时 C. 4—6 小时 D. 6 小时以上

10、您孩子课外都参加哪些美育教育？

　　A. 书法 B. 舞蹈 C. 美术 D. 歌唱 E、其他——

11. 通过美育教育孩子的同伴关系（　　　　）

　　A. 变化突出 B. 变化较大 C. 变化较小 D. 毫无变化

问卷填写完毕，谢谢您的配合！

北京市小学生家长对美育的功能性认知及参与度调查

1. 您的孩子在：[单选题]

选项	小计	比例	
A. 一年级	472		24.48%
B. 二年级	380		19.71%
C. 三年级	314		16.29%
D. 四年级	329		17.06%
E. 五年级	254		13.17%
F. 六年级	174		9.02%
G. 其他	5		0.26%
本题有效填写人次	1928		

2. 您的孩子是：[单选题]

选项	小计	比例	
A. 男孩	1027		53.27%
B. 女孩	901		46.73%
本题有效填写人次	1928		

3. 您的孩子就读的小学是：[单选题]

选项	小计	比例	
A. 市重点小学	30		1.56%
B. 区重点小学	262		13.59%
C. 普通小学	1636		84.85%
本题有效填写人次	1928		

4. 您是孩子的：[单选题]

选项	小计	比例
A. 爸爸	554	28.73%
B. 妈妈	1374	71.27%
本题有效填写人次	1928	

5. 您家里有几个孩子：[单选题]

选项	小计	比例
A. 1	1391	72.15%
B. 2	506	26.24%
C. 3 个及以上	31	1.61%
本题有效填写人次	1928	

6. 您的年龄是：[单选题]

选项	小计	比例
A. 20—30 岁	31	1.61%
B. 31—40 岁	1338	69.4%
C. 41—50 岁	541	28.06%
D. 51—60 岁	18	0.93%
本题有效填写人次	1928	

7. 您的受教育程度是：[单选题]

选项	小计	比例
A. 高中及以下	372	19.29%
B. 大学本科	1107	57.42%
C. 硕士研究生及以上	449	23.29%
本题有效填写人次	1928	

8. 您的工作性质是：[单选题]

选项	小计	比例	
A. 党政机关或企事业单位负责人	212		11%
B. 专业技术人员	680		35.27%
C. 办事人员（行政办公人员、安全保卫人员、邮政和电信人员、其他办事人员和有关人员）	401		20.8%
D. 商业、服务业人员（包括个体商户）	573		29.72%
E. 工人（生产运输设备操作人员及有关人员）	35		1.82%
F. 农民（农、林、牧、渔、水利生产人员）	27		1.4%
本题有效填写人次	1928		

9. 您的工作岗位是：[单选题]

选项	小计	比例	
A. 初级	368		19.09%
B. 中级	1013		52.54%
C. 高级	547		28.37%
本题有效填写人次	1928		

10. 您的家庭人均月收入是：[单选题]

选项	小计	比例	
A.2000 元及以下	25		1.3%
B.2001—4000 元	161		8.35%
C.4001—6000 元	288		14.94%
D.6001—8000 元	309		16.03%
E.8001—10000 元	356		18.46%
F.10000 元以上	789		40.92%
本题有效填写人次	1928		

11. 您的孩子所在学校目前开设的美育课程有？（可多选）[多选题]

选项	小计	比例
A. 音乐、声乐	1651	85.63%
B. 绘画	1501	77.85%
C. 诵读	772	40.04%
D. 手工	1019	52.85%
E. 插花	59	3.06%
F. 书法	1066	55.29%
G. 舞蹈、街舞	554	28.73%
H. 钢琴、大提琴、小提琴	270	14%
本题有效填写人次	1928	

12. 您的孩子是否在课外学习美育课程（如音乐、美术、书法等）？[单选题]

选项	小计	比例
A. 是	1263	65.51%
B. 否	665	34.49%
本题有效填写人次	1928	

13. 您的孩子一周参加多长时间的美育活动？ [单选题]

选项	小计	比例
A.2 小时以内	781	40.51%
B.2—4 小时	701	36.36%
C.4—6 小时	303	15.72%
D.6 小时以上	143	7.42%
本题有效填写人次	1928	

14. 您认为在小学课程中，最重要的课程为？请您选择最重要的三项：[多选题]

选项	小计	比例	
A. 语文	1648		85.48%
B. 数学	1396		72.41%
C. 英语	1060		54.98%
D 思想品德	412		21.37%
E. 美术	87		4.51%
F. 音乐	115		5.96%
G. 体育	399		20.7%
H. 信息技术	33		1.71%
I. 劳动与技术教育	98		5.08%
J. 科学	101		5.24%
K. 心理教育	435		22.56%
本题有效填写人次	1928		

15. 您认为目前学校最应该开展的课外活动为：[多选题]

选项	小计	比例	
A. 语文类课外补习班（如：大语文）	523		27.13%
B. 数学类课外补习班（如：奥数）	442		22.93%
C. 英语类课外补习班（如：新概念）	492		25.52%
D. 思想品德类教育活动	344		17.84%
E. 美术类兴趣活动	488		25.31%
F. 音乐类课外活动	480		24.9%
G. 体育类竞技活动	767		39.78%
H. 计算机类兴趣活动	286		14.83%
I. 劳技制作类活动	352		18.26%
J. 想象与创新类课外活动	876		45.44%
K. 心理健康素质课外活动	721		37.4%
L. 其他	13		0.67%
本题有效填写人次	1928		

227

16. 您让孩子主动接触文学、美术、音乐作品吗？ [单选题]

选项	小计	比例
A. 主动创造机会	1000	51.87%
B. 偶尔创造机会	680	35.27%
C. 看学校安排	245	12.71%
D. 完全没必要	3	0.16%
本题有效填写人次	1928	

17. 您觉得美育与孩子的学业成绩有关系吗？ [单选题]

选项	小计	比例
A. 很大的促进作用	1373	71.21%
B. 较小的促进作用	489	25.36%
C. 阻碍作用	5	0.26%
D. 毫无关系	61	3.16%
本题有效填写人次	1928	

18. 您给孩子报课外美育课程是因为：[单选题]

选项	小计	比例
A. 想让孩子有一技之长	326	16.91%
B. 想让孩子有健康的人格	1143	59.28%
C. 孩子自己的选择	418	21.68%
D. 其他	41	2.13%
本题有效填写人次	1928	

19. 如果 10 分是满分，您对目前学校开展的美育活动的评分是 _____ 分。
[单选题]

选项	小计	比例	
1 分	20		1.04%
2 分	12		0.62%
3 分	41		2.13%
4 分	25		1.3%
5 分	188		9.75%
6 分	256		13.28%
7 分	223		11.57%
8 分	557		28.89%
9 分	237		12.29%
10 分	369		19.14%
本题有效填写人次	1928		

20. 请您如实在下表相应栏目打"√"： [矩阵单选题]

题目 \ 选项	完全同意	比较同意	一般	较不同意	完全不同意
1. 美育通过音乐，书法，绘画等课程来实现	787(40.82%)	822(42.63%)	276(14.32%)	32(1.66%)	11(0.57%)
2. 美育是音乐美术知识的传授	618(32.05%)	681(35.32%)	428(22.2%)	165(8.56%)	36(1.87%)
3. 参加美育活动能够培养孩子的艺术鉴赏力	1078(55.91%)	677(35.11%)	148(7.68%)	12(0.62%)	13(0.67%)
4. 参加美育活动能够提高孩子的审美能力	1093(56.69%)	709(36.77%)	105(5.45%)	9(0.47%)	12(0.62%)
5. 参加美育活动能够促进孩子的理解和沟通能力	973(50.47%)	750(38.9%)	180(9.34%)	15(0.78%)	10(0.52%)

题目＼选项	完全同意	比较同意	一般	较不同意	完全不同意
6. 参加美育活动能够促使孩子理解他人和社会	945(49.01%)	714(37.03%)	234(12.14%)	23(1.19%)	12(0.62%)
7. 参加美育活动能够提高孩子的情绪管理能力	944(48.96%)	740(38.38%)	218(11.31%)	15(0.78%)	11(0.57%)
8. 参加美育活动能够促进孩子的个体社会化角色实现	918(47.61%)	743(38.54%)	235(12.19%)	23(1.19%)	9(0.47%)
9. 参加美育活动能够促进亲子关系	838(43.46%)	748(38.8%)	300(15.56%)	27(1.4%)	15(0.78%)
10. 参加美育活动能够提高孩子处理同伴关系的能力	846(43.88%)	741(38.43%)	303(15.72%)	29(1.5%)	9(0.47%)
11. 参加美育活动能够提高孩子的合作能力	922(47.82%)	753(39.06%)	224(11.62%)	18(0.93%)	11(0.57%)
12. 参加美育活动能够让孩子更大胆	898(46.58%)	728(37.76%)	256(13.28%)	30(1.56%)	16(0.83%)
13. 参加美育活动能够让孩子意志力更强	895(46.42%)	722(37.45%)	283(14.68%)	18(0.93%)	10(0.52%)
14. 美育是一技之长	780(40.46%)	718(37.24%)	345(17.89%)	66(3.42%)	19(0.99%)
15. 美育具有促进思想品德发展的功能	886(45.95%)	757(39.26%)	256(13.28%)	18(0.93%)	11(0.57%)
16. 美育会影响孩子的幸福生活	850(44.09%)	662(34.34%)	247(12.81%)	76(3.94%)	93(4.82%)

附件 2：台湾艺术表演系及儿童
与家庭服务系课程访谈

一、本次出访的收获

台湾树德科技大学成立于 1997 年，是一所年轻的大学，位于台湾高雄市燕巢区，学校设有管理、资讯、设计、应用社会及通识教育等 5 个学院，包含 1 个博士班、9 个硕士班、19 个系、1 个科，学制为研究所、四年制及二年制大学部、二年制专科部及二年制专科进修学校，学生数已达到数万人；以迎合社会潮流与生活应用相辅相成，提供更多升学、进修的管道和机会，得以落实生活科技化，科技生活化之办学理念。

下设学院有：管理学院：设有企业管理系、金融与风险管理系 (所)、国际企业与贸易系、休闲事业管理系、运筹管理系、休闲游息与运动管理系、行销管理系、经营管理研究所等。树德科技大学资讯学院：设有资讯管理系 (所)、资讯工程系 (所)、电脑与通讯系 (所) 等。设计学院：设有室内设计系、视觉传达设计系、流行设计系（科）、生活产品设计系、建筑与环境设计系、数位科技与游戏设计系、表演艺术系、应用设计研究所、建筑与室内设计研究所。应用社会学院：设有应用外语系、儿童与家庭服务系 (所)、人类性学研究所。通识教育学院：设有语文组 (英文组及中文组)、人文艺术组 (人文组及艺术组)、自然科学组、社会科学组等。在这些系部课程中，我主要选择了艺术表演及儿家系的课程，一个月通过听两个系的课程，对我的触动很大、受益匪浅。

（一）儿童与家庭服务系的听课及收获

当我拿到儿童与家庭服务系的课程表时，很多课程深深的吸引了我，从没见过的"家人关系""家庭教育专题""儿童行为处理""儿童绘本专题""家人关系与咨询辅导专题"每一门课程的开设都为大学生将来走上工作岗位做了铺垫。

儿童与家庭服务系的上课教室都是模拟幼儿园的教室布置的，学生在里面上课就有身处幼儿园环境的感觉，为将来的实习及走上工作岗位准备，学生不会感到特别陌生和无助，很容易融入工作中。幼儿护理室更是有幼儿的所有用品，包括睡床、跟新生儿同重量的塑胶娃娃（抱起来很有真实宝宝的感觉）、幼儿奶粉、幼儿的应急处理器具等等，模拟教室的逼真让我感叹不已。这所科技大学成立刚刚19年，但是，学校的硬件是过硬的，老师的素质是一流的，能够看得出学校的管理、教学是严谨的、合理的，真正是为教学服务，为师生服务的，学生在这里学习是有效的，真正做到了学以致用。

课程设置合理、与人的成长紧密结合。儿童与家庭服务系的"家人关系"课程最吸引我，我们虽然经过了多年的学习与刻苦，考上了自己理想的大学，找到自己理想的工作，但是，我们的成长是不健全的，我们忘了最重要的家人关系这一个重要的课题。家人关系中的与父母的关系、夫妻关系、亲子关系、大学生的恋爱观、恋爱关系等等课程当中全部体现。就知道这个课程对身心健康发展的大学生尤为重要，不至于孩子们走进恋爱、婚姻、亲子关系里会出现盲目、无所适从的尴尬境地。

儿家系的老师们除了学校的课程外，还直接服务社会，他们的研究没有脱离社会实践。我知道的儿家系主任李淑慧是多家幼儿园的指导专家，常常带领学生深入幼儿园调研实习。第二位是家人关系的主讲教师胡秀妫教授是多家社区的心理咨询师。第三位是儿童绘本研究方向的杨璧珲老师常常组织参与儿童绘本展及绘本专家的见面会。他们的教学与社会实践紧密结合，所以，听他们的课从来不感觉枯燥无味，反而引起你很多的思考与联想。

（二）艺术表演系的听课及收获

第一，表演系的教室特点是根据舞台、灯光的布局设计的，学生坐在塑胶地上，很随意的各种坐姿，刚开始我还觉得他们是不是太随意了，能好好听课吗？但是，我的担心是多余的，他们不但好好听，还认真做笔记。尤其提问环节，学生都很积极地向老师提问，互动得不亦乐乎。

第二，表演系的课程舞台实践是重要的环节，毕业生在教师的指导下完成全部的创作环节并公开卖票演出，每场演出都座无虚席，说明台湾民众的观演习惯是天然养成的，自觉性较强。

第三，艺术表演系的排练作业较多，学生常常在课下排练到深夜，从表演课到重唱课，全部要排练，每一组课上都要汇报。所以，课下学生非常用功，基本很少玩手机。

二、访学回来后的思考

（一）关于儿童与家庭的研究

一个月的访学，让我收获很多，也引发了我的一些思考。回来之后，第一件事情就想知道我们大陆除教育系、教育学院、初教学院、小教系等等关于教育教学的专业以外，有没有把儿童与家庭放在一起研究的专业或院系，查了很久，也咨询了业内的专家，我们是没有开设这方面的课程的，作为 13 亿人口的地区，家庭的安定与健康影响着公民素质的提高，尤其，当前情势下的中国，更需要开设儿童与家庭方面的课程，家庭面临的压力与挑战影响着儿童的健康发展，我们不能再忽视家庭教育的问题，只有家庭教育、学校教育、社会教育三方联手，健康发展，我们的教育才有希望，我们才能够真正的强大起来。

（二）关于教学观念的思考

出去之前，我觉得我的课堂很民主、很活跃，但是，发现台湾的教师更是把课堂交给了学生，让学生充分发挥想象力和思考力，课堂的思考状态从来没停止过，学生都很兴奋，大脑也得到了主动思考的能力，创新思维活跃，老师的点评不带任何的感情色彩，公平公正，语气中分明感受到还有跟学生商讨的余地，学生很容易接受并能够进一步改进。我们的学生之所以少了主动思考和创新能力，就是课堂还是以教师为主导，教师的教学观念还是认为自己所研究的课题与专业占主导地位，没有真正的尊重"学生"，还是把学生"管"起来了，我们的学生很"可怜"，出生之后父母"管"、到了学校老师"管"、上了班后领导"管"，这种"三管"现象，我们的学生们哪儿来的创新思维、创新能力。课堂就是一个突破口，一个教师连课都上不好，我认为他应该离开校园，不配做教师。教师还是要做好本职工作，以学生为本，以教学研究为中心，以育人为天职。回来后，我的课堂更加民主，学生可以随时与我讨论专业领域内的任何问题，我看到思维活跃、充满自信的脸庞，我享受在我的课堂中，我的教学中，相信会有更多的学子在未来的学习生活中，都会找到自己合适的发展方向，最主要他们建立了自信、有了目标、有了方向，育人的目的也就达到了。

（三）关于"产学研"相结合

表演系的舞台实践较多，访学期间我还听了台湾树德科技大学暑期赴纽约游学的几位同学的汇报，很全面，很生动，学生收获很大。期间我还看了两部舞台戏剧，这两部剧全部是由学生自创、自编、自导的，戏名为《真实36》《零地点》，是有思想、有创新，向社会公开卖票的演出。虽然树德科技大学是科技大学，但是学校每年都有艺术节、音乐节等等，校园文化丰富多彩。回来时，外事办的老师还送了我艺术设计系自己研制的面膜，据说设计系还拿了世界设计领域"红点"大奖，学生和老师研制的产品可以直接进工厂生产出品销售，真正做到了"产、学、研"一体化。

总之：台湾的访学虽然只有28天，但是，对我的人生、事业、家庭都产生了一定的影响，尤其、在与台湾师生互动过程中，他们的友好、礼貌、文化都深深的打动了我，在最后一节听课中，重唱课于善民老师还让我给学生们做了一小时的《内蒙古民歌讲唱》专题，没想到他们那么专注、学生们赞叹的目光、陶醉的状态让我记忆犹新，颇受感动。台湾之行收获满满，感谢学校及师范学院给我造访台湾学习的机会，我会把我的收获带进我的教育教学，更加扎实平稳的推进教育教学的改革，用自己的言行回报学校及学院对我们的培养和付出，感谢学校和学院外事办的老师们细致周到的服务，让我圆满完成访学任务。

附：

一、访问时间与安排

时间	行程内容
10 月 3 日（星期一）	18:30 分从北京出发，晚 21：30 分到达台湾高雄。
10 月 4 日（星期二）	上午：参观树德科技大学图书馆和校园环境。 下午：与贵校国际部的工作人员和洪副校长进行了友好的访谈，共进午餐。 下午：与儿童与家庭服务系主任李淑慧教授接洽，参观该系的特色教室并拿到本学期全部课程的上课时间表，准备听课。
10 月 5 日（星期三）	上午：与艺术表演系主任杜思慧见面，开始听课及拿到一系列的实践演出活动表
10 月 6 日—28 日	在儿童与家庭服务系及艺术表演系听课、观摩演出、参加儿童绘本专题讲座及参观等等社会实践活动。
10 月 8、9、10 日（台湾休假三天）	在台北参观了台湾师范大学、台湾艺术大学、8 日晚看了一场台湾民乐团专场音乐会
10 月 16 日（星期日）	参加儿童绘本专家童嘉老师的绘本创作专题及见面会
10 月 18 日（星期二）	上午：参观高雄市两家幼儿园 下午：参加北京市教委代表团及树科大领导座谈会并作为交流生指导教师代表讲话 晚上：博二艺术区观看戏剧《真实 36》
10 月 20 日	观看爵士音乐会
10 月 27 日	上午：参观高雄市立图书馆 晚上：观看台湾明星演唱会
10 月 28 日	上午：客家文化讲座 下午：参加绘本书展的新闻发布会并见到了台湾最具实力的五位绘本专家 晚上：岗山剧场观看《零地点》
10 月 31 日（星期一）	下午 17:30 分抵达北京。

附件3：美育在台湾教材中的实施

　　美育是素质教育的重要手段之一，台湾美育特别强调把艺术教育作为素质教育的切入点。台湾教育将艺术视为人类文化的结晶、生活的重心之一，因此是作为完整教育不可缺少的重要一环而存在的。从课程设置上来看，台湾高中以下的学校课程区分七大领域：语文领域、数学领域、社会领域、自然与生活科技领域、艺术与人文领域、健康与体育领域、综合领域与弹性领域。

　　其中艺术与人文领域包括音乐、美术（视觉艺术）、美劳（小学）、表演艺术（初中）。除小学一二年级将艺文和自然、社会合并为生活领域外，艺术与人文课程在台湾学校教育中一直从小学三年级始贯穿至初中三年级，总共14个学期，规定每学期48课时。官方的课程纲要中强调艺术正是借由非语文的沟通形式，进而提升人们的直觉、推理、联想与想象的创意思考能力，使人们分享源自生活的思想与情感，并从中获得知识，建立价值观。因此所有的人都需要学习艺术的语言，以领会生命的意义和各族群文化的情趣。艺术与人文实际即为"艺术学习与人文素养"，强调经由艺术陶冶，涵育人文素养。该课程以培养学生艺术知能，鼓励每位学生积极参与艺文活动，提升艺术鉴赏能力，陶冶生活情趣，并以启发艺术潜能与人格健全发展为目的。综观而言，以该课程为代表的台湾美育，特别关注学生（儿童和青少年）在艺术活动中的参与度，关注其在学习创作艺术活动中自主表达其观念与情感，分析、了解、批评、反省艺术作品所涵盖的感受与经验所象征的意义，强调艺术学习对其他领域学习所发挥的促进、连接与整合作用。不难发现，自主、开放、弹性以及全方位成为概括台湾美育的四个关键词。特别值得关注的是，台湾美育在实践中最大限度地挖掘艺术人文与时代、文化、社会以及生活之间的联系，强调艺术教育应提供学生机会探索生活环境中的人事与景物，主动运用感官、知觉和情感，辨识艺术的特质，建构意义。台湾美育实际上为学生提供颇多亲身参与探究甚至依据个人经验与想象创造艺术的实践机会，以丰富个人生活与心灵。在他们看来，跨世纪教育改革的精神，特别在于重视人的生命自身，并以生活为中心，建立人我之间与环境之谐和发展，目的就是为了均衡科技文明与艺术人文的全面、多元及统整。包括艺术与人文在内的台湾美育强调对动手实践能力的培养，即将所学与领悟身体力行实践于生活中，最终使每位学习者养成日常生活中艺术表现与鉴赏的兴趣与习惯。台湾高中以下学校课程中无论哪个领域的课程纲要都强调对如下十大基本能力的培育：了解自我与发展潜能；欣赏、表现与创新；生涯规划与终身学习；表达、沟通与分享；尊重、关怀与团队合作；文化学习与国际了解；规划、组织与实践；运用科技与咨询；主动探索与研究；独立思考与解决问题。艺术与人文课程设计及实践亦紧扣十大基本能力，特别突出培养每一位学生的自主创造力、规划组织能力与动手实践能力，强调学生对个体审美经验的自主建构，强调艺术学习在日常生活中的实践性及其对于其他知识领域学习所发挥的促进、连接和整合作用。

由此，其他学科中实际也贯穿了如此的美育理念。通过查阅文献，可以发现台湾的小学美育理念在各科课本中都有所渗透，各学科互相配合。

以翰林出版社的小学语文、数学课本为例：

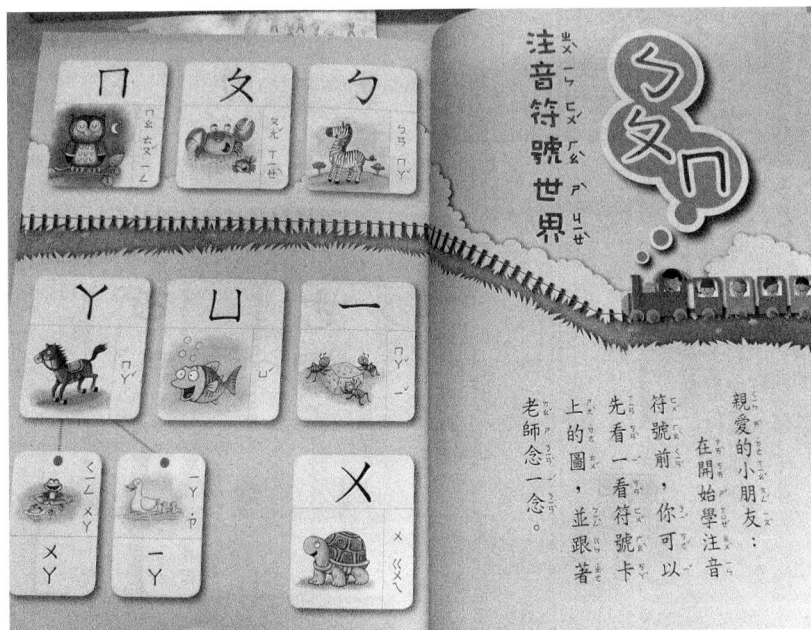

237

上图为翰林出版社一年级上册语文课本

第一課 飛翔

代橘

從春季 到夏季
從黑夜 到黎明
夢 在風的搖籃中孕育
夢 在雨的滋潤中萌芽
為了尋見另一個樂土
為了再造另一個家園
徬徨的 依依的
我告別溫馨的老屋
飛翔
　　　※　　　※
　　　※　　　※

黎明

孕育

萌芽

朝向未知的遠方
飛翔
從森林 到原野
從鄉村 到城鎮
乘著夢的翅膀
不怕旅程漫長
廣闊的天空沒有道路
浩翔的蒼穹沒有痕蹟
只有微風將我托起
讓我依著自己的方向
飛翔
　　　※　　　※
　　　※　　　※

蒼穹

浩瀚

從操場 到走廊
從這一班 到那一班
我從窗戶飛進了教室
孩子說是空中掉落的羽毛
他們伸手想抓住我
老師卻攔住他們的捕捉
孩子 那不是羽毛
它是蒲公英的瘦果
飛翔

走廊

攔住

蒲公英

承載著蒲公英的未來
代表著蒲公英的希望
不要阻擋它的旅行
讓它繼續飛向前
飛翔
　　　※　　　※
　　　※　　　※

阻擋

239

上四图为翰林出版社六年级上册语文课本

通过以上的教材图片不难看出，台湾小学的课本无论哪个年级，都有着十分丰富多彩的图片画面，这些图片是由艺术家专门为课本设计定制的。图片画面搭配着课文的内容，能够让学生亲近课本、课文，可以丰富学生们的想象力，也可以培养学生欣赏美、创造美的精神。

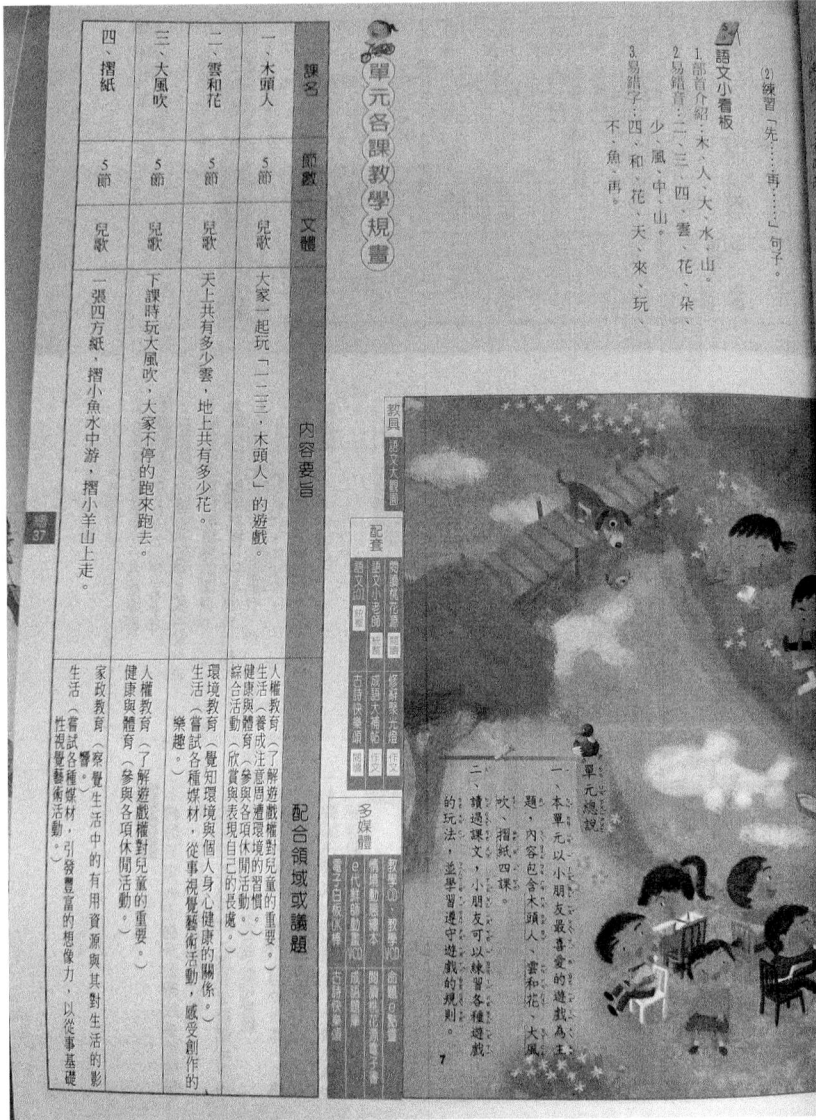

上图为翰林出版社一年级上册语文教师备课用书

台湾的教师备课用书十分详细，把所有要求教师讲的内容和学生需要达到的目标写的很细致，这可以让老师更有效的掌握课本所要传达给学生的内容，实用性、参考价值更强。

同时，我们可以看到上图左下角"配合领域或议题"，这部分是台湾教育中存在的性别平等教育、环境教育、信息教育、家政教育、人权教育、生涯发展教育、海洋教育等七大议题。教师用书中，每个单元前都有这些议题的提示，也就是每篇课文中要培养学生们的中心是什么，并会详细说明。所以不仅仅是课本的画面对学生的美育教育，在这些议题中对学生的美好品德的教育和培养也丰富了美育教育。语文学习课程纲要中也强调培养学生具备良好的听、说、读、写、作等基本能力，使学生能使用语文充分表情达意，陶冶性情，启发心智，解决问题；培养学生有效应用语文从事思考、理解、推理、协调、讨论、欣赏、创作，以扩充生活经验，拓展多元视野，面对国际思潮；激发学生广泛阅读的兴趣，提升欣赏文学作品的能力，以体认台湾文化精髓。同样潜移默化地贯穿了美育的要求，强调了对审美鉴赏、独立思考、自主学习、创意能力以及人文素养的培育。这种理念不仅存在于语文教学中。

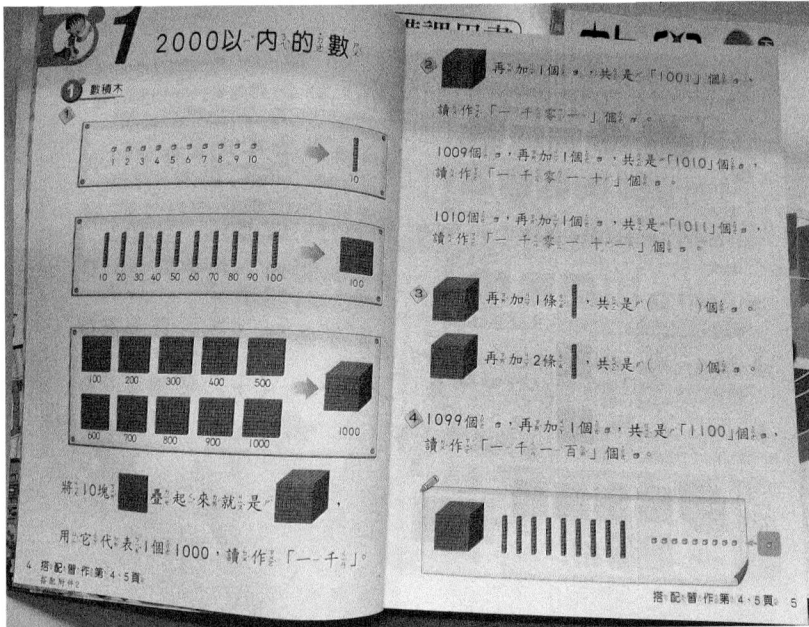

以上三图为翰林出版社三年级上册数学课本

以上两图为翰林出版社三年级上册数学教师备课用书

从教师备课用书我们仍然可以看到六大议题的中心存在，在数学中也有所体现，这种明确的情感态度价值观或品德的培养在我们的课本中还没出现，还需要老师在备课的时候自己揣摩课本中知识点所要培养学生的能力。数学课程纲要中专门提及。除专业素养外，教师对学生的爱与关怀是帮助儿童渡过学习难关的最重要助力。实际上这正道破了贯穿台湾美育甚至台湾教育最关键的一点，即强调爱与关怀。这也是教育特别是美育能够真正潜移默化作用于每个学生的关键之处。

附件 4：台南小学美育践行

新进小学，1956 年创校，是新营区规模最大的小学。该校长期发展艺术教育，开设了美术课程、创客课程以及双美课程。各种艺术特色课程皆以培养学生的美学素养为核心，鼓励学生由做中学，从创作中感受艺术之美。在美术课程中，秉持"班班都是美术班"的理念，各班都由专业美术教师上课，不仅确保学生上的到美术课，教育方式也更专业。同时也开展了形式多样的活动，例如红包袋活动，让学生以绘画方式进行创作，完成自己的红包袋作。还有年画创作，不但让学生认识传统艺术，也能收获美术学习的成果。在创客课程中，学生先在电脑教室个别创作，手绘图稿拍照后以绘图软件转成图画再编修，让同学们同时多了科技力的培养。不同年级的学生也以不同形式参与其中：低年级学生可以进入糖厂，用甘蔗渣做纸，接着再用甘蔗纸进行各式各样的创作；中年级学生可以在活版印刷博物馆运用活版印刷术创作，并结合学校原本的版画教育；高年级则从传统的活板印刷进入创科教育。美术课程更是结合了美语课程，美语老师与课程搭配，指导学生使用英文介绍当地文化。

树人小学，1912 年创校，学生约 60 人。曾是电影《新鲁冰花：孩子的天空》主要拍摄地。该校开设了美术课程，课上针对不同年龄段学生有不同的教法，如教授低年级学生会用日常生活题材激发学生灵感，三年级以上的学生就会开始教他们版画。学校还会出版学校师生创作的版画作品集。

河东小学，该校学生有些直系血亲是大武垄人，有些为亲友关系。因此，学校将民族文化融入校本课程。学校开设了族语课程，形式主要是通过课上学习，学会用族语打招呼、唱儿歌，回家再教给父母。学校还开设了手工课程，教授学生制作竹编和竹筒。同时还开设了机器人课程，将部落文化融入进综合课程，例如教学生操作程式让机器人可以沿地图查看部落情况。

月津小学，1944 年创校，学生人数约 200 人，其中包含美术类艺术才班四个班。该校主要开设美术课程，他们的美术艺才班相比普通班每周多了四节美术课，有专业老师教授水彩、水墨、设计、工艺、电脑绘图、艺术鉴赏等课程。校内还设有专门的国画、素描、版画、陶艺教室供学生使用。

北门小学，该校有 110 多年的历史，从 2016 年起老师们设计了绘本故事创作课程，安排在五年级课程中，期盼学生通过对课程的学习对家乡有更深的了解。该校开设了绘本故事创作课程：在课上老师带领学生学习写作经验，创作文本；美术老师还会引导学生创作图像，配合文本内涵做场景。在课外老师带领学生们到社区深度学习、调查，更进一步走近生活，获得创作灵感。

后港小学，后港曾是繁华绚丽的港口，该校自 2008 年起将校本课程与艺术教育结合，为学生们提供生活中随手可得的教学媒材，如种子、虾壳等，培养他们的美学生活态度。该校开设了美术课程，教学中不单单拘泥于教材，而是将课上教学与课外实践相结合，擅长就地取材，使美术课更加有实用性。还开设了木工创客课程，邀请北门社区大学木工班来为学生上基础木工课程，课上不仅对各类器具进行介绍，还会教学生实际作出成品。

将军小学，近年来该地青壮年外迁情况严重，因此校方让学生从家乡探访、拍摄，由点到面描绘家乡的故事及生态人文，期待学生对自己的家乡产生认同感，并迸发出守护社区的行动力。该校开设了影像教育课程，由台南艺术大学研究生带领学生们拿相机、DV 去访问社区，获得一手的研究素材。学生们采集回来的故事与影像交由老师进行主题式挑选，针对有故事性的素材发展成为影像资料，最后对资料剪辑运用，制成家乡影像。

宅港小学，该校采纳周旁特色，结合社区永续、食业（渔）教育等主题，组架出多世代幸福共生的课程三轴线：护湿地（生态）、沐神恩（生活）乐活渔（生产），构建学生正视社区的素养，期待学生成为环境守护人。他们开设了沐神恩课程，学生在课上学习"婆姐阵"并最后演出（婆姐是妇女和小孩的守护神）。

松林小学，该校曾获台南市空间美学暨特色学校全市特优奖、台湾当局教育主管部门空间美学暨特色学校全台优等奖，是西港旅行不可错过的一站。该校开设了平面美学课程，包括绘画课和书法课：绘画课上课之前先让学生与自己对话，思索之后再下笔；书法课中除了课上由老师讲解知识点外，课下还会组织学生看各类书法展。同时还开设了表演艺术课程：老师会依照学生特质教授风琴、大鼓、敲击乐、直笛等乐器，成立了"曼陀林"音乐社团，还设有以鼓队和小提琴为主的弦乐社团。还有胡麻课程：教授学习胡麻料理，还会组织六年级学生体验下田种胡麻。

官田初中，创校于1986年，用艺术创作跨域整合所有课程，成功演绎以美学为本的校园教学。2018年荣获第五届台当局教育主管部门艺术教育贡献奖。该校开设了艺术课程：教学融入在地文化，如菱角、水雉等素材中，同时注重艺术创作要与各科结合，不仅要求学生观察周遭生活，还要亲自动手制作艺术品。

那拔小学，该校是全台第一个推广"官将首"传统艺阵文化的学校。学校对于这项传统文化的态度已经从社团活动变成对品德、美学教育以及培养在地认同情怀不可或缺的元素。该校开设了官将首课程：该课程结合舞蹈课，并引进大旗舞和电音三太子，为艺术发展增添多元性；与此同时还结合了美术课，画脸谱、烧陶板、做公仔。

新市初中，该校拥有超过20年历史的美术班，着重培养孩子对"美"的观察力和鉴赏力，引导学生细心观察小角落中的美。

左镇小学，成立于1920年，该校校长李智贤根据在地西拉雅文化，整理出一套完整的教育课程，获得台当局教育主管部门2018年度教育贡献优秀奖。该校开设了西拉雅文化课程：聘请族语老师和村内老者为学生讲述西拉雅文化；组织学生学习族语；老师还会带领学生走访村内老者，了解更多当地文化。

龙崎小学，建校于1922年，在2001年的时候学校以竹元素发展学校特色，经过多年积累，整座校园就像一处竹艺展览馆。主要开设了竹编艺术课程：基础竹编课上，会邀请当地竹编艺术家教授学生学习当地传统工艺，同时还会开设创意竹编课，让学生充分发挥自己的想象力和创造力。

归仁初中，建校于1946年，近年来结合在地自然文化，积极整合当地丰富的生态资源进行艺术创作，荣获2015年台当局教育主管部门教学卓越奖。开设了归仁文化课程：主要带领学生认识"归仁十三窑"，整个课程分为6个子题，包括"话窑""闻窑""造窑""品窑""想窑""飘窑"。

永仁高中，建校于1975年，学校除了培养学生的艺术创造力外，美学课程也相当重视学生对美的鉴赏和肢体美的自我塑造。2002年该校成立初中部的舞蹈班，从此奠定了精灵舞校园的教学特色。主要开设舞蹈课程（舞蹈班）：由三位专精芭蕾、武功、现代舞的老师负责教授舞蹈创作，还有三位老师教授即兴创作。学生练舞和表演的场所从一般舞台转变成校园各个地方，学生除了学习专业舞蹈外，还要学习乐理、配色、咨询、数位应用等课程。学校还开设了静态美学课程：老师教授学生进行艺术创作，如纸箱创作、几何图形创作等。

开元小学，建校于1956年，由于学校所在地早期与眷村为邻，许多军人子弟都是校友，因此该校也被视为"培育将军的母校"。学校开设了开元寺思想起课程和游于艺课程。在开元寺思想起课程中，课程内容采用循序渐进的方式，学习开元寺的建筑美感、木雕艺术、佛像艺术、彩绘艺术等。学生在低年级会由学校带领造访开元寺，到了中年级，学生会通过"寻宝图"活动，走进寺庙观察，而高年级学生可以通过进行"大富翁"游戏，设计开元寺的网页。在游于艺课程中，老师会带领学生认识画家刘其伟、梵谷、米勒，到展览馆亲观诸位名师的画作，聆听解说，并亲自体验艺术创作过程。

大成初中，建校于1946年，自1981年起设立音乐实验班，不分学区试招收有音乐天赋的小学毕业生，校内有设施完善的音乐教学大楼"音乐馆"。该校开设了文化园区踏查课程：学校会带领学生就近观察当地文化特色，从历史、生态、美学等多角度深入考察学习。学校还创建了水交社导览团队，让学生将所学知识分享给民众。

建兴初中，建校于1968年，校棒球队持续培养棒球人才，许多国际知名选手都是校友，包括王建民、郭泓志等人。主要开设了古迹课程：包含"城南旧事三百战小小领航员"双语导览课程、小小领航员大南门文化生活圈导览课程，带领学生领略古迹之美。还开设了绘画课，老师讲解后，学生在创作过程中不加以批评，使学生更愿意抒发真实情感到作品中。

安平区第三幼儿园伍德分班，开设了"那面墙"课程和"伍德的花花草草"课程。"那面墙"课程是孩子在老师的带领下进到社区体验文化，回到教室后老师引导学生思考"老房子的墙壁是怎样的堆叠的呢？""伍德的花花草草"课程是由老师带领学生认识附近的花草植物，鼓励学生用自己的方式创作作品。

参考文献（按引用顺序）

1. 舒新城：《中国近代教育史资料（中册)》，北京：人民教育出版社，1981年。

2. 顾树森：《中国历代教育制度》，南京：江苏人民出版社，1981年。

3. 王铁：《中国教育方针的研究——新民主主义教育方针的理论与宣传（上册)》，北京：教育科学出版社，1982年。

4. 陈元晖、璩鑫圭、邹光威：《老解放区教育资料（一)》，北京：教育科学出版社，1981年。

5. 《毛泽东选集》（第二卷），北京：人民出版社，1991年。

6. 温肇桐：《新美术与新美育》，上海：大东书局，1951年。

7. 蔡仪：《美学原理》，长沙：湖南人民出版社，1985年。

8. 蔡仪：《新美学（修订本)》（第十卷），北京：中国社会科学出版社，1985年。

9. 李泽厚：《美学论集》，上海：上海文艺出版社，1980年。

10.《中国教育学年鉴（1949—1981)》，北京：中国百科全书出版社，1984年。

11. 周冠生：《美育的今天明天与昨天》，《上海师范大学学报（社会科学版)》，1998(1)。

12. 张法：《20世纪中西美学原理体系比较研究》，资料附录：《中国美学原理著作书目（1990—2002)》。

13. 王旭晓、孙文娟，郭春宁：《1990—2010年中国美育研究脉络》，《美育学刊》，2011-11-15。

14.《关于全面加强和改进学校美育工作的意见》，http://www.moe.edu.cn/jyb_xxgk/moe_1777/moe_1778/201509/t20150928_211095.html。

15.《北京市人民政府办公厅关于加强学校美育工作的实施意见》，http://zhengce.beijing.gov.cn/library/192/33/50/40/438651/79479/index.html。

16. 台湾艺术教育馆全球资讯网 http://www.arte.gov.tw/index.aspx。

17.《国家教育事业发展"十三五"规划》，http://www.gov.cn/zhengce/

content/2017-01/19/content_5161341.htm。

18. 陈怡蓉、王凤翎、杨铭：《台湾〈美育〉杂志的创办及艺术教育的发展方向》，《美育学刊》，2015（3）。

19. 杨铭：《台湾现行艺术教育基础课程理论研究》，《美育学刊》，2017（5）。

20. 周荣秀、周雨：《浅谈基础教育阶段的美育实施》，《天津师范大学学报（基础教育版）》，2005（6）。

21. 林清凉：《海峡彼岸的美育实施新视角——汉宝德〈美学漫步〉介绍》，《美育学刊》，2014（1）。

22. 朱咏北、资利萍：《台湾师范音乐教育的办学特色》，《高等教育研究》，2006年第五期第二十七卷。

23. 张建强：《关于在普通高校音乐欣赏课中渗透多元音乐文化的思考》，首都师范大学2007年硕士学位论文。

24. 马旋：《德国音乐师资培养模式对我国音乐教师教育发展的启迪——以德国两所高校课程设置为例》，武汉音乐学院2013年硕士学位论文。

25. 李龑：《美国优秀教师标准及对我国教育改革的启示——以音乐教师的培养为例》，《长沙理工大学学报》，2014年第三期第二十九卷。

26. 张己任：《中国师范音乐教育发展概况及其展望》，《天津音乐学院学报》，2010（3）。

27. 陈萧轩：《台湾地区音乐教师的音乐研究》，苏州大学2008年博士学位论文。

28. 徐静：《台湾高等音乐教育发展概况研究》，上海音乐学院2007年硕士学位论文。

29. 张议方：《二十一世纪台湾中小学音乐教育发展研究》，华中师范大学2014年硕士学位论文。

30. 刘镇钰、喻意志：《中国高师音乐教育发展概况及其展望》，《天津音乐学院学报》，2001年。

31. 李魏：《从幕后到台前——教育戏剧中的戏剧导演》，《理论研究》，2015（2）。

32. 萧薇：《国外青少年教育戏剧探索与实践》，《核心议题》，2016（18）。

33. 甘维：《刍议教育戏剧的现实意义与本土化进展》，《黑河学刊》，2016（3）。

34. 赵灵萍：《儿童教育戏剧在学校教育中的价值与应用》，《艺术教育》，2016（6）。

35. 周斌：《关于推动教育戏剧发展的若干思考》，《复旦教育论坛》，2008（5）。

36. 徐俊：《教育戏剧——基础教育的明日之星》，《基础教育》，2011（3）。

37. 杨柳、张寅、于炜：《教育戏剧：一种创新的教学方法》，《教育发展研究》，2013（2）。

38. 周永峰：《教育戏剧的春天来了吗？》，《当代教育家》，2015（12）。

39. 袁丹:《教育戏剧何以可能》,《课程与教学》,2016 (4)。

40. 张生泉:《论"教育戏剧"的理念》,《上海戏剧学院学报》,2009 (3)。

41. 张晓华:《创作性戏剧教学原理与实作》,台北:成长文教基金会,2003 年。

42. 施佳君:《戏剧教育策略融入高年级英语课程之行动研究》,台南大学 2007 年论文。

43. Gemtou, Eleni. *Exploring the Possibilities of Postdramatic Theater as Educational Means*. International Journal of Education & the Arts, 2014, 15 (12).

44. 周笑莉:《运用教育戏剧培养审辨性思维的优势与方法——以"PLAY 计划"戏剧美育实验教学为例》,《戏剧艺术》,2016 (4)。

45. 吴俐雯:《运用教育戏剧策略于小学三年级戏剧欣赏课程之行动研究》,台南大学 2008 年论文。

46. Conard, F.& Asher, *J.W.Self-comcept and self-esteem through drama: A meta analysis*. Youth Theatre Journal, 2000 (14).

47. Kaisa Snellman, Jennifer M. Siva, and Robert D. Putnam. *Inequity outside the Classroom: Growing Class Differences in Participation in Extracurricular Activities*. Voice in Urban Education.2015, (6).

48. 陈志明:《戏剧策略融入小学五年级学童团体辅导之行动研究》,台湾铭傅大学教育研究所 2007 年论文。

49. Wright, *L. Creative Dramatics and the Development of Role-taking in the Elementary Classroom*. Elementary English, 1987, 271 (51).

50. Lunz, *M.E.The effects of overt dramatic enactment on communication effectiveness and role taking ability*. Ph.D.Diss., Northwestern University, 1974.10.20.

51. Buege. *The Effect of Mainstreaming on Attitude and Self-concept Using creative Drama and Social Skills Training*. Youth Theatre Journal, 1993, 6 (3).

52. Hansel, N.H. Development, *implementation and evaluation of creative dramatics program for kindergarten children*. Ed. D.diss., U. of Goeorgia.Dis- sertation Abstracts International, 1973.8.26.

53. 黄慧英:《教育戏剧策略融入小学三年级学生品格教育之研究》,台南大学 1997 年硕士论文。

54. 王雪、崔丽莹:《儿童观点采择能力的研究进展及其教育启示》,《学前教育研究》,2014 (3)。

55. 侯佳:《国外儿童观点采择的研究述评及启示》,《陕西学前师范学院学报》,2014 (2)。

56. 李芳、罗良:《社会观点采择与阅读的关系》,《心理发展与教育》,2014 (3)。

57. X Wang，L Cui. *Review of Researches on Children's Perspective-taking Ability and Its Education Enlightenments*. Studies in Early Childhood Education，2013，（7）.

58. Flavell，J.H.，Botkin，P.T.，Fry C.L.，Wright，J.W.，& Jarvis，P.E. *The Development of Role-taking and Communication Skills in Children*. New York Wiley.2008，（1）.

59. Higgins，E.T.（1981）. *Role taking and a social judgment：Alternative development perspectives and processes. New York：Cambridge University Press*.2008，（3）.

60. Ku，G.，Wang，C.S.，& Galinsky，A.D. *Perception through a perspective -taking lens：Differential effects on judgment and behavior*. Journal of Experimental Social Psychology，2010，297（46）.

61. 谢腾、杨云：《论童年假想伙伴与儿童观点采择能力的关系》，《湖州第二师范学院学报》，2015（9）。

62. Kohei Tsunemi，Ayana Tamura，Shino Ogawa，Tomoko Isomura，Hiroyasu Ito，Misako Ida，Nobuo Masataka. *Intensive exposure to narrative in story books as a possibly effective treatment of social perspective-taking in schoolchildren with autism*. Frontiers in Psychology，2014，（5）.

63. Sinae Han，*Kangyi L. Cognitive and Affective Perspective-Taking Ability of Young Bilinguals in South Korea*. Archives of Surgery，2013，3（1）.

64. Sara A. Stevens，Joanna Dudek，Kelly Nash，Gideon Koren，Joanne Rovet. *Social Perspective Taking and Empathy in Children with Fetal Alcohol Spectrum Disorders*. Journal of the International Neuropsychological Society：JINS，2015，21（1）.

65. Ariel Knafo，Tami Steinberg，*Ira Goldner. Children's Low Affective Perspective-taking Ability Is Associated with Low Self-Initiated Pro-sociality*.American Psychological Association，2011，11（1）.

66. Davis，J.H.，& Behm，*T. Terminology of Drama with and for Children：a Redefinition*. Children's Theatre Review，2011，27（1）.

67. 张文新、林崇德：《儿童社会观点采择的发展及其与同伴互动关系的研究》，《心理学报》，1999（4）。

68. 王其红、余乐：《学前儿童观点采择训练的可行性分析及策》，《荆楚学刊》，2015（6）。

69. 林彬、程利国、李其维、吴昌旭：《儿童社会观点采择能力发展的干预研究》，心理科学，2003（6）。

70. Rubin，*Role taking in childhood：Some methological considerations*. Child

Development，1973.

71. Lucy，J.，LeMare，& Kenneth，*H. Perspective Taking and Peer Interac- tion：Structural and Developmental Analyses*. Child Development，1987，495（58）.

72. Hollos，A.，& Cowan P.A. *Social isolation and cognitive development：Logical operations and role-taking abilities in three Norwagian social setting*. Child Development，2003，38（4）.

73. 陈学锋：《儿童观点采择能力的发展》，《心理发展与教育》，1994（4）。

74. Dixon&Moore. *The Development of Perspective Taking Understanding*. Child Development，1990，61（5）.

75. De la Cruz，R.E.，Lian，J.，& Morreau，L.E. *The effects of creative drama on social and oral language skills of children with learning disabilities*. Youth Theatre Journal，2008，28（12）.

76. 钟云辉、唐宏、赖水秀：《假想伙伴对岁儿童合作行为的影响》，《天津市教科院学报》，2014（4）。

77. 全海英、马超：《情境启动体育游戏对幼儿合作行为的影响》，《天津市教科院学报》，2014（2）。

78. 陈思静、何铨、马剑虹：《第三方惩罚对合作行为的影响：基于社会规范激活的解释》，《心理学报》，2015（3）。

79. 李晶、朱莉琪：《高功能孤独症儿童的合作行为》，《心理学报》，2014（9）。

80. 陈单枝、朱莉琪：《儿童的决策行为》，《心理科学进展》，2005（5）。

81. 况勋娅：《归因训练对儿童合作行为影响的实验研究》，《科学咨询：科技管理》，2016（14）。

82. 庞丽娟、陈琴：《论儿童合作》，《教育心理研究》，2002（1）。

83. Samuel L.，& Gaertner，*How Does Cooperation Reduce Intergroup Bias* Journal of Personality and Social Psychology，1992，62（4）.

84. Celia A B，Michael S C. *Changes in cooperation and self-other dif- ferentiation during the second year*.Child-Development，1990，61（4）.

85. 陈友华、王玲、杨丽华：《合作式学习中自主学习能力的培养》，《云南农业大学学报》，2010（5）。

86. 张丽玲、白学军：《合作游戏训练对学前儿童合作行为的影响》，《心理与行为研究》，2013（9）。

87. 张丽玲：《儿童合作认知及合作行为研究述评》，《幼儿教育》，2008（4）。

88. April Bay，Robert Peterson，*Cooperative Games：A Way to Modify Aggressive and*

Cooperative Behaviors in Young Children. Journal of Applied Behavior Analysis，1994，27（3）．

89. 鲁忠义、霍习霞：《合作训练对幼儿合作水平影响的实验研究》，《教育研究》，2004（11）。

90. 王磊、谭晨、寇彧：《同伴冲突解决的干预训练对小学儿童合作的影响》，《心理发展与教育》，2005（4）。

91. 李幼穗、张丽玲、戴斌荣：《儿童合作策略水平发展的实验研究》，《心理科学》，2000（4）。

92. 陈晓萍：《主题式儿童戏剧活动课程的建构与实施》，《幼教天地》，2015（8）。

93. 赵章留、寇彧：《儿童四种典型亲社会行为发展的特点》，《心理发展与教育》，2006（1）。

94. Sally，D.，& Hill，E.. *The development of interpersonal strategy：Autism，theory-of-mind，cooperation and fairness.* Journal of Economic Psychology，2006，27（1）．

95. Chinn-Ping Fan，*Teaching children cooperation—An application of experimental game theory.* Journal of Economic Behavior & Organization.2000，41.

96. HY Quan，C Ma. *The effect of scenario initiated sports games on chil- dren's cooperative behavior.* Journal of Physical Education. 2014，（7）．

97. Valerio Capraro，Conor Smyth，Kalliopi Mylona，Graham *A. NibloBe-nevolent Characteristics Promote Cooperative Behaviour among Humans.* Plos One，2014，9（7）．

98. Silvia Angerer，Daniela Glätzle-Rützler，Philipp Lergetporer，Matthias Sutter. *Cooperation and Discrimination Within and Across Language Borders：Evidence from Children in a Bilingual City.*European Economic Review，2015，（5）．

99. Peter LaFreniere，*Cooperation as a Conditional Strategy among Peers：Influence of Social Ecology and kin Relations.* International Journal of Behavioral Development，1996，19（1）．

100.张丽玲、白学军、李幼穗：《学前儿童合作认知及合作行为的培养研究》，《心理科学》2010（1）。

101.孟琳洁：《四—六年级儿童合作态度、合作行为的干预研究》，河北师范大学2011年硕士学位论文。

102.钱初熹：《以美术教育构建面向21世纪的创造力》，《艺术百家》，2010（3）。

103.Tierney P，Farmer S M. *Creative self-efficacy：Its potential antecedents and relationship to creative performance.* Academy of Management journal，2002，45（6）．

104.李西营、刘小先、申继亮：《青少年创造性人格和创造性的关系：来自中美比较的证据》，《心理学探新》，2014（2）。

105.Choi J N. *Individual and contextual predictors of creative performance*：*The mediating role of psychological processes*. Creativity Research Journal，2004，16（2-3）.

106.Shin S J，Zhou J. *When is educational specialization heterogeneity related to creativity in research and development teams? Transformational leadership as a moderator.* Journal of applied Psychology，2007，92（6）.

107.张景焕、王亚男、初玉霞，等：《三种压力与创意自我效能感对创造力的影响》，《心理科学》，2011（4）。

108.洪素苹、林珊如：《What ever you say，I can do it——"学生创意自我效能量表"之编制》，台湾政治大学创新与创造力研究中心：《"2004年第二届创新与创造力"研讨会论文集》，2004年。

109.王楠、张立艳、王洋：《创新自我效能感对创新行为的影响：多重中介效应分析》，《心理与心动研究》，2016（6）。

110.顾远东、彭纪生：《创新自我效能感对员工创新行为的影响机制研究》，《科研管理》，2011（9）。

111.Beghetto R A. *Creative self-efficacy*：*Correlates in middle and secondary students.* Creativity Research Journal，2006，18（4）.

112.Karwowski *M. Are creative students really welcome in the classrooms? Implicit theories of "good" and "creative" student'personality among polish teachers.* Procedia-Social and Behavioral Sciences，2010，2（2）.

113.Tierney，P. *Creative self-efficacy development and creative performance over time.* Journal of Applied Psychology，2010，96（2）.

114.王晓玲、张景焕：《创意自我效能的影响因素及其教学原则》，《当代教育科学》，2008（7）。

115.陈晓：《组织创新氛围影响员工创造力的过程模型研究》，浙江大学2006年论文。

116.黄春艳：《硕士研究生创造性动机、创造性自我效能与创造性表现的关系》，华中师范大学2009年论文。

117.王晓玲：《小学高年级儿童家庭环境、创意自我效能与创造力的关系》，山东师范大学2008年论文。

118.李西营、张莉、芦咏莉，等：《创造性自我效能：内涵、影响因素和干预》，《心理科学进展》，2012（1）。

119.刘晓玲：《高中生创造性倾向与人格特质的关系研究》，《上海教育科研》，2016（4）。

120.唐光蓉、邹泓：《中学生创造性倾向的特点及其与日常创造性行为的关系》，全国心理学学术会议，2014 年。

121.韩海燕：《高中生人格特质、成就动机与创造性倾向的关系研究》，山西师范大学 2012 年论文。

122.季媛：《青少年创造力倾向与同伴关系的相关关系》，《太原师范学院学报（社会科学版)》，2013（3）。

123.刘晓陵、刘路、邱燕霞，等：《威廉斯创造力测验的信效度检验》，《基础教育》，2016（3）。

124.曾晖、杨新华：《大学生创造力倾向及其影响因素的研究》，《集美大学学报》，2013（2）。

125.申继亮、王鑫、师保国：《青少年创造性倾向的结构与发展特征研究》，《心理发展与教育》，2005（4）。

126.卢家楣：《认知匹配策略和形式匹配策略的实验研究》，《心理学报》，2001（6）。

127.陈大楚：《儿童画创意教学探析》，《中国体卫艺教育论坛》，2008（9）。

128.吴华侨：《小学美术教育创新思维能力的培养》，《教育科学：全文版》，2016（6）。

129.贾绪计、林崇德、李艳玲：《独立自我建构、创造性人格、创意自我效能感与创造力的关系》，《北京师范大学学报（社会科学版)》，2016（1）。

130.教育部：《基础教育课程改革纲要（试行）》，《教育学报》，2001（7）。

131.佚名：《学校艺术教育工作规程》，《中华人民共和国国务院公报》，2003（16）。

132.佚名：《国家中长期教育改革和发展规划纲要（2010—2020 年)》，《中国德育》。

133.刘博智：《国务院办公厅印发〈关于全面加强和改进学校美育工作的意见〉》，《师资建设》，2015（11）。

134.郑磊磊、刘爱伦：《思维风格与创造性倾向关系的研究》，《应用心理学》，2000（2）。

135.李嘉华：《"学思维"活动课程对小学生创造性倾向的影响研究》，山西师范大学 2010 年论文。

136.俞国良：《创造力心理学》，杭州：浙江人民出版社，1996 年。

137.王振宇：《儿童心理发展理论》，上海：华东师范大学出版社，2000 年。

138.李金德：《创新自我效能感及其对创造性思维的中介和调节作用》，南京师范大学 2011 年论文。

139.王芳：《语文阅读教学中的创新思考》，《小学教学参考：综合版》，2015（18）。

140.张景焕、刘桂荣、师玮玮，等：《动机的激发与小学生创造思维的关系：自主性动机的中介作用》，《心理学报》，2011（10）。

141.朱晓红：《儿童学习动机类型与创造力倾向关系的研究》，《南京师大学报（社会科学版）》，2001（6）。

142.杨付、张丽华：《团队沟通、工作不安全氛围对创新行为的影响：创造力自我效能感的调节作用》，《心理学报》，2012（10）。

143.王芳：《流动儿童的创造性自我效能感和创造性思维研究》，首都师范大学 2014年论文。

144.许慎、段玉裁：《说文解字注》，上海：上海书店出版社，1992年，第 91页。

145.中央教育科学研究所编：《叶圣陶语文教育论集》，北京：教育科学出版社，1980年。

146.李维鼎：《语文言意论》，上海：上海教育出版社，2000年。

147.谷生华：《试论听说机敏的心理要素》，《重庆教育学院学报》，1995（2）。

148.丁建伟：《诗文诵读与口语交际心理机制的异同比较及启示》，《社科纵横》，2013（11）。

149.张燕：《高中古诗文诵读问题及其方略研究》，东北师范大学 2012年论文。

150.Baddeley，A D.Hitch G J，*Developments of the Concept of Working Memory Neuropsychology*.1994.

151.顾红格：《诵读法在中等职业学校英语口语教学中的应用》，山东师范大学 2011年论文。

152.王玲：《小学语文古诗文诵读探究》，内蒙古师范大学 2012年论文。

153.黄冲：《小学中高年级经典诗歌诵读能力培养及方法》，《学周刊》，2017（24）。

154.李桂华：《探析小学语文教学中的古诗文诵读》，《中国校外教育》，2017（5）。

155.王财贵：《儿童诵读基本理论》，《北京教育（普教版）》，2005（4）。

156.罗伯特·M.饮斯：《美国高等教育》，江利兵译，杭州：浙江教育出版社，2011年。

157.夏友杰：《诵读的美育功能》，《泰安师专学报》，1998（9）。

158.冯媛媛：《推广经典诵读对高校美育建设的意义》，《高校论坛》，2014（5）。

159.郭弘：《谈职高生口语能力培养问题》，《龙岩师专学报》，1996（9）。

160.张利：《谈大学生口语能力的培养》，《辽宁税务高等专科学校学报》，1999（1）。

161.陈凤琴：《略谈口语交际的定位和训练》，《教育探索》，2001（9）。

162.宋瑞祥：《职校学生口语表达能力的培养》，《教育探索》，2003（9）。

163.向舒：《4—6岁儿童的口语表达能力评估及促进策略研究》，四川师范大学 2012年论文。

164.谷生华：《试论听说机敏的心理要素》，《重庆教育学院学报》，1995（2）。

165.丁建伟：《诗文诵读与口语交际心理机制的异同比较及启示》，《社科纵横》，2013（11）。

166.李扬：《从语言表达的心理机制谈英语口语教学》，《辽宁经济职业技术学院（辽宁经济管理干部学院）学报》，2009（06）。

167.顾华凤：《从培养语感着手，提高初中生口语表达能力的实证研究》，苏州大学2011年论文。

168. Akhtar，N，carpenter，，M.，Tomanselio，*M.The role of discourse novelty in children's early word leaming Child Development*，1996.

169. damonw.（ed）*Handbook of child Psychology*. New York：ohn Wiley Sons Inc，1995.

170. Mckoon.G，&Ratoliff R *Memory-based language processing. Psycholinguistic research in thel900s*.Annuai Review of Psychology，1998.

171. Bloom，L，&Lahey，*M.Language development and language disorder*. New York：1978.

172. Oviatt，S L.*The emerging ability to comprehend language*：*An experimental aproach*，Child Development.1980.

173. Jeremy Harmer，*Oral English practice*，2000.

174.向舒：《4—6 岁儿童的口语表达能力评估及促进策略研究 》，四川师范大学2012年论文。

175.章妍：《论幼儿口语表达能力的培养策略》，《才智》，2012（21）.

176.Karen Condouris&Echo Meyre&Helen Tager-flusberg.*The Relationship Between Standardized Measures of Language and Measures of Spontaneous Speech inChilden with Autism*. Am J Speech Lang Pathol. 2003 August：12（3）.

177.杨薇：《儿童表达性语言能力评定技术》，东北师范大学2008年论文。

178. Keel T，Carson D，Gavin W，Hall L，Kent A，Reece S. *Concurrent and predictive validity of an early language screening program*，Jouranl of Speech and hearing Reseach，1988.

179.张杰、陈水香、朱莉琪：《学期儿童语言发展测量与评价》，《中华行为医学与脑科学杂志》，2009。

180.周容、张厚粲：《CDCC 中国儿重发展量表（3—6 岁）编制》，《心理学报》，1994（3）。

181.桑标、缪小春：《皮博迪图片词汇测验修订版（PPVT － R）上海市区使用常模的修订》，《心理科学通讯》，1990（5）。

182.梁卫兰、郝波，等：《中国早期语言与沟通发展量表——普通话版的再标准化》，《中国儿童保健杂志》，2001（5）。

183.杨薇：《儿童表达性语言能力评定技术》，东北师范大学 2008 年论文。

184.温小军：《对实现经典诵读有效性的必要追问》，《语文建设》，2012（5）。

185.展明锋、孟庆渝：《经典诵读活动：成绩、问题与对策》，《语文建设》，2012（1）。

186.叶圣陶：《语文教育论集》，北京：教育科学出版社，1980 年。

187.李甦、李文馥、周小彬，等：《3—6 岁幼儿言语表达能力发展特点研究》，《心理科学》，2002（3）。